国旗と
世界のストーリー

National Flag & Story of the World

米村 典紘

鳥影社

目　次

第3章 アジア大陸‥‥‥‥‥‥‥‥‥‥‥‥‥‥‥‥‥‥‥‥‥‥ 69

序　文

　オリンピックの開会式では、大観衆の喝采に迎えられ選手団の入場行進が始まると、新たな興奮の渦が競技場全体にいっきに広がっていきます。一番先頭を切るのはギリシャ国旗を掲げた選手たちです。続いて次々と各国の国旗を先頭に選手団が入場、最後に開催国が入場すると世界最大のスポーツイベントの始まりです。

　表彰式で、メダルが授与され、優勝国の国歌が流れ、メインポールは優勝国、両脇にはメダリストたちの国旗が厳かに掲揚されます。その瞬間、国旗は選手自身の栄誉とあわせ、その国家と国民全員の「誇り」となります。国際競技の醍醐味の瞬間ですが、もし、この様な場面に国旗がなかったとしたら……大変味気ない空虚な情景となるような気がします。

　「国旗には不思議な力がある」と思った私は、世界の国旗を、いろいろな角度から、深く調べてみようと思いました。学生時代から「人文地理」は大好きでしたから、すんなり入れると思いましたが、アフリカ大陸の54ヵ国やカリブ海13ヵ国、バルカン半島諸国、旧ソ連邦から分裂し独立した国々、アジア地区の国名の変更などもありましたので、それなりに苦労を致しました。

　多くの人は、特定の国旗を知っていても、200近くある国の名前や、場所も良く知らないのが普通です。アンティグア・バーブーダの国旗だけを見て、国名も場所も分からないとすると国旗図鑑を手にしても役に立ちません。また現実に多くの国旗を並べて比較してみると更に「混乱」してしまいます。

　それは、「色と形」で自国を主張する国旗に、似通った国旗がたくさんあるからです。ヨーロッパやアフリカにおける3色旗の色の順番や、横分割か縦分割、紋章や星のあるなしで、国が変わってしまうのです。

　本書はその部分を取り上げ、見るだけではなく文字でも捉え、さらに、図形による分類、色彩、太陽、月、動植物による仕分け、類似国旗の比較など、出来るだけ判別しやすい内容にしました。また、最近の国情や私の紀行文をはさみ込むことで、国旗とその国の雰囲気、国情を自然に結び付け、読んでいるうちにいつの間にか自然に身につく本を目指しました。

　オリンピック編の趣旨は、オリンピックは世界最大のイベントであり、先人たちの努力でやっと東京にやってくることになった喜びと情熱を失わないためにも特記しました。古代から人類が一つにまとまるための平和の祭典「オリンピック」を、人類同士の争いで中止するのではなく、人類共通の難敵である「新型コロナウイルス」に立ち向かい、打ち勝った証として開催できたとすれば、それだけでも「世界平和としての共生をテーマとした最高のオリンピック東京大会」となるのではないでしょうか。

　本書の構成は、まず「本書を読むための事前準備」、「大陸別国旗の傾向」「大陸別、国家の概要」「国旗のプロトコル（儀礼）」を、第10章では「オリンピック編」として、「オリンピックの歴史」や「リオデジャネイロオリンピック」「平昌オリンピック」などを取り上げています。コラムでは「アメリカ大統領選挙の不思議」「シオニズムとは」など、本文で説明しきれなかった部分を数多く解説しました。

　本書は、平成28年のリオ・オリンピックをきっかけに書きはじめ、令和2年2月まで、三戸岡道夫先生が主宰する同人雑誌「まんじ」に掲載した拙文をベースに、時世にマッチした文章で書き直したものです。

　本書の趣旨は幅広く、国旗を知りその国を知る、そして世界の事情を知ることに少しでも興味を持っていただければと願い、書き綴ったものです。

令和3年2月吉日記

本書を読むための事前準備

1、旗章学のルール（国旗部分の名称と国旗の文章表現）

1-1　国旗部分の名称　（基本的な名称があります。）

○ 旗地の部分＝フィールド（Field）

○ 旗ざお側＝ホイスト（hoist）

○ たなびく側＝フライ（fly）

○ ホイストの上半分＝カントン（canton）旧英連邦諸国の英国旗や、米国の星の部分などをカントン部分という。

○ 基本的には四角形で表裏はないこと。（例外：パラグアイの国旗に表裏あり。ネパールの国旗は異形）。

○ 描かれている動物や文字は旗ざおの方向を表とすること。（旗ざお方向に頭が向くこと。ブータンの龍は例外。）

○ 縦、横の比率は2対3が基本である。（採用している国は88ヵ国のみで厳密には徹底していない。）

○ 色についても原色使用とだけ決められている（厳密ではない）

1-2　旗地の分割例

例：3色旗の場合、3色旗には「横型、縦型」が代表的で、オランダ国旗の場合は「横3分割3色（青・白・赤）と、フランス国旗は「縦3分割3色（青・白・赤）と記載。

オランダ

フランス

例：オーストリア国旗は、横3分割2色旗、コロンビア国旗は、横3分割（黄2/4・青1/4・赤1/4）3色旗と記載。

オーストリア

コロンビア

例：スカンジナビア十字旗は、十字による4分割旗です。スカンジナビア十字は、縦線が左寄りのクロスです。ジョージア国旗も、十字による4分割旗です。スイス国旗はギリシャ十字が入りますが分割区分では無分割です。

デンマーク

ノルウェー

アイスランド

スウェーデン

フィンランド

ジョージア

スイス

2、国旗の分類（基本分割による分類：色・図柄による分類）

2-1　旗地の基本分割による分類。

　以下、旗地の図形を19分類に分けました。分類自体にはたいした意味はありませんが、似たような同じような形をした国旗が19あると思ってください。更に分割し、色の数や柄付きか否かで分けてみました。2分割・3分割旗などは、横区分と縦区分などが多くあり、2色旗と3色旗、更に柄付きなどに仕分けしました。

　本書で区分した旗章図形の名称です。

① 横2分割旗	② 縦2分割旗	③ 横3分割旗	④ 縦3分割旗	⑤ 十字4分割旗
インドネシア	マルタ	オランダ	フランス	パナマ
⑥ 対角4分割旗	⑦斜2分割旗	⑧タスキ分割旗	⑨旗ざお長方形横2分割	⑩デルタ分割旗
ジャマイカ	ブータン	コンゴ共和国	ベナン	チェコ
⑪のこぎり型	⑫スカンジナビア十字分割旗		⑬カントン分割旗	⑭額縁付き旗
バーレーン	フィンランド		オーストラリア	グレナダ
⑮横T字分割旗	⑯横V字分割旗	⑰ワンポイント旗	⑱中央横線付き3色旗	⑲異形旗
オマーン	エリトリア	日本	ウズベキスタン	ネパール

　国名は、大陸別傾向をつかむために色分けにしました。ヨーロッパ大陸（赤）、アジア大陸は（茶色）、アフリカ大陸（黒）、オセアニア（山吹色）、北米中米（紫）、南米（緑）、カリブ諸国（青）としました。

① 横2分割旗
　　2色旗（4ヵ国）ポーランド、モナコ、ウクライナ、インドネシア。
　　2色旗＋柄（7ヵ国）サンマリノ、リヒテンシュタイン、シンガポール、アンゴラ、ブルキナファソ、ナウル、ハイチ。
② 縦2分割旗＋柄（4ヵ国）マルタ、バチカン、ポルトガル、アルジェリア。
③ 横3分割旗　3色旗（13ヵ国）ハンガリー、ドイツ、ブルガリア、エストニア、リトアニア、

ルクセンブルク、ロシア、オランダ、アルメニア、イエメン、**ガボン**、**シエラレオネ**、コロンビア。

3色旗＋柄（24ヵ国）クロアチア、スロベニア、セルビア、スロバキア、アゼルバイジャン、イラン、イラク、インド、カンボジア、タジキスタン、ミャンマー、シリア、**エジプト**、**エチオピア**、**ガーナ**、**ニジェール**、**マラウイ**、**リビア**、**ルワンダ**、**レソト**、エクアドル、パラグアイ、ベネズエラ、ボリビア。

2色旗（2ヵ国）オーストリア、ラトビア。

2色旗＋柄（6ヵ国）ラオス、レバノン、エルサルバドル、ニカラグア、ホンジュラス、アルゼンチン。

④ 縦3分割旗　3色旗（9ヵ国）フランス、アイルランド、イタリア、ベルギー、ルーマニア、**ギニア**、**マリ**、**コートジボアール**、**チャド**。

　3色旗＋柄（7ヵ国）アンドラ、モルドバ、**アフガニスタン**、**カメルーン**、**セネガル**、メキシコ、セントビンセント・グレナディーン。

　2色旗（1ヵ国）　　**ナイジェリア**。

　2色＋柄（5ヵ国）　**モンゴル**、**グアテマラ**、**カナダ**、ペルー、バルバドス。

⑤ 十字4分割旗（4ヵ国）パナマ、ジョージア、ドミニカ共和国、ドミニカ国。

⑥ 対角4分割旗（3ヵ国）ジャマイカ、グレナダ、**ブルンジ**。

⑦ 斜2分割旗（3ヵ国）　　ブータン、パプアニューギニア、ソロモン諸島、マーシャル諸島。

⑧ タスキ型3分割旗（6ヵ国）**タンザニア**、**コンゴ民主共和国**、**ナミビア**、**コンゴ共和国**。
　　セントクリストファー・ネービス、トリニダード・トバゴ。

⑨ 旗ざお長方形＋横2分割旗（アフリカ3ヵ国）**ベナン**、**ギニアビサウ**、**マダガスカル**。

⑩ デルタ型分割（16ヵ国）チェコ、フィリピン、ヨルダン、東ティモール、パレスチナ、スーダン、**ジンバブエ**、**南スーダン**、**モザンビーク**、**赤道ギニア**、**ジブチ**、**コモロ連合**、**南アフリカ**、キューバ、バハマ、バヌアツ。

⑪ のこぎり型分割旗（2ヵ国）バーレーン、カタール。

⑫ スカンジナビア十字分割旗（5ヵ国）フィンランド、デンマーク、ノルウェー、スウェーデン、アイスランド。

⑬ カントン分割旗（14ヵ国）
　カントンに英国旗（6ヵ国）オーストラリア、ニュージーランド、ニウエ、クック諸島、フィジー、ツバル。

　カントンに星旗（7ヵ国）**マレーシア**、**トーゴ**、**リベリア**、サモア、**米国**、チリ、ウルグアイ。
　その他カントン旗（2ヵ国）**トンガ**（白に赤色十字）、ギリシャ（青地に白十字）。

⑭ 額縁付き旗（4ヵ国）モンテネグロ、スリランカ、モルディブ、グレナダ。

⑮ 横T字分割旗（1ヵ国）オマーン。

⑯ 横V字分割旗（2ヵ国）**エリトリア**、ガイアナ。

⑰ 無分割旗地一色に柄旗
　太陽の柄旗（4ヵ国）北マケドニア。日本、バングラデシュ、キルギス。
　満月の柄（1ヵ国）パラオ。
　イスラムの月と星（3ヵ国）**トルコ**、**チュニジア**、**モーリタニア**（上下に2本線）。

星の柄　（５ヵ国）ベトナム、中国、モロッコ、ソマリア、ミクロネシア 。

双頭の鷲（１ヵ国）アルバニア。

国の形（２ヵ国）コソボ、キプロス。

その他の無分割　韓国。

⑱３分割中央横線付旗（８ヵ国）ウズベキスタン（赤線）、エスワティニ（黄線）、ガンビア、ケニア、南スーダン、モザンビーク、ボツワナ（白線）、スリナム（太い白線）。

⑲異形旗（３ヵ国）　ネパール（やま形）、スイス、バチカン（正方形）。

＊その他国旗分割では分類仕分け出来ない国旗があります。

○現代絵画的なデザイン

ボスニア・ヘルツェゴビナ、英国、カーボベルデ、ベリーズ、アンテイグア・バーブーダ、キリバス。

○一色旗地に二本線に柄

イスラエル、モーリタニア。

○シンプルな多色旗

セーシェル、中央アフリカ、モーリシャス。

○旗ざおに沿った織り柄付き

ベラルーシ、トルクメニスタン。

○旗の中に旗がある

ザンビア、などがありますが、国別で詳しく説明します。

2-2　色・図柄による分類（この分類でのサンプル国旗は割愛しています）

この分類の色や図柄による主張は、抽象的、恣意的なものと、地域・宗教色などの具体的、客観的に定着したものがあります。主なものを取り上げました。

①色で何かを主張する。

全ての国が国旗に色で、その国の主張を表現しています。例えば、国旗で、一番使われている「赤」は（革命で流された血・情熱・未来）を意味しているケースが多く、二番目の「白」は（平等・融和・協調・白人）、３番目の「黄」は（資源・未来・金）、４番目の「青」は（未来・海・空）を表しています。５番目の「緑」は（イスラム色・森林・農畜産）を、「黒は（勤勉・力・辛い過去・アフリカ系）をその国の解釈により色の意味を表しています。

その中で「汎○○色」と呼ばれる色があります。「汎スラブカラー」はロシアを代表する（白・青・赤）の三色、エチオピアを代表する（緑・黄・赤、黒が加わる場合もある。）の「汎アフリカ色」、エジプトを代表する（赤・白・黒）の「汎アラブ色」があります。また以前に連合を組んでいた時の色を使っている「中央アメリカ５ヵ国」の（ライトブルー・白）も中央アメリカの団結を意味する色です。南米大陸ではベネズエラ、コロンビア、エクアドルが、独立時に使用した運動（ミランダ）旗の色（黄・青・赤）を独立の理念として、国旗に使っています。

さらに、単色の「緑色」はムハンマドの娘（ファーティマ）の色でイスラム教を表すといわれ、

多くの中央・西アジア、アフリカ諸国で使われています。「オレンジ色」はヒンドゥー教を表し、インド、スリランカ、ブータンの国旗に使われています。

②宗教を主張する十字、三日月と星が入った国旗。

○十字旗でキリスト教を表す国（13ヵ国）

　英国、マルタ、オーストラリア、クック諸島、ツバル、ニウエ、ニュージーランド、フィジー、スイス、トンガ、ジョージア、ドミニカ共和国、ドミニカ国。

○スカンジナビア十字でキリスト教を表す国（5ヵ国）。

　デンマーク、ノルウェー、スウェーデン、フィンランド、アイスランド。

○サルタイアー十字（**X**）でキリスト教を表す（2ヵ国）。

　アフリカのブルンジ、ジャマイカ。

○三日月、星でイスラム教を表す（14ヵ国）

　アゼルバイジャン、アフガニスタン、イラン、ウズベキスタン、トルクメニスタン、トルコ、パキスタン、マレーシア、モルディブ、アルジェリア、コモロ連合、チュニジア、モーリタニア、リビア。

③文字を書き主張する国旗。

○イスラム教の文字が書いてある国旗、5ヵ国。

　アフガニスタン、イラク、イラン、サウジアラビア、ブルネイ。

○その他の文字が書いてある国旗、9ヵ国。

　韓国（卦）、モンゴル（ソヨンボ文字）、赤道ギニア（統一・平和・正義）、アンドラ（団結は強力なり）、グアテマラ（1821年9月15日自由）、ニカラグア（中央アメリカ・ニカラグア共和国）、ハイチ（団結は力なり）、ベリーズ（繁栄は木陰にあり）、ブラジル（（秩序と進歩）など。

④国の形を図柄で主張する国旗、2ヵ国。

　キプロス、コソボ。

⑤動植物で何かを主張する国旗、18ヵ国。

　カザフスタン（ベルクート草原鷲）、スリランカ（ライオン）、ブータン（龍）、キプロス（オリーブ）、レバノン（レバノン杉）、ウガンダ（冠ツル）、ジンバブエ（石のジンバブエ鳥）、ザンビア（三色海鷲）、赤道ギニア（パンヤの木）、カナダ（カエデの葉）、グアテマラ（国鳥ケツァール）、ドミニカ国（ミカドボウシインコ）、ベリーズ（二人の男）、メキシコ（サボテンと鷲とヘビ）、エクアドル（コンドル）、キリバス（軍艦鳥）、パプアニューギニア（極楽鳥）、グレナダ（ナツメグ）。

⑥国章を入れて主張する国旗。

（多くの国で、国事などに使用する国旗には、国章入りの国旗を使います。アンドラとモルドバのように、国章だけが異なる国もあります。下記した国はほんの一例です）。

アンドラ、モルドバ、アフガニスタン、イスラエル、イラン、オマーン、ボリビア、ペルー、ハイチ、メキシコ。

⑦旧宗主国との関係を主張し、ユニオンフラッグが入っている国旗6ヵ国。

オーストラリア、ニュージーランド、クック諸島、ツバル、ニウエ、フィジー。

⑧天体の太陽・月・星を描き何かを主張する国旗。

○太陽が入った国旗15ヵ国

日本（赤）、バングラデシュ（赤）、ネパール（白）、フィリピン（黄）、カザフスタン（黄）、台湾（白）、ニジェール（オレンジ）、ナミビア（黄金）、ルワンダ（黄金）、マラウイ（赤）、北マケドニア（黄）、マーシャル諸島（白）、アンティグア・バーブーダ（黄）、アルゼンチン（黄）、ウルグアイ（黄）。

○満月で何かを主張する国旗2ヵ国

パラオ（黄）ラオス（白）。

○太陽と月の国旗1ヵ国

ネパールは月と太陽（白）。

○一つ星で何かを主張する国旗20ヵ国

ベトナム、ミャンマー、ガーナ、カメルーン、ギニアビサウ、コンゴ民主共和国、ジブチ、ジンバブエ、セネガル、ソマリア、中央アフリカ、トーゴ、ブルキナファソ、南スーダン、モザンビーク、リベリア、キューバ、スリナム、チリ、ナウル。

○星形の封印（3ヵ国）

モロッコ、エチオピア、イスラエル。

3、その他参照事項

　大陸区分は国連世界地図に沿ったものです。しかし更なる区分については、国連統計区分にとらわれず、読者にとって国の位置を分かりやすくするため、海沿いや内陸などに分けて説明しています。

　国旗サイズについては国旗プロトコルに従って国連旗（縦2・横3）の比率で掲載しています。本書記載の一人当たりのGDP指数などの記載は、『データ・オブ・ブックブザワールド2021』（二宮書店）及び外務省HP並びにWorld Population Prospects 2019,undataからの転載もしくは参考にし

たものです。

　独立・国旗制定年度は、新興国を除くと、それぞれの言い分は様々なので未記入としました。同様に国土面積も自国の主張により異なる場合もあります。

　本文中に説明しきれなかった項目を「コラム」として70近く囲い込み解説をしています。

　【例】QUAD（クワッド）

　クワッドは英語のクアドルプルの略。「4つ」を意味します。

　日米豪印による「クワッド」は「自由で開かれたインド太平洋」の実現のため4ヵ国の安全保障協議体です。4カ国の首脳及び2＋2などそれぞれの国の最も高いレベルで協力していく組織となっています。

　リオデジャネイロ五輪の順位は新聞紙上で発表されているように、まず金メダル数、次に銀メダル数、銅メダル数でランキングしています。例えばメキシコ（金0・銀3・銅2）は61位、コソボ（金1・銀0・銅0）の54位となり、メダルの数で上回るメキシコは下位にランクされます。

> ### コラム　　赤十字マーク
>
> 赤十字社のマークには、国際赤十字（白地にギリシャ十字）と赤新月（白地に新月）が代表的です。共通マークとして赤水晶（白地に赤いクリスタル）もありますが、イスラム圏を除くほとんどの国は国際赤十字を使用しています。

第一章
G7 諸国と日本の近隣 4 ヵ国

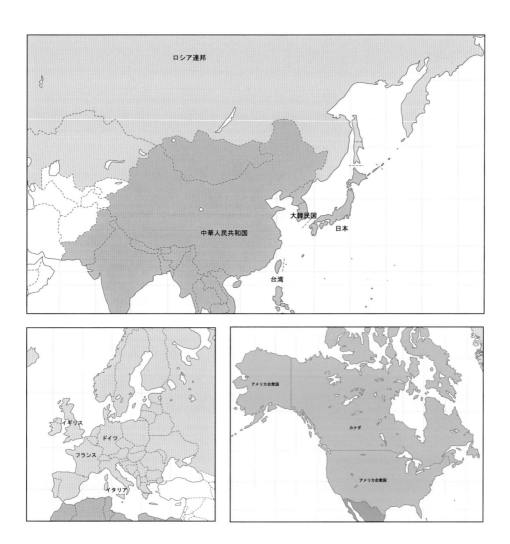

〇国名（独立または、国旗制定年度／首都／一人当たりの GDP）

■ 1、G7 諸国

① 日本国 （―/首都東京／41,150 ドル）

　　　　日本の気候は温暖湿潤気候（Cfa）が大部分ですが、南北の緯度の
差があるため、北方4島は、冷帯湿潤気候（Dfa）、南の東京都、沖
ノ鳥島は熱帯雨林気候（Af）と、国土が長いことがわかります。国
土は378千㎢で世界第61位、62位はドイツの357千㎢が続きます。
　　　　人口は1億2千427万人、世界人口ランキングでは、①中国②イ
ンド③米国④インドネシア⑤ブラジル⑥パキスタン⑦ナイジェリア
⑧バングラデシュ⑨ロシアに続く世界第10番目にランクされています。現状の出生率7.8％、死亡
率10.5％を勘案すると、2055年には1億人割れが予想され、アフリカ諸国の人口増加率を勘案す
ると、ベストテン割れは時間の問題です。

　　人口分布は、都市人口が91.4％と高く、首都東京が（1,250万人・23区895万人）・横浜（364万人）・
大阪（257万人）・名古屋（221万人）・札幌（194万人）・神戸（149.6万人）福岡（149.3万人）・
川崎（145万人）・京都（137万人）・さいたま（127万人）・広島（117.7万人）仙台（104.8万人）と、
百万人都市が12あります。しかし、東京、横浜、さいたま、川崎など、首都圏に集中する傾向があり、
今回の新型コロナ問題で、首都機能の分散も、人口減少課題と同じように喫緊の課題といえるで
しょう。

　　国家の防衛体制は、専守防衛、日米安保体制の堅持が基本とされています。近年、尖閣諸島、竹島、
北朝鮮ミサイル発射問題などもあり、イージス・アショアの配置断念を機に、自国による防衛力
の再構築も大きな課題となってきました。

　　経済は、G7の優等国で、失業率も低位、安定的成長と、総合収支の黒字で表面的には順調にみ
えます。しかし、コロナ感染症問題で、状況は急変、鉱産物、エネルギー、食糧問題はもとより、
マスク一つとっても、海外依存が強く、有事には問題を残してしまいました。それにも増して、
今まで日本経済を推進してきた日本の先端企業も、5G（第5世代移動通信システム）時代を迎え、
AI、情報、プラットフォーム型企業分野では、大きく後れをとり、1995年の国連集計のGDPシェ
アが世界の18％であったものが、2017年には6％にまで落ち込んでいます。

　　大学教育分野の低下にも危機感を感じます。20年前の科学技術力分野の論文件数は、米国に次
いで世界第2位でしたが、2019年版科学技術白書によれば、「量」では第4位、「質」では第9位
と後退しました。米中は官民一体になった研究開発を進めています。戦後における日本の先端技
術が民間主導で成し遂げられきましたが、国家主導の国々と対抗するためには、イデオロギー
を論じて反対している場合ではなく、純粋に先端技術の開発として官民一体の開発が求められて
います。ライバルを圧倒し首位となったスーパーコンピューター「富岳」のように全国にある研
究機関や国公私立大学と企業との一体になった産学共同開発を各方面で進める必要があるのでは
ないでしょうか。特色ある啓育（教えられて育つのではなく自ら啓発して育つ）こそが重要で、
偏差値で教育の場をランキングする我が国の教育改革も喫緊の課題の様です。

　　日本の輸出額は6,982億ドル、（米国19.3％・中国19.0％・韓国7.6％・台湾5.1％・タイ4.2％）、
輸入額は、6,713億ドル（中国24.5％・米国11％・オーストラリア5.8％・韓国4.2％・サウジアラ
ビア4.1％）、輸出入とも米国、中国、韓国の割合が高く分散化も課題の一つです。

　日章旗の歴史について、皇祖神・天照大神や聖徳太子が隋に遣隋使を送った時の「日いずる国」を思い浮かべ、古代からの国旗と思われている人が多いと思います。源平の旗印、薩摩の島津藩が交易の際使用、江戸時代の終わりごろに、船舶用の国籍標識として「日の丸」が使われ始めたこと、明治の始め 1870 年、「太政官布告第 57 号」に日本船が掲げる商船には「日の丸を掲げる」と定めたことは史実です。しかし、法制的に国旗であると定めたのは 1999 年の「国旗及び国歌に関する法律」ではじめて法制的にも「日の丸」は国旗となりました。

　同じように、「首都を東京と定めた法律」もありません。これも、1979 年 6 月 5 日の内閣法制局長官が「東京が日本の首都であると、日本国民は誰も疑いなく信じている、ことであろうと、存じます」と答弁しています。

　日の丸も同様に、日本の永い歴史の中で、「誰が作り上げた訳でもなく歴史の積み重ねの中に、いつの間にか日本のシンボルとして日の丸が国旗になっていった」わけです。この様な国旗は世界に類を見ません。第二次世界大戦後で、ドイツ、イタリアの国旗は変わりましたが、日章旗だけは変わりませんでした。

　日章旗はデザイン面でも、「白地に赤く」で分かりやすく、子供のころから、「日の丸弁当」で馴染みもあり、誰でも書けるという優れた面を持っています。日の丸のコンセプトでは、「日出ずる国」だけでなく、実に意義深い世界に通じる普遍的意味があるように感じました。

　私のメンターでもあり、長年の友人から「白地に紅色の真円」には、禅の○と同じで、無によって「吾・唯・足・知」精神が宿り、円の中心からエネルギーを放ち、それが己だけではなく、世界にいきわたる概念がある。深紅は、飽くなき情熱で、苦難を乗り越える力がさらに加わるとのことです。米国の人財育成の権威、ロバート・コンクリンの著書『Be Whole』に書かれている「Wholeness is to exist lovingly and harmoniously within the circumference of human nature,」そして [yours and others.] と続く一節は、「日章旗のコンセプトと一致し、日章旗が世界全体の平和と一人ひとりの幸せを主張している旗である」との、お話をいただきました。オリンピックで来日する外国の人たちに日の丸のコンセプトを聞かれたら、「To be whole is to be fully alive」と応えるのが良いかも知れません。日の丸は、図形の利点だけでなく、そのコンセプトにおいても「日

の丸の円」は、全世界の人々と全力で生きる」元気（言気）にする国旗なのです。確かに、あらゆる民族、宗教、に対しても「太陽は、普遍的真理」であり、全世界、全人類が大同しうる唯一のシンボルなのです。

　そして、そのことを、声高に言わないことも、日本人の「日の丸」の精神なのです。

リオ・オリンピック、第 6 位（金 12・銀 8・銅 21）参加選手団 333 人。

コラム

　ロバート・リード・コンクリン（1921 年 3 月〜 1998 年 7 月）

　世界各国で 400 万人以上の受講者を生んだ、AIA（Adventures in Attitudes）・心のアドベンチャーの開発者「どんな局面に遭遇しても消極的にならず、勇気を持って未来に向かう積極的な心構えと自発的な意欲を起こすにはどうしたらよいか」を学ぶ相互啓発プログラムの開発者。主な著書：「Reach for the Sun」「The power of magnetic personality」[Be whole] 日本では柳平彬（やなぎだいら・さかん）の訳本がある。翻訳者は日本の AIA 研究の第一人者でもあります。

② 英国（グレートブリテン・北アイルランド連合王国）
（国旗制定 1066 年／首都ロンドン／43,562 ドル）

　いわゆる英国とは、グレートブリテン島とアイルランド島北部からなり、イングランド・ウェールズ・スコットランド・北アイルランドの 4 地区から構成されています。国土は 242 千㎢（日本は 378 千㎢ですから約 2/3）。人口 6 千 788 万人。民族は、イングランド人 83.6%、スコットランド人 8.6%、ウェールズ人 4.9%、北アイルランド人 2.9%、アフリカ系 2%、インド人 1.8%、パキスタン人 1.3%。宗教は、キリスト教（英国国教会派）71.6%、イスラム教 2.7%、ヒンドゥー教 1%。

　現在の英国は、シリア・イラクからの難民問題が引き金になり、EU 離脱問題で迷走しました。2020 年 1 月の総選挙で与党が圧勝し離脱を決定。従来からの親米路線と個別外交で巻き返しを狙います。2020 年の年末に、4 年越しの EU との関税問題や英海域での漁業権問題は自由貿易協定の締結によりひとまず解決しましたが、国内における独立気運、そして失業率、財政赤字をどう乗り切るかが今後の課題となっています。

　スコットランド民謡の「蛍の光」「故郷の空」は誰もが一度は歌ったことのある民謡で「アメイジング・グレース」もスコットランド民謡といわれています。何故か日本人の心に響く旋律があるのかも知れません。

　英国は、ミスタービーンの「ユーモア」や「007」シリーズのボンド演じる「勇気」が重要視される国といわれ、さらに、日本では、「紳士の国」として定着しています。

　ロンドンのある店で私が経験した話を紹介します。ロンドン市内の高級店が立ち並ぶ「ボンド・ストリート」と「ニューボンド・ストリート」には、洒落た高級店が並んでいます。私の趣味の一つに絵画があり英国製の絵の具を使うと、下手な絵でも上手く見えると聞いて「ウィンザー＆

ニュートン」の画材を一式購入しました。そのあと、英国には、ジョンロブ、クロケット＆ジョーンズ、チャーチなど素晴らしいブランド靴店がたくさんあるので、ある店を覗きました。

珍しくバーゲン品で安い革靴があり、私には勿体ないと思いながら購入、いわれるままに支払いを終えました。レシートをなにげなく見て「ビックリ」。本来高級靴の価格はシューズキーパー付きなのに、キーパーは別売りだったのです。しかも靴よりキーパーの方が高い。私は、シューズキーパーはいらないからといってクレジットを訂正してもらい、再度クレジットカードを切りました。私が、前のクレジット・シートを返すように要求すると、店員からは、前のクレジットはレジスターで、ゼロにしたから信用して欲しいと言い最後まで返してくれません。私は、ちょっと心配だったのでレジスターの控えだけはもらい、日本に帰って来ました。

案の定、二つの請求書が回って来ました。レジスターの控えを付けてカード会社に連絡、ことなきを得ました。「この様なケースで騙される日本人が多いのです。紳士の国だからといって信じてはダメですよ」とカード会社の人は嘆いていました。

歴史は帝政ローマ帝国がイングランドを征服後、5世紀にアングロサクソン人が侵入（略）。7つの王国を打ち立てましたが、その後、イングランドが、ウェールズを併合し、イングランド・スコットランド・北アイルランドの三つの王国からなる、ユナイテッド・キングダム（連合王国）を築いていきました。

英国の国旗は、三つの王族の十字を重ね合わせた、みごとな国旗と評判です。つまり右のように、イングランドのセントジョージ旗（「白地に赤十字」）と、スコットランドのセントアンドリュー旗（「青地に白い×サルタイアー旗」）そして、北アイルランドのセントパトリック旗（白地に赤い×サルタイアー旗）を一つにしたのが、「ユニオンフラッグ」なのです。確かに、三つ国旗が融合した素晴らしいデザインといえるでしょう。

ユニオンフラッグは一見「シンメトリーの国旗」に見えますが、良く見ると赤いサルタイアー十字の右と左が異なります。（左右の白いサルタイアー十字は左右対称ですが、赤の部分は、右がやや上、左はやや下になっています）。すなわち、シンメトリーの国旗ではないので左右を間違えれば、大問題となります。

それより、森 護氏の『ユニオン・ジャック物語』（中公新書）によれば、北アイルランド旗の白地に赤いサルタイアー（×斜め十字）とセントパトリックとは全く関係がなく、北アイルランド旗も基本は「白地に赤十字で中央に紋章がある旗」で、イングランド側が自国の旗と重なることを嫌がり、勝手にサルタイアー×に変えてしまったと、持論を展開しています。

確かに、ゴルフ全米ツアーで北アイルランド出身のローリー・マキロイ選手を示す旗は白地に赤十字の中央に紋章がある北アイルランドの旗でした。UKの歴史、経緯が複雑なところから、英国の旗だけでも複雑な話になっています。

リオ・オリンピック、第2位（金27・銀22・銅17）参加選手団366名

コラム 今回のワールドラグビー大会で、いくつか疑問を持たれたことに触れてみます。

2019年のワールドラグビー大会で、いくつか疑問を持たれたことに触れてみます。

①「何故英国から4チームが参加しているのか？」

イギリス諸島のグレートブリテン島には、イングランド、スコットランド、ウェールズのラグビー協会がありました。また、アイルランド島には、現アイルランド国の三地区と英国の北アイルランド地区を合わせて一つのラグビー協会が存在していました。すなわち、ラグビーの国際組織ができる前に、英国には、4の協会があったわけです。それにより、アイルランド島は、ナショナルチームとして、掲げる旗もアイルランドの国旗でも、英国の国旗でもなく、アイルランド4地区の紋章を四隅に入れた協会旗を掲げているのです。すなわち、北アイルランドは、国としては、英国ですが、ラグビー競技では、アイルランド島の一代表として参加しています。ちなみに、ワールドラグビー大会で掲げる旗は、イングランド旗はセントジョージ旗、スコットランド旗は、セントアンドリュー旗、ウェールズ地区は赤いドラゴン旗、アイルランド島は前述の協会旗です。

②「何故日本チームに外国人がいるのか？」

確かに日本チームの登録選手のうち日本出身選手は19人で外国出身選手が17人でした。

世界ラグビー協会の規約には、下記の条件を一つでも達成していれば、その国の代表になれると規定しています。日本チームを例に検証します。

①日本で生まれた ②両親が日本人 ③祖父母が日本人 ④日本に3年以上居住していること（2020年の12月末からは5年以上）となっています。

例えば松島幸太朗選手は南アフリカで生まれましたが、③と④の条件でパス。リーチマイケル選手は④の条件でパスということになります。

また、日本におけるラグビー選手の報酬は、外国のプロ選手と比較にならない程安く、彼らは本当に日本が好きだから日本でプレイをしています。日本人との混合チームが「ONE TEAM」となった結果が、初めてのベスト8につながったのではないでしょうか。

コラム

英国人は英語では British ですが、細かくは、English, Scottish, Welsh, Northern Irish, の呼び名になります。会話の時は注意が必要です。

③ **アメリカ合衆国（独立1776年〈イギリス〉／首都ワシントンDC／55,799ドル）**

本土の北はカナダ、南はメキシコに接し、東に大西洋、西は太平洋に面しています。西部はロッキー山脈、シェラネヴァダ山脈、東部にアパラチア山脈が連なります。中央部は、西側からロッキー山脈に平行して、グレートプレーンズ（降水量が少なく灌漑によって小麦やトウモロコシを栽培。センターピボット方式）、西経100度の東側にプレーリー（草原地帯の肥沃な大地で雨量もあり、小麦・

トウモロコシの栽培）とミシシッピー川流域に二つの中央平原があります。アラスカはカナダの北西に連なり、ハワイは太平洋上ポリネシアの北側にあります。その他、海外領土、自治州として、プエルトリコ、ヴァージン諸島、太平洋上の北マリアナ諸島、グアム、米領サモアがあります。

アラスカのマッキンリー山（6,194m）は北米 No.1 ですが、米国本土の No.1 はシェラネバダ山脈にある、ホイットニー山（4,418m）です。国土は 9,628 千㎢（日本の約 25 倍）。

人口は 3 億 3 千 100 万人。2014 年の人種構成は白人 62.2%、ヒスパニック 17.4%、アフリカ系 12.4%、アジア系 5.2%、その他 2.9% でしたが、近年、白人の割合が減少し、ヒスパニックの割合が増加しつつあります。

宗教は、プロテスタント 51.3%、カトリック 23.9%、モルモン 1.7%、ユダヤ教 1.7%、仏教 0.7%、イスラム教 0.6%、ヒンドゥー教 0.4% となっています。

私は、学生時代からハワイアンバンドを仲間とやっていましたので、ハワイには何度となく行きました。また、ニューヨークなどの東海岸、過ごしやすいカリフォルニア西海岸と広大なキャニオン巡り、歴史を感じるアトランタなどの南部も、ビジネスや観光で訪れています。大別すれば、現代文化と経済の中心は東部、西海岸は、ニュービジネスと大自然の驚異、南部は広大な大地における大規模農業、石油産業、それにジャズを加えます。それぞれの地域特性を持ち、同じ国とは思えない地域性に、計り知れないエネルギーとそのパワーを感じています。US スチール、GM、GE が落ち込めば、新しい産業が誕生していきます。

米国経済は、GAFA と呼ばれる 4 大巨大 IT 企業を抱えた世界最大の経済大国であり、世界最強の軍事大国です。トランプ大統領時代になり、保護主義、二国間交渉と、今までの手法を大きく転換し、全世界にあらゆる分野で課題を投げかけています。行き過ぎれば、それを修正する力があるのもアメリカ民主主義の利点だろうと思います。

米国の国旗は「星条旗（スターズ＆ストライプス）」と呼ばれています。1776 年の独立以来、デザインが 27 回も変更されたことをご存じでしょうか。独立 13 州には敬意を示し、ストライプの数 13 本は変わりませんが、カントン部分の星の数は州が増える度に増えてきた歴史があります。1960 年以降にアラスカ州とハワイ州が加わり、カントン部分の星の数が 50 個に並び替えられ、現在の星条旗となっています。

リオ・オリンピック、1 位（金 43・銀 37・銅 36）。参加選手団 554 名。

コラム　GAFA

　GAFA とは、世界最大の IT 企業名の頭文字をとった略称で、G は Google（検索エンジン・オンライン広告）、A は Apple（iphone・iPad・Mac・iCloud）、F は Facebook（世界最大の SNS 企業）、A は Amazon（世界最大のインターネット通販）です。

　この 4 社は個人情報が集まるプラットフォーム企業として、その限りないパワーに注目と不安が入り混じっています。このようなコロナ時代でも、ネット社会の力を発揮し、順調な伸びを示しています。

　2020年は大統領選挙の年。前回は、民主党のヒラリー・クリントン氏、6,585万票に対して、共和党のトランプ氏は6,289万票と負けていましたが、トランプ氏が勝利しました。2020年の大統領選挙では、共和党トランプ対民主党バイデン候補の争いでしたが、ジョー・バイデン7,982万票（選挙人306人）に対してドナルド・トランプ7,378万票（選挙人232人）とバイデン候補の勝利となりました。

　米国の選挙制度は、全米50州とワシントンDCに割り振られた538人の選挙人を選ぶ、基本的には総取り方式による選挙制度です（ネブラスカ州とメイン州は比例により振り分け）。最大の選挙人を持つカリフォルニア州は55人、2番目はテキサス州38人、3番はフロリダ州の29人、最小地区は3人州で、アラスカ、モンタナ、ワイオミング、サウス・ダコタ、ノース・ダコタ、デラウェア、バーモント、ワシントンDCの8地区です。8州で勝利しても24人なので3番目に多いフロリダ州でわずかでも勝てば29人獲得したことになります。10人以上の選挙人を持つ州は前述3州の他、16州（ニューヨーク29、ペンシルベニア20、イリノイ20、オハイオ18、ジョージア16、ミシガン16、ノースカロライナ15、ニュージャージー14、ヴァージニア13、ワシントン12、マサチューセッツ11、アリゾナ11、インディアナ11、ミネソタ10、ウィスコンシン10、メリーランド10）があります。当選ラインは270ですから、上位13州でライバル候補をわずかでも上回れば当選です。また、東海岸及び西海岸は民主党が強く、南部は共和党の地盤と言われていましたが、前回はラストベルト（さびついた工業地帯）のオハイオ、ペンシルベニア、ミシガンをトランプ氏が獲得したことが勝利の要因と言われています。今回の選挙は、当初の予想に反しトランプ陣営の巻き返しによる接戦となりました。最終的にはバイデン氏がジョージア、ペンシルベニア、ウィスコンシン、ミシガン、アリゾナを奪還したことで、バイデン氏306人・トランプ氏232人とバイデン候補が勝利となりましたが、対立候補の「敗北宣言」は最後までありませんでした。

　即ち、2016年の選挙では、全有権者のうち多数をとったヒラリー・クリントン氏が負け、少数派のドナルド・トランプが勝利しましたが、これは、全米の得票数と選挙人の数が必ずしも比例しないことから起こる現象ぐらいに思っていました。

　しかし2020年は、いずれも多数を獲得したジョー・バイデンが勝利しましたが、投票終了後、前職から勝者への引き継ぎが遅々として進まない状況が起きてしまいました。「連邦と州」「連邦政治と司法」が相互に牽制しあい、最大多数がすべてではなく、多数を抑制しながら均衡をはかるという複雑なバランスのもとに作られているアメリカ民主主義も要因の一つです。（日本であれば敗北すれば、即、退陣）。大統領選敗者が「敗北宣言」をするアメリカ民主主義の善意のルールに、特異な性格の大統領のもとでは混乱を招いてしまったのです。2016年には少数派の特異な性格の大統領が出現し、4年後にはNOを突き付けられ退けられたということも、アメリカ民主主義なのかもしれません。2021年1月にトランプ氏が先導した暴徒による連邦議会占拠事件に世界中の非難が集中し、トランプ氏はついに敗北宣言をしました。しかしながら、民主主義のシンボルであるはずの米国大統領が国家を二分するような出来事を数々起こしてしまったことは残念でなりません。

コラム　独立13州

　英国旧13植民地で、ニューイングランド植民地（ニューハンプシャー州、マサチューセッツ州、ロードアイランド州、コネチカット州）中部植民地（ニューヨーク州、ニュージャージ州、ペンシルベニア州、デラウェア州）南部植民地（メリーランド州、ヴァージニア州、ノースカロライナ州、サウスカロライナ州、ジョージア州）の13州のことです。

コラム　センターピボット方式

　センターピボット方式とは、乾燥地帯で大規模に作物を栽培するために、汲み上げた地下水に肥料を添加した後、自走式の散水管に圧送して水を散水する灌漑法のこと。2018年現在、米国のグレートプレーンズ、サウジアラビア、エジプトなどを中心におこなわれてい

④ フランス共和国（—／首都パリ／41,760ドル）

　フランス国土は、ヨーロッパ大陸西部の豊かな土壌を占めています。海外県としては、南米ギアナ（宇宙打ち上げ基地がある）、グアドループ島（カリブ、小アンティル諸島）、タヒチ島やマヨット島（コモロ諸島）などがあります。国土は544千㎢（日本の1.4倍）。人口6千751万人。民族は、フランス人（ケルト・ゲルマン系・古代ローマなどの混成）その他ブリトン・バスク・移民など。宗教は、カトリック64%、プロテスタント3%、イスラム教8%。

　紀元前5世紀にケルト人が居住、5世紀にフランク民族がメロビング王朝を作り、9世紀には、カロリング王朝が分裂し、シャルルが西フランク（フランス）王に就任しました。その後英仏間の百年戦争を経て、ルイ11世（「蜘蛛」のあだながある）が国土を統一し、いよいよ近代史に移っていきます。

　フランスは、主要食糧のほとんどを自給自足できる西ヨーロッパ最大の農業国。ワイン、乳製品、穀物をヨーロッパ各国に輸出しています。工業も、原子力発電など多岐にわたり、特にトゥルーズ市（44万人）を中心に宇宙・航空機産業などは群を抜いています。世界遺産は、イタリア、中国、スペイン、ドイツに次ぐ5番目で、観光収入も大きな財源となっています。

　私の最初の家族旅行はやはりパリでした。確か、安宿に泊まり、地下鉄を利用して、一通りのコースを廻りました。しかし、パリといえば、世界の高級ブランドの街。高級ワインとして名高い、マルゴー、ラフィット、ムートンなどのボルドー産や、ロマネコンテを生むブルゴーニュ産、ケリー、バーキンなどの高級ハンドバッグが溢れています。私たちには、無縁の存在でしたが、製造原価

23

を考えると、どうもフランス人は、付加価値を大きく付け、商いをするのに長けているような気がしました。

　国旗は元祖トリコロール旗（フランス語で3色旗を意味する）縦3分割3色（青・白・赤）として、自由・平等・博愛を表した旗として誰もがご存じの国旗です。

　歴史をさかのぼって説明を加えます。

　米国は英国と戦い1776年7月4日に独立を果たしましたが、当時、財政難に苦しむフランスのブルボン王朝ルイ16世は、多額の財政支出をし、米国を支援しました。米国が勝利したものの、フランスの思惑は完全に外れ、ルイジアナ州（ルイ14世時代からフランス領）も失い、財政も破綻、ついに、フランス革命を引き起こし、王朝は倒れてしまいました。

　しかしながら、3色旗が、フランス革命の時に使われていたという謂れについては定かではない様です。その証は、1789年7月14日バスティーユ襲撃時の絵画を見ると、色の順番や縦縞、横縞もマチマチに描かれています。ただ、確かに絶対王政と封建主義が崩壊、「自由・平等・博愛」の民主国家が生まれ、共和制へと移行していった大きな転換期でした。

　米国の国旗には、フランス革命時の3色旗の色が使用され、米国の独立百年行事には、フランスから自由の女神像が寄贈されています。また、フランス国旗の「縦3分割3色旗」は、イタリア国旗などのヨーロッパ各国やアフリカ各国の国旗に大きな影響を与えました。現在は、EUの経済大国として、ドイツにつぐ第2の地位を占めています。

　リオ・オリンピック、第7位（金9・銀17・・銅14）参加選手団395名

⑤ ドイツ連邦共和国（一年/首都ベルリン/46,473ドル）

　　　　ドイツは北部を黒海・バルト海に面し、海岸から内陸部に向かって北ドイツ平原が広がり、中央部は丘陵、さらに南部にはアルプスの山岳地帯が続いています。国内にはエルベ川・ライン川の国際河川が国土を貫き、重要な交通機能の役目をはたしていました。政治、経済ともEUのリーダーの役割をはたし、産業は自動車・化学・電子工学・機械・環境技術・精密技術など世界のトップクラスで、2016年の貿易黒字も4年連続過去最高を記録しています。また、この国の人口分布で特筆すべきことは、首都ベルリンは352万人と東京都の1/4の人口で、ハンブルグ（178万人）、ミュンヘン（145万人）、ケルン（106万人）、フランクフルト（73万人）、デュッセルドルフ（61万人）、ドルトムント（58万人）など50万人以上の都市が15都市に分散していることです。国土は357千㎢（日本と同じ）人口8千378万人。民族は、ドイツ人88.2%、トルコ人3.4%、イタリア人1%。宗教は、カトリック30.7%、プロテスタント29.9%、イスラム教4.9%、正教1.7%。

　私は、英国観光の後、フランクフルトに入り、最も古いホテル（フランクフルターホフ）に泊まり、英語の話せる運転手と妻の3人でロマンチック街道沿いを数日かけ、ノイシュバンシュタイン城までドライブ旅行を楽しみました。アウトバーンも、街並みも美しく、ローテンブルグの城壁内にある、かわいいホテル、ミュンヘンのパブで飲んだビールなどたくさんの思い出がよみがえります。しかし、その美しい国にも、シリア・イラクからの難民問題と新型コロナ問題は大きな課題となってきています。

国旗はシュワルツ（黒）・ロット（赤）・ゴルト（金）と呼ばれる横3分割3色旗で、1813年に
ナポレオンと戦ったプロイセン王国の義勇団の制服の色から採ったと言われています（同じよう
にアルゼンチンの国旗も軍服の色といわれ、空色と白が、使われています）。また、個人的にはワ
イマール共和国の国旗を復活させた様な感じもしていますが……。現在のドイツ3色旗の意味は、
黒が勤勉と力、赤は自由を求める情熱、金は栄誉と真理を求める輝きを表すものとなっています。
いずれも、日本と同様に第二次世界大戦での荒廃から、見ごとに立ち直った国家です

リオ・オリンピック、第5位（金17・銀10・銅14）参加選手団425名。

⑥ イタリア共和国（―／首都ローマ／33,159ドル）

イタリアはアルプス山脈から地中海に伸びるイタリア半島とシチ
リア島・サルデーニャ島・エルバ島など約70の島から構成され、半
島の中央部にはアペニン山脈が縦走し、エトナ山の活火山がありま
す。国土は302千㎢（日本の4/5）。人口6千046万人。民族は、イ
タリア人96％、アルバニア人1.3％、アラブ人0.9％。宗教は、カトリッ
ク83％、イスラム教2％。

ギリシャ時代より都市国家が成立、紀元前27年より帝政ローマ帝国として大国の長い歴史を誇っ
ていました。現在、ミラノ・ジェノバ・トリノを結ぶ三角地帯はイタリア工業の中心地帯で、機械、
自動車、鉄鋼、衣料産業が主なもの。また、観光は重要な収入源（年間収入404億ドル）で、イ
タリアは世界遺産55か所と多くの観光スポットがあります。

2019年に学生時代の親友武藤夫妻とイタリアの北から南まで旅行しましたが、至る所に興味ある遺
跡と食文化があり、特に驚いたのは「青の洞窟」です。青の洞窟の入り口は思いのほか狭く、小さなボー
トに寝そべらないと入れず、入った後に洞窟内の海の色がトルコブルーに輝いているのには驚嘆しまし
た。

経済は、財政赤字と失業率10％以上が続き、最近では、ベネチアの水位上昇と新型コロナウイ
ルスによる、観光収入が激減する問題が加わりました。

国旗は、縦3分割3色旗（緑・白・赤）の「トリコローレ（イタリア語で3色旗）」と呼ばれる
お馴染みの国旗（余談ですが、真ん中の白い部分にアステカの鷲の紋章を加えるとメキシコの国
旗となります）。

イタリア国旗の原型は1848年～1946年に使用されていた現在の3色旗の白の部分に、サルデー
ニャ王章の盾の形を入れた旗が始まりでした。（サルデーニャ王国とは、18世紀から19世紀に現
在のイタリア、フランスの一部にかけて存在したサヴォイヤ家が支配する王国で、現在のイタリ
ア統一運動の中核であったと言われています。）フランス国旗と同様に「自由、平等、博愛」を意
味し、緑は国土を、白はアルプスの雪と平和を、赤は愛国者の熱い血を表すと言われています。
ご参考に、サルデーニャ島は、日本の四国より大きい、24千㎢の広さでイタリア本土の西に位
置する島。高級観光地としても有名でサルデーニャ自治州を構成しています。（都市国家の名残で、
各都市に当時の都市国家の国旗がはためいています。イタリア国旗ではないので、混同しないように）。

リオ・オリンピック、第10位（金8・銀11・銅7）参加選手団309名

⑦ カナダ（1867年〈イギリス〉／首都オタワ／44,940ドル）

　北アメリカ大陸の北部、北は北極海、バフィン湾、東は大西洋、西は太平洋に面し、南は米国に接しています。国土は世界第2位の広さを持ちますが、アラスカ海流（暖流）の影響を受けた西海岸地区を除き、その大部分は冷帯と寒帯気候となっています。国土は9,985千㎢（日本の約28倍）。人口3千774万人。

　　　民族は、ヨーロッパ系（イングランド系19.8％、フランス系15.4％、スコットランド系14.4％、アイルランド系13.8％、ドイツ系9.8％、ウクライナ系3.8％、オランダ系3.3％、ポーランド系3.1％、アジア系11.4％、先住民5.6％、ラテンアメリカ系3.6％アフリカ系2.3％。宗教は、国民の3分の2以上（67.3％）がキリスト教徒（国民の約39％がローマ・カトリック）、約2割（23.9％）が無宗教（2011年カナダ統計局）。

　略史によれば、11世紀頃に北欧のヴァイキングがニューファンドランド島に到着、1583年に英国が海外植民地をその島に建設、1608年にフランスがケベックに交易所を設けました。その後英仏の「7年戦争」が勃発し、1763年に英国の支配権が確立1867年にカナダ自治領が成立し、独立しました。

　外交は、米国との関係を背景に安定した外交政策を展開。経済は、農業、漁業、森林業と世界有数の鉱産物資源（原油、オイルシェル、天然ガス）を有しています。

　カナダの国旗は、お馴染みの縦柄赤・白・赤で、白い部分に赤いカエデを描いた国旗「メイプル・リーフ・フラッグ」の愛称で親しまれているポピュラーな国旗です。1922年から1965年までは、オーストラリアやニュージーランドのようにカントン部分（旗ざお側上半分）に英国国旗が描かれ、他は赤地で右側中央に主な入植者のシンボル（カナダのカエデ、イングランド、スコットランドのライオン、フランスのユリ）を組み合わせ、盾紋を描いた代用旗を使用していました。

　首都はオタワで人口97万人、最大の都市はトロントの550万人、次は、オリンピック開催都市のモントリオールの400万人、冬季オリンピック開催都市バンクーバー200万人と続きます。国民はイギリス系46％フランス系24％で構成されています。

　カナダの首都が、イギリス色のトロントでも、フランス色のモントリオールでもなく、二つの都市の中間に位置するオタワにしたのは、時のビクトリア女王の、決断によるものだそうです。オタワを無色の首都として、国会議事堂、ノートルダム大聖堂、各種大学、博物館などを作り、政治文化の中心都市としての機能を備え、イギリス人でもフランス人でもなくカナダ人の首都であることを主張したのです。また、カナダは、世界で最も住みやすい国家の一つであるともいわれています。

　リオ・オリンピック、20位（金4・銀3・銅15）。参加選手団314名。

■ 2、日本の近隣諸国

① 中華人民共和国（―/首都北京／10,582 ドル）

　　一般に中国といいますが、正式名称は中華人民共和国です。アジア大陸の東部に位置し、国土は、9,600 千㎢（日本の約 26 倍）と、ヨーロッパ全体の面積に等しく、ロシア、カナダ、米国に次ぐ世界第 4 位の広さを誇ります。行政区分は、北京・天津・上海・重慶の 4 直轄市と 22 省 5 自治区 2 特別行政区から構成されています。人口 14 億 3 千 932 万人は世界最多です。独立は紀元前 1600 年とは中国政府の発表によるもの。民族は、各省により異なりますが、漢民族（総人口の約 92％）及び 55 の少数民族などの多民族国家となっています。

　　その歴史は紀元前 21 世紀に遡りますが、夏・殷・周を経て春秋・戦国・秦・前漢・新・後漢・三国時代・晋・南北時代・隋・唐・宋・遼・金・元・明・清と続き、皇帝政の崩壊により中華民国が成立、革命により中華人民共和国が成立しました。現在は、実質共産党一党体制で、主義と領土保全、政治制度と社会の安定、経済社会の持続的発展を掲げ、生産責任体制や農業自由化政策を実施、さらに「人民公社」を解体し、多くの廉価な労働力を背景に、「世界の工場」として先進諸国からの工場誘致に成功。2010 年には世界第 2 位の GDP 大国に発展して来ました。2014 年には、習近平主席が巨大経済圏構想を打ち立て、中国主導による、陸のシルクロードと海のシルクロードでヨーロッパと繋ぐ「一帯一路」の経済を推進しています。最近の中国は、その経済力と軍事力を背景に、日本、フィリピン、ベトナムとの海洋権益問題、インド、カシミール地方の軍部衝突、ブータン東部の領有権問題などが発生、香港、チベットやウイグル族問題を含め緊張が高まっています。

　　近年、米中の貿易摩擦による関税問題に、かつての成長率 8％堅持は崩れ 6％程度に落ち込み、さらに、新型コロナのパンデミックにより、急激な落ち込みが始まっています。内政問題では、香港に関連し「国家安全維持法」を制定し、反体制派を抑えこもうとしています。一番大切なことは、米中の覇権争いではなく、世界平和に向かって協調して行くことが相互に求められています。

　　このことは我が国にも当てはまることで、政治体制は異なるものの、日中の今後を展望すると「共存共栄」を指向することがベストであり、主張すべきは主張するものの、相互に対立ムードをあおることは何の役にもたちません。

　　GDP 規模における中国経済は、2020 年は世界第 2 位で世界経済の 16％を占めていますが、米国を抜き世界トップになることは時間の問題です。また中国経済の貿易相手国として、日本は 6％と米国（25％）に次ぐ第 2 位の立ち位置にあります。

　　日系企業の海外拠点数は中国が 3 万 3 千拠点、中国からの観光客消費額も年間 1 兆 7,718 億円と、いずれも日本にとって最大です。更に、14 億の人口は世界最大の消費マーケットになることは間違いありません。

　　国旗は通称「五星紅旗」と呼ばれる、赤い旗地と黄色い五つの星。旧ソビエト連邦時代の国旗を手本にしたといわれ、赤地は共産主義革命と中国古来の色を表し、五星の内一番旗ざおに近い大きな星は中国共産党を表し、四つの小さな星は、労働者、農民、知識人、愛国的資本家を表わしています。また、大きな一つ星を中国本土とし、満州、モンゴル、新疆ウイグル、チベットの

地域は、4つ星を意味すると言った説もあります。

前回のリオデジャネイロオリンピックで、国旗の星の並びが違うことでニュースになりました。旗ざおに最も近い大きな星を半周丸く囲むように、四つの小さな星が半円状に、それぞれ大きな星の中心を指すように傾いているのが正式な国旗でしたが、四つの星の角（ツノ）が中心の大きな星を向くはずが、そのまま平行に旗ざお側を指していた国旗でした。本来であれば、大問題になるところでしたが、この旗を作成した企業が、ブラジルの企業ではなく、中国の業者であったため、責任問題にはならなかったようです。

リオ・オリンピック金メダル数、第3位（金26・銀18・銅26）

コラム　新型コロナウイルス

2019年12月8日に湖北省武漢で発生したといわれている、新型コロナウイルスは、南極大陸を含む、全ての大陸に拡大していきました。特に、米国・インド・ブラジル・ロシア・南アフリカ・英国・スペイン・イタリア・イラン・ドイツ・フランス・トルコ等の国々では、爆発的感染力で感染者の増殖が止まりません。2020年3月12日にWHOはパンデミック宣言いたしましたが、「遅きに失した」感があります。この新型肺炎には対処薬や予防ワクチンがなく、あらゆる面で、自粛することが「最大の拡大防止策」といわれ、対応する新薬やワクチンの開発が進むまでは、古典的な対処方法しかありません。それは、世界経済に計り知れない大打撃を与え始め、オイルショック・ドルショック・リーマンショックを超える21世紀の大不況となってまいりました。各国とも驚異的な財政予算を組み、自国経済の立て直しや支援に取り組んでいますが、第二波、第三波が世界中を襲い、収束の予測は全くつきません。今回は、「人・物・金」のうち、財政・金融政策で、解決できる問題は少なく、「人の動きを止めること」という厄介な問題を抱えています。つまり、検査方法、治療薬、ワクチンの開発こそが喫緊の課題であり、世界の英知を結集し、感染症分野の研究・開発を短期間で完成しなければならないという、人類とウイルスとの戦いとなっています。ウイルスは他生物の細胞を利用して自己を複製させる生物微細物（カビ・バクテリア・ウイルス）の中でも極微小で、今回の新型コロナは、そのウイルスの中でも特に極小だそうです。更にウイルスは変異する可能性も高く予断を許しません。先を見通した集中病棟の整備新設が急がれます。

---

② ロシア連邦（—／首都モスクワ／10,250ドル）

1991年の旧ソビエト連邦崩壊により、社会主義のシンボルである「赤旗」から、旧ロシア帝国時代の国旗に戻りました。ロシア国旗は横3分割3色旗（白・青・赤）で、その三色は汎スラブ系の旗色の基本といわれ、スラブ系言語を使う国々に広く使われています。旧ソ連からすると、ロシアの国土は半減したとはいえ、世界最大の面積、17,098千㎢（日本の約45倍）を有し、14ヵ国と国境が接し、さらに日本と米国の2ヵ国に海上境界線があります。ロシア連邦の構成は、8つの連邦管区（中央連邦管区・北西連邦管区・南部連邦管区・北カフカス連邦管区・沿ヴォルガ連邦管区・ウラル連邦管区・シベリア連邦管区・極東連

邦管区）に分かれ、その中に、モスクワ、サンクトペテルブルグの直轄市、21 の共和国、自治州などから構成されています。人口 1 億 4 千 593 万人。ロシア人 79.8%、タタール人 3.8%、ウクライナ人 2%、など 100 民族。

　第二次世界大戦末期の 1945 年、クリミアのヤルタで、米英両国がソ連（現ロシア）に働きかけ、対日参戦する見返りとして、千島と南樺太のソ連への割譲を約束していました。一方、日本は昭和 16 年に、ソ連とは相互中立条約を締結していましたので、北方警備は全く無防備でした。

　敗戦後、戦勝国の要求に従い、日本は千島列島と南樺太を失いましたが、ロシアは、歯舞群島、色丹島、国後・択捉島まで占領してしまいました。日本政府は、上記島々は千島列島ではないと、返還を迫りましたが、現ロシア政府は、「第二次大戦の結果、ロシア領になった」との主張を変えていません。今年（2020 年）に入って、ロシア政府は「領土の割譲禁止」を、憲法に明記する作業に入りましたので、北方領土の返還交渉は、困難な国際問題となりました。2020 年 7 月憲法改正案は可決されプーチン政権が 5 選に道をつけると、領土問題はますます厳しい課題となっています。

　1991 年の旧ソ連邦崩壊後、弱体化したロシアを立て直す使命で、登場したのが、プーチン大統領です。社会主義体制をやめ、大国としての地位強化、欧州との協力体制確立、中露友好条約、アジア太平洋地域の積極関与などを打ち立て、豊富な天然資源をバックに国力の立て直しを進めてきました。しかし、チェチェン紛争、ウクライナ紛争から西側諸国との関係が悪化し、さらに天然資源の価格暴落と、米国による経済制裁に加え、新型コロナウイルスによる影響で、経済成長の停滞、失業率の上昇と、厳しい経済環境となっています。2015 年にロシア・カザフスタン・ベラルーシ・アルメニア・キルギスとの間で「ユーラシア経済同盟」を結成しましたが、近年、ベラルーシ・キルギスでは、親ロシア政権の信頼が損なわれ、アルメニアではナゴルノ・カラバフ自治州問題でトルコが支援するアゼルバイジャンとの争いで大敗を喫するなど、ロシアの影響力の低下が目立ちます。経済は、家電・自動車・映像産業・AI・5G・プラットホーム型企業など、先進国に勝る産業はなく天然資源に大きく依存しているため、原油などの暴落はかなりの痛手で国庫も疲弊しています。ユーラシア経済同盟国のベラルーシ、キルギスでは親ロシア政権の信頼がそこなわれ、アルメニアではナゴルノ・カラバフ自治州問題で、トルコが支援するアゼルバイジャンとの争いで大敗するなど、ロシアの影響力が低下してきました。

　リオ・オリンピックでは、国家ぐるみのドーピング問題でオリンピックの一部参加停止や、パラリンピックの全面停止等の処分が行われました。東京五輪についても引き続き WADA（世界反ドーピング機関）から除外処分を受けています。

　リオ・オリンピック、第 4 位ロシア連邦（金 17・銀 17・銅 19）参加選手団 265 名

③ 大韓民国（国旗制定 1948 年／首都ソウル／32,610 ドル）

　朝鮮半島の南半分に位置し、東は日本海、南は西水道を隔てて日本と、西は黄海を隔て中国と接しています。国土は 100 千㎢（日本の約 1/4）。人口 5 千 126 万人の国家。民族は、朝鮮民族。宗教は、仏教（約 762 万人）、プロテスタント（約 968 万人）、カトリック（約 389 万人）等。

略史は3世紀の終わりに氏族国家が成立、4世紀から高句麗・百済・新羅の三国時代を経て、668年に唐に侵略され、高句麗を割譲。1392年に李武将によって李朝を開きこの時、国名を「朝鮮」と名乗りました。（中略）。1910年、日本による韓国併合、1945年8月日本の敗戦で、同年9月米ソの話し合いにより朝鮮半島を38度線の北（旧関東軍統括地）と南（朝鮮軍統括地）に分割、南を大韓民国とし、北を北朝鮮としました。1991年、北朝鮮と同時に国連加盟を果たしています。

経済は外需依存が強く、世界の経済動向に大きく左右され、近年は中国経済の好調から、機械・自動車・石油製品・化学薬品など輸出も順調でしたが、米中経済摩擦の影響から一転、厳しい環境となっています。

日本とは、韓国が占拠している竹島の領有権問題、戦時中の慰安婦問題・徴用工問題や、大陸棚延長問題、日本海呼称問題、歴史教科書問題、韓民族優越主義、知的財産侵害問題、レーダー照射問題、漁業問題、GSOMIA問題などがあり、課題は山積みです。北朝鮮との関係も、南北友好のシンボルといわれてきた、ケソン（開城）の南北共同連絡事務所を北朝鮮から一方的に爆破されるなど、一気に緊張が高まりました。国連決議による、北朝鮮への経済封鎖が、韓国の仲裁で、二度にわたる米朝首脳会談を行っても、一向に改善されないことへの怒りで、爆破したものとみられています。北朝鮮経済がかなり深刻であることが予想され、今後の行動が注視されます。

韓国国旗の二つの勾玉は、易学による太極で、赤の勾玉は陽、青は陰を表し、太陽と月、昼と夜、男と女などの調和という、古代からの東洋思想に基づく思想を国旗に表しています。旗地の白、赤、青は朝鮮民族の民族色。四隅は易学で使われる卦で、旗ざお側上部は「乾＝天」下部は「離＝火」、フライ側上部は「坎＝水」下部は「坤＝地」で、それぞれ宇宙の構成要素に対応しているそうです。

リオオリンピック、第8位（金9・銀3・銅9）参加選手団205人。

④ 台湾（制定1928年／首都台北／25,528ドル）

日本の最西端、与那国島との距離は約110kmと近く、総面積36千km²の島（九州と同じ広さ）に2千381万人が住んでいます。

国旗は「青天白日満地紅旗」と呼ばれ赤・青・白の三色は孫文の三民主義（赤は民族主義の自由を・青は民権主義の正義を・白は民生主義の友愛）を色で表しています。カントン部分に描かれた青地に白い太陽が発する、12稜の光線は、十二支と12刻を意味するといわれています。

尚、2018年のアジア大会では、中国の抗議により、「晴天白日満地紅旗」は使用禁止とされ、チーム名は「チャイニーズ・台北」となり、使用される国旗も、特別にデザインされた「デザイン旗」を使用することになりました。

台湾は実質的には一つの国家を形成し、日本とは国交がないにもかかわらず、親しい友好的関係にあります。親日家が多く、民間レベルの交流が盛んな国で、東日本大震災時も、台湾は日本政府に対して、200億円の寄付をしています。

しかし、一国二制度を唱える中国との関係は、複雑な問題を抱えています。中国は「台湾は中国の一部で、一国二制度」を主張、日本も米国にならって同調していますが、多くの日本人の感覚は中国の主権が及ばない共和制国家体制と思っています。

台湾の存在は、日本にとって、重要な輸出国で、第1位は米国の13兆6,492億円、2位中国13兆3,815

億円、3位韓国5兆4,559億円で、4番目が台湾の4兆2,316億円の輸出貿易相手国なのです。上位3ヵ国から日本が輸入する金額も同じように多いのですが、台湾から購入する額は少なく、買っていただく一方の国家なのです。

　民族は、96.5％が漢民族と2.3％の台湾人から構成されていますが、既に、二世・三世の時代に入り、現在の台湾の人々は、台湾人との認識で生活しています。台湾では、人種問題より、親中国派の国民党（前総統・馬氏）と独立路線の民主進歩党（現総統・蔡氏）に二分され、選挙で方向を決める民主政治が継続されています。2020年1月の総選挙では、台湾独自路線を目指す民主進歩党が、香港の影響もあり圧勝しました。

　2020年7月31日に、「台湾民主化の父」李登輝氏が97歳で死去したとの速報が各テレビ局から報道されました。台湾のみならず、全世界から多くの追悼謝意が出され、我が国は、当時の安倍首相、枝野立憲民主党代表、小池百合子東京都知事ほか与野党問わず多くの追悼謝意が出されました。日本では、李登輝氏に関する出版物が数多く出されていましたが、鬼籍に入られてから2冊の本（『李登輝いま本当に伝えたいこと』早川友久著、『李登輝と九州』日本李登輝友の会熊本県支部発行）が手元に送られてきました。その他にも数多くの本が出版されています。李登輝氏が、台湾国民と日本国民が相互に尊敬しあう絆を造り上げた偉大な政治家であったことを物語る証しでもあります。2021年4月16日、日米首脳会談が行われ、共同声明を発出しました。共同文書には、「台湾海峡の平和と安定の重要性を強調する」と、台湾に言及する問題が組みこまれました。

　9月14日の葬儀で、我が国の代表として、故人と肝胆相照の仲でした森喜朗元首相（前東京オリンピック・パラリンピック競技大会組織委員会会長）が出席なさいました。

　リオ・オリンピック、49位。台湾女子重量挙げ53キロ級で金メダル、アーチェリー女子団体で銅メダルを獲得しました。いずれも女子の活躍です。リオ・オリンピック第49位、（金1・銅1))参加選手団333人。

コラム　君が代と日の丸

　国歌については、1870 年（明治 3 年）に越中島で「君が代」が国歌として演奏されたと史実にあります。終戦後「マッカーサー憲法」の戦争放棄とともに、「君が代」と「日の丸」が廃止される動きがありましたが、代案がなかなか出てこない状況でした。そのような時、たまたま米国のジェームズ・シールズ野球団が来日し、両国の国旗掲揚と国歌演奏しなければならないチャンスがやってきました。それを契機に、国際的にも「日の丸」と「君が代」が復活することになったのでした。

　その後、フィンランドにおけるヘルシンキオリンピックや、メルボルンオリンピックで「待望の日の丸」とか「競技場に響き渡る君が代」とか放送され、国旗は「日の丸」国歌は「君が代」ということが自然となり誰も気にする人はいなくなったのです。

　1999 年国旗と国歌に関する法律によって、国旗を「日章旗」、国歌を「君が代」と規定、日本の法律で国旗や国歌について規定したのは初めてのことです。

　ちなみに、「君が代」の歌詞は古今集第 7 の賀の歌のはじめに、

　　我が君は千代に八千代にさざれ石の
　　いわおとなりて苔のむすまで

コラム　元祖西洋料理

　私が銀座支店に勤めていたころ、銀座 4 丁目に「三河屋」という高級洋食店がありました。東京で最初の西洋料理店と聞いていましたが、どうやらはじめは、明治元年に完成した「築地ホテル」の精養軒がはじめであったようです。（精養軒は現在も「上野精養軒」として営業を続けています。）

　一方三河屋の方は、文久 2 年に江戸で料理屋をはじめていた三河屋九兵衛が、気楽に食べられる洋食店として神田佐久間町で洋食店を旗揚げし庶民に広く親しまれていました。その後、銀座三越の裏に本格的高級フランス料理の店を構えました。現在は銀座三越の拡張にともない、新館一階にフレンチの草分け的存在として「みかわや」の看板を守っています。

　我が国にフランス料理が伝わったのは、1863 年（文久 3 年）に長崎の「良林亭」からでした。今では、とんかつ、カレーライス、コロッケ、エビフライ、オムライスなどに名前を変え日本の食文化に定着し、和食化したフレンチとなっています。（中国からきた中華料理も日本にわたり、中国の「湯麺」が「ラーメン」として日本の代表的料理となっています。）

第二章
ヨーロッパ大陸

アイスランド

スウェーデン

フィンランド

ノルウェー

エストニア

ラトビア

ロシア連邦

デンマーク

リトアニア

ベラルーシ

アイルランド　英国

オランダ

ポーランド

ベルギー　ドイツ

ルクセンブルグ

チェコ

スロバキア

ウクライナ

リヒテン
シュタイン

オーストリア

ハンガリー

モルドバ

フランス　スイス

スロベニア

ルーマニア

イタリア

クロアチア

ボスニア・
ヘルツェゴビナ

セルビア

アンドラ

サンマリノ

モナコ

モンテネグロ

コソボ

ブルガリア

バチカン

北マケドニア

ポルトガル

スペイン

アルバニア

ギリシャ

トルコ

モロッコ

アルジェリア

マルタ

〇国名（独立または、国旗制定年度／首都／一人当たりの GDP）

【ちょっと一息：類似国旗】

デンマーク、ノルウェー、アイスランド、スウェーデン、フィンランド旗を、スカンジナビア十字旗と呼びます。デンマーク国旗は赤地に白十字ですが、他の国旗はどこの国でしょう。

デンマーク

解説：デンマーク国旗は、赤地に白十字で、スカンジナビア十字の基本形です。デンマーク国旗の白十字の中に青十字を入れた国旗が、ノルウェー国旗、ノルウェー国旗の赤と青が反転したのが、アイスランド国旗です。ブルー地に黄十字はスウェーデン国旗。白地に青十字がフィンランド国旗です。

■ 1、国旗の傾向と分類
ヨーロッパは横分割旗、縦分割旗、と十字旗が多い。

ヨーロッパにおける国旗のお手本となったのは「オランダ」の３色旗といわれています。

オランダの三色旗以前のヨーロッパの国旗の多くは、王家の紋章などが入る複雑な国旗が主体でした。当時のオランダは、無敵艦隊を誇るスペインの支配下にあり、独立を主導するオラニエ公（オレンジ公）が掲げた横３分割３色旗（オレンジ・白・青）が始まりといわれています。のちに、オレンジ色は海風による風化が目立つため赤に変わりました。ロシアのピョートル大帝が、オランダ国旗に惚れ込んで、ロシア国旗を考案したともいわれています。

ヨーロッパでは、**横３分割**(8ヵ国)が多く見られます。単純な３分割３色旗から、３色旗＋紋章(4ヵ国)、３分割２色旗（２ヵ国）、３分割２色旗＋紋章（１ヵ国）、２分割２色旗＋紋章（チェコはデルタ型）の４ヵ国など、合計22ヵ国が横分割旗の色と紋章などによる国旗を使っています。

次に、**縦分割**は、同じくオランダ３色旗からヒントを得たフランス３色旗です。単純な縦３分割３色旗（５ヵ国）、３色旗＋紋章（２ヵ国）、縦分割２色旗プラス紋章（３ヵ国）の合計で**10ヵ国**になります。

キリスト教を表す**十字旗は8ヵ国**と、ヨーロッパでは、キリスト教国が多いことが分かります。残りの５ヵ国は、双頭の鷲の紋章が入ったバルカン諸国のアルバニアとモンテネグロの２ヵ国と、コソボとボスニア・ヘルツェゴビナの細かい星が入った国旗、北マケドニアの黄色と赤の旭日旗に似た国旗で、ヨーロッパ総合計45ヵ国の国旗となります。

なお、ヨーロッパで、国旗に黒色を使っている国は、横３分割３色旗のドイツ、エストニアと、縦３分割３色旗のベルギーだけです。

また、横３分割３色旗の上部が白の国旗は、ロシア、ブルガリアと、紋章が付いているのスロベニア、スロバキアの４ヵ国だけです。

○横３分割３色旗（8ヵ国）

オランダ（赤・白・青）、ルクセンブルク（赤・白・ブルー）、ロシア連邦（白・青・赤）、エストニア（ブルー・黒・白）、ドイツ（黒・赤・黄色）、ハンガリー（赤・白・緑）、ブルガリア（白・緑・赤）、リトアニア（黄色・緑・赤）

オランダ	ルクセンブルク	ロシア	エストニア	ドイツ	ハンガリー	ブルガリア	リトアニア

＊単純な横３分割３色旗では、上部が白の国はロシア・ブルガリアだけです。上部が黒はドイツだけで、上部が黄色はリトアニアだけです。（同３色で中央に白い星はミャンマー）白が中央の国はオランダ・ルクセンブルク・ハンガリーの３ヵ国で、中央が緑はブルガリアとリトアニアの２ヵ国です。中央が黒はエストニア、下部が青はオランダとルクセンブルクの２ヵ国です。

○横３分割３色＋紋章（4ヵ国）

スロバキア（ダブル十字をキと覚える）、スロベニア（白い３つの山）、クロアチア（赤と白の市松模様）、セルビア（双頭の鷲と王冠）

スロバキア	スロベニア	クロアチア	セルビア

ヨーロッパで紋章を入れた国旗は 15 ヵ国あります。

○横３分割２色旗（2ヵ国）オーストリア（赤・白・赤）、ラトビア（赤茶・白・赤茶）

オーストリア	ラトビア

白い軍服が血に染まり、「ベルト部分だけが白かった」といわれる国旗。鮮血の色はオーストリアが赤、ラトビアの赤茶は、血が時間の経過で変化した色です。

○横３分割２色旗＋紋章（1ヵ国）スペイン（1/4赤・2/4黄・1/4赤）＋紋章

スペイン

○横２分割２色旗（3ヵ国）

ポーランド（上が白・赤）モナコ（上が赤・白）：ウクライナ（上がブルー・黄）

ポーランド	モナコ	ウクライナ

赤を国の位置だとすると、白が海。ポーランドはバルト海、モナコは地中海と覚える。ウクライナのブルーは空、黄色は小麦色。しかし、このカラーは、ロシアと戦った、スウェーデンカラーです。

○横２分割２色＋紋章など（4ヵ国）

リヒテンシュタイン上下（青・赤＋王冠）、サンマリノ（白・ブルー＋紋章）、ベラルーシ（2/3赤・1/3緑に旗ざおに沿って織り柄）、チェコはデルタ型旗（白・赤＋デルタ型青）。尚、個別の紋章は国別で説明。

リヒテンシュタイン　サンマリノ　ベラルーシ　チェコ

○縦３分割３色旗（5ヵ国）

　フランス（青・白・赤）、イタリア（緑・白・赤）、ルーマニア（青・黄色・赤）、アイルランド（緑・白・オレンジ）、ベルギー（黒・黄色・赤）

フランス　イタリア　ルーマニア　アイルランド　ベルギー

＊縦３分割３色旗では、中央の色は白と黄色だけです。フランス国旗の青を緑に替えるとイタリア国旗、ルーマニア国旗のブルーを黒に替えるとベルギー国旗になります。

○縦３分割３色＋紋章（2ヵ国）

アンドラ　　　　　モルドバ

　仏とスペインの国境にある、アンドラの国旗は、フランスとスペイン国旗を組み合わせた色で、（青・黄色・赤）の三色の中央に４つの家紋をデザインしたもの。ルーマニアの隣国、モルドバも、隣国ルーマニア国旗（青・黄色・赤）の３色旗です。紋章違いなので、紋章を添付します。

○縦２分割２色旗＋紋章（3ヵ国）

ポルトガル　マルタ　バチカン

　ポルトガル（緑と赤の不均等比の中央に国章）

　マルタ（白と赤の不均等比の白上部に聖ジョージ勲章）：バチカン（黄色・白の縦２色に３重の法王冠と聖ペテロの鍵）

○十字旗（8ヵ国）

英国　　スイス　ギリシャ　デンマーク　ノルウェー　アイスランド　スウェーデン　フィンランド

　英国（ユニオンフラッグ）、スイス（赤地に白十字）、ギリシャ（青地に白十字に４本の白いストライプ）、デンマーク（赤地に白いスカンジナビア十字）、ノルウェー（赤地に白いスカンジナビア十字の中に青いスカンジナビア十字）、アイスランド（青地に白いスカンジナビア十字の中に赤いスカンジナビア十字）、スウェーデン（ブルー地に黄色いスカンジナビア十字）、フィンランド（白地に青いスカンジナビア十字）

　スカンジナビア十字旗の原点は、デンマークのダンネブロ旗（赤い旗の意味）です。ノルウェー旗はデンマーク旗の、白十字の中に青十字架を加えた国旗。アイスランド旗は、ノルウェー旗の赤と青を逆にした国旗。スウェーデンとフィンランドはロシア側ではなく、スカンディナビアの一員であることを主張するため、スカンジナビア十字旗を使ったと言われています。フィンランドはムーミンの白、スウェーデンの国のカラーは、金色とライトブルーです。

○双頭の鷲の旗（2ヵ国）

モンテネグロ　アルバニア

　モンテネグロ（黄金の縁取りのある赤地に黄金の双頭の鷲）アルバニア（赤地に黒い双頭の鷲）

　バルカン半島地区はもともとビザンチン帝国（東ローマ帝国）で、セルビアの紋章にも使われています。モンテネグロの意味は「黒い山」なのですが、国旗は逆で、黒くない黄金の双頭の鷲が、モンテネグロ、黒い双頭鷲がアルバニアと覚えて下さい。

○その他（3ヵ国）

コソボ　　　ボスニア・ヘルツェゴビナ　　北マケドニア

　コソボ（青地にコソボの国土を描いた黄色と6個の白い星）、**ボスニア・ヘルツェゴビナ**（ブルー地に黄色い逆三角と9の星）、**北マケドニア**（旭日旗類似旗）

■ 2、ヨーロッパ大陸諸国（国旗の変遷）

　国旗は基本的には象徴、国威、民族の団結、独立、統治、主義などさまざまな主張を示すものですが、デザインは、シンプルであること、国民が簡単に描けること、そして他国との判別が可能なことが重要です。そのため、ヨーロッパ諸国の国旗は、作りやすく、分かり易い、シンプルな赤旗から始まり、2色旗、3色旗と発展していきました。その内、他国と判別するには、色の順番を変えたり、縦型にしたり、紋章を入れたりして、既にある国旗と自国の国旗を区別していきました。昔は、2色旗、3色旗などは、縫い合わせて作りましたので、やはりシンプルな国旗が好まれたのでしょう。その内、染色技術の進歩により、一枚の布から、複雑な柄が可能となってきました。ヨーロッパの国旗には、3色旗や、十字旗が多いのは、縫い合わせやすいことも大きな理由の一つになっています。そんなことを頭に入れながら、ヨーロッパの国旗を考察してゆくと一層面白いと思います。

① 東ヨーロッパ6ヵ国

（ロシア、ベラルーシ、ウクライナ、ブルガリア、ルーマニア、モルドバ）

○ロシア連邦（1991年/首都モスクワ/10,250ドル）

　日本の近隣国（28ページに記載）

　民族、ロシア人79.8%、タタール人3.8%、ウクライナ人2%、など100民族。宗教、ロシア正教・イスラム教・仏教・ユダヤ教等。

○ベラルーシ共和国（1991年独立〈旧ソ連〉/首都ミンスク/6,283ドル）

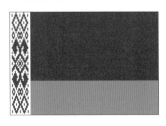

　東はロシア、北はラトビア、リトアニア、西はポーランド、南はウクライナを国境とし、国土の大部分が平坦な低地で、ウクライナのような黒土ではなく、豊かな土壌ではありません。ライ麦、大麦、えん麦などの栽培が盛ん。

　国土は208千㎢（日本の約4/7）。人口945万人の国家。民族は、ベラルーシ人83.7%、ロシア人8.3%、ポーランド人3.1%、ウクライナ人1.7%。宗教は、ロシア正教（84%）カトリック（7%）その他（3%）無宗教（6%）。

　リーマンショック後の世界的経済危機をまともに受け、2016年にはデノミを実施、経済は低成長下の高インフレに悩んでいます。ヨーロッパにあって、ベラルーシの1人当たりのGDPは6,283ドルと低く、必ずしも豊かではありません。

　ソ連時代は、白ロシアと呼ばれていましたが1991年のソ連崩壊後に初めて、ベラルーシ人の国家として独立をしました。ベラルーシとは、ベラルーシ語で「ベラ」は白、「ルーシ」はルーシー族との意味です。白の意味はベラルーシ人の肌の色が特に白いとか、この地区のキリスト教徒を

「白」と呼ぶとかいわれています。確かに、ベラルーシの女性は色白の金髪美人が多く、モデルたちが各方面で活躍していることで証明されています。

　ベラルーシは、ロシアが主導するユーラシア経済同盟や、集団安全保障条約（CSTO）に加盟していますが、2国間には複雑な問題を抱えています。ベラルーシとしては、国が掲げた「中立主義」とロシアからの「空軍基地設置」依頼との狭間で、第二のウクライナ紛争になる懸念があり苦悩しています。

　西側諸国は、ルカシェンコ大統領の 25 年に及ぶ独裁政治に不当逮捕などの人権問題を指摘し、欧州評議会のメンバー入りを拒否しています。

　2020 年の大統領選挙は 8 月 9 日に行われ、政府発表によれば、6 期目のルカシェンコ氏が 80％近い得票率で勝利したと伝えました。対立候補は 5 月に夫の出馬を禁じられ収監され、代わりに出馬した 37 歳の夫人でした。選挙前の事前予想では圧倒的にスベトラナ・チバノフスカヤ候補でしたが全く逆の結果となりました。集計疑惑が懸念され各地でデモが拡大し、東西対立の様相をきたしています。

　国旗は，ソ連時代に使われていた横分割 2 色旗（赤 2/3・緑 1/3）はそのままにして、ソ連時代のハンマーと鍬と金の星は除かれ、さらに、旗ざお側にあった伝統的織柄を赤地に白い折柄から、白地に赤い折柄に反転した国旗に変わりました。

　リオ・オリンピック、39 位。男子トランポリンで金メダル。参加選手団 121 名。

○ウクライナ（1991 年独立〈旧ソ連〉／首都キエフ／3,095 ドル）

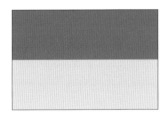

　ウクライナ国土の半分は中央に流れるドニエプル川の流域に広がる豊かな土壌（黒土）により、ヨーロッパの穀倉地帯と言われています。ただし、リーマンショック後の世界的金融危機の影響と東部紛争の後遺症は多大で、IMF、西側の支援を受ける経済体制となっています。

　以前は旧ソ連の小麦、トウモロコシなどの穀倉地帯で、肥沃な黒土地帯で生産性も高く、畜産業も盛ん、石炭、鉄鉱石などの天然資源も豊富ですが、ロシアとの紛争で、国力は急激に低下し、一人当たりの GDP も 3,095 ドルと落ち込んでしまいました。国土は 604 千㎢（日本の 1.6 倍）。人口 4 千 373 万人。民族は、ウクライナ人 77.8％、ロシア人 17.3％、ベラルーシ人 0.6％。宗教は、ウクライナ正教及び東方カトリック教、その他。

　国旗は、横 2 分割 2 色旗（ライトブルー・黄）で、ライトブルーは澄んだ青い空、黄色は大地を染める小麦の色を表しています。また、ロシアから民族解放したスウェーデンの十字旗の二色を使ったともいわれています。国家財政は、日本、米国、ドイツ、カナダ、英国等の援助を必要としており、特に、ロシアによる、クリミア自治州の併合問題で、西側諸国が支援し続けていますが、先の見通しは立っていません。

　リオ・オリンピック、28 位（金 2・銀 5・銅 2）。参加選手団 203 名。

○ブルガリア（―：首都ソフィア／9,738 ドル）

　　　　　ブルガリアはバルカン半島の東北部にあり、ルーマニア・セルビア・北マケドニア・ギリシャ・トルコと内陸部を接し、東側が黒海に面しています。1908 年に独立宣言をしましたが、第一次、第二次世界大戦でいずれも敗戦国側となり、ソ連に降伏、王制は廃止されました。東欧諸国の中では、ソ連支配により、民主化が遅れていましたが、1990 年にブルガリア共和国となり、現在は欧州、米国との関係を強化し、同時にロシア側にも配慮する政策をとっています。経済の主力は農畜産物の生産と加工で、ヨーグルトは日本でも有名ですが、特にバラとバラ油の生産は世界一となっています。国土は 119 千㎢（日本の約 1/3 弱）。人口は 694 万人。民族はブルガリア人（約 80％）、トルコ系（10％）、ロマ（推定約 10％）等。宗教、大多数はブルガリア正教（ギリシャ正教等が属する東方教会の一派）。

　国旗は、1990 年共和国となった時に制定されました。国旗は横 3 分割 3 色旗で、上から（白・緑・赤）となっています。ロシア国旗の 3 色旗（白・青・赤）の青を緑に変えれば、ブルガリア国旗になります。白は純潔と平和、緑は農業と豊かさ、赤は愛国心を表しています。

　元大関琴欧州や碧山も、ブルガリア出身です。リオ・オリンピック、参加選手団 51 名。

○ルーマニア（一年独立／首都ブカレスト／12,890 ドル）

　　　　　ルーマニアはヨーロッパの東南部に位置し、北部はウクライナ、南部をブルガリアと接しています。国土は 238 千㎢（日本の本州とほぼ同じ）人口 1 千 923 万人。民族は、ルーマニア人（ラテン系）83.5％、ハンガリー人 6.1％など。宗教は、ルーマニア正教、カトリック。

　　　　　ルーマニアとは、ラテン語で、「ローマ市民の土地」の意味なので、ローマ人の国と錯覚しますが、厳密にはローマ人とトラキア系ダキア人との混血人種でラテン系の国家です。周辺にスラブ系国家が多いなかで、ルーマニアは異色といえるかもしれません。ルーマニア語はラテン語の東方方言ともいわれています。（ラテン語を源流とした言語には、フランス語・スペイン語・ポルトガル語・イタリア語などがあります）。

　ルーマニアは、第一次産業従事者が 42.3％と高く、農畜産物の加工品としてワインや、ビール、砂糖、牛肉、チーズバターなどがあります。観光客の土産品ナンバー 3 は、ガラス工芸品、イースターエッグ、それとあのドラキュラ関連グッズだそうです。

　国旗は、フランス・イタリアと同じく縦 3 分割 3 色旗で、旗ざお側から（青・黄・赤）の 3 色旗となっています。色の順番は、フランス国旗の白を黄色に変えた国旗と記憶して下さい。社会主義共和国時代の国旗には国章がありましたが、国章を除いたことから、アフリカのチャド共和国の国旗とほぼ同一になり、今でもそのままです。

　リオ・オリンピック金メダル種目（フェンシング女子エペ団体）、46 位参加選手団 97 名。

　フェンシングには、「フルーレ」「エペ」「サーブル」の三種類の競技があり、攻める部位も異なります。「フルーレ」とは「優先権」を尊重する種目で、先に剣先を向けた選手に優先権が与えられ、逆に守り切ると相手に優先権が行くという頭脳的な面白い競技です。日本の太田選手は北京五輪フルーレで銀メダルを獲得しました。「エペ」はどこを攻めても良く、本来の決闘に最も近い競技。サーブルは、突く以外に斬るという攻撃ができる競技です。

〇モルドバ共和国

（1991 年独立〈旧ソ連〉／首都キシニョフ／4,458 ドル）

　ウクライナとルーマニアに挟まれたルーマニア系民族が 78%、ウクライナ系 8%、ロシア系 6%、トルコ系 4% の多民族国家です。

　経済はほとんど隣国ルーマニアに依存し、気候と土壌に恵まれているため農業が中心です。特に「ララ・ネアグラ」（黒い乙女）と呼ばれたワインは価格も手ごろな世界最古の赤ワインの一つです。1349 年にボグダニア公国を建国（後のモルダヴェア公国）。1475 年にシュテファン大公が即位すると最盛期となります。その後、オスマン帝国、ロシア帝国、ルーマニアなどに領有されます。1940 年にソビエト連邦軍に占領され連邦国となりましたが 1991 年のソ連邦崩壊により国名を現在のモルドバ共和国に変更し、独立を果たしました。国土は 34 千㎢（九州より 2km㎢少ない）。人口 403 万人。民族は、モルドバ（ルーマニア系）人（75.1%）、ウクライナ人（6.6%）、ロシア人（4.1%）、ガガウス（トルコ系）人（4.6%）等。

　宗教は、モルドバ正教 31.8%、ベッサラビア正教 16.1%、ロシア正教 15.4%、イスラム教 5.5%。経済状況はヨーロッパの最貧国で、日本は、米国、ルーマニアなどに続き、9 番目の人道支援国となっています。2020 年 11 月の大統領選で、親ロシア派の現職を破り、親欧米派の女性大統領サンドゥ氏が就任しました。

　モルドバ国旗もルーマニア国旗を意識し、旗ざお側から、縦 3 分割 3 色旗（青・黄色・赤）で、ルーマニア旗とは、青の色の濃さが違うだけです（モルドバの青が薄い）。正式には、黄色部分にモルダヴェア公国の紋章（くちばしに十字架をくわえ、両足にオリーブとキリスト教の笏を握った鷲の紋章）を描いた国旗を使用しています。

　リオ・オリンピック、参加選手団 23 名。

② スカンジナビア5ヵ国

（デンマーク、フィンランド、アイスランド、ノルウェー、スウェーデン）

○デンマーク王国（―/首都コペンハーゲン/60,692ドル）

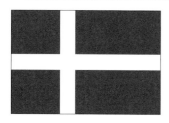

ヨーロッパ北部に位置し、ユトランド半島および約500の島々から構成され、自治領としては、世界最大の島グリーンランドと北大西洋の英国の北にあるフェロー諸島を有しています。国土は43千㎢（日本の九州より6k㎡多い）。人口579万人。デンマーク人91.9%。宗教は、デンマーク国教会（福音ルーテル派）80.7%イスラム教3.6%。

首都のコペンハーゲンはシェラン島にあり、大陸に国土を持つ国で首都を島に置いている国は、デンマークとアフリカの赤道ギニア共和国（ビオコ島に首都マラボがある）、の2ヵ国だけです。

デンマークの意味はデーン人の国という意味で、800年頃フランク王国が外交交渉を行った記録から、独立は800年ごろとなっています。

経済は、平坦な大地を活用してハイテク農業を導入し国際的競争力を持つ酪農品や医薬品はトップレベルにあり、エネルギーは環境問題に配慮した大規模な風力発電が使われています。北海油田などの資源にも恵まれています。童話作家のアンデルセンはデンマークの代表的作家です。

デンマーク国旗は、「ダンネブロ（赤い布の意味）」の愛称で呼ばれ現在の国旗の中で、世界最古の国旗といわれています。（ダンネブロ旗は、神聖ローマ帝国から授かった旗、異教徒との争いに苦戦していましたが、この旗を掲げたところ戦況が逆転したとの逸話があります）。スカンディナビア十字の原型となっており、スカンディナビア諸国やアイスランド国旗で使われています。尚、正式に制定されたのは、1854年です。

リオ・オリンピック、28位（金2・銀6・銅7）参加選手団122名。

○フィンランド共和国（―/首都ヘルシンキ/49,845ドル）

フィンランドの国土は日本よりやや小さい338千㎢の比較的平坦ですが、4分の1は北極圏に入ります。また、世界第2の島保有国で、18万8千の島々を保有し、スオメンリンナ島の要塞は、世界遺産にも登録されています。近隣国のスウェーデン、ノルウェー、デンマークが王国ですが、フィンランドは共和国であり、人種的にもノルマンではなく、フィン・ウラル系であることが特色です。人口554万人。言語によるフィンランド人90.5%、スウェーデン人4.9%、ロシア人1.1%、エストニア人0.6%。宗教は、キリスト教（福音ルーテル派，正教会）。

産業は狩猟、林業、通信機器、携帯電話の「ノキア」に代表される精密機器などですが、近年は人口20万人都市オウル市が「5G革命」の先端都市として注目されています。

また、日本で良く知られている「サウナ」は、フィンランドが発祥地ですが、何といってもトーベ・ヤンソンの児童文学「ムーミン」を生んだ著名な国で知られています。

国旗は白地に青のスカンジナビア十字というシンプルな国旗で、儀礼などに用いる時は青いスカンジナビア十字のクロス部分に赤地に金色のライオンの国章が描かれることになっています。白は雪を、青は湖を表しているそうです。

　フィンランドの公用語はフィンランド語94%、スウェーデン語6%となっています。

　特にフィンランドの南西部にある、オーランド諸島（6,500超える島）は、スウェーデン語を公用語とした非武装中立の自治州で、州の旗は、スウェーデン国旗のブルー地に黄色い十字の中に赤い十字が入ります。アイスランド国旗と類似していますが、フィンランド共和国の自治州としての旗なのです。

　リオ・オリンピック参加選手団56名。

○アイスランド共和国
（1944年独立〈デンマーク〉／首都レイキャビク／57,189ドル）

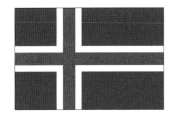

　アイスランドはそのまま「氷の国」と寒いイメージがあるようですが、そもそもユーラシアプレートと北アメリカプレートの境界の上にある世界最北の島国で火山国です。北大西洋海流（暖流）の影響を受け、西部地区は、冬季でも氷点下になることは少ない西岸大西洋気候（Cfc）です。一人当たりの国民所得も常に世界のベストテンに入るなど豊かな国家です。エネルギーは、火山の熱エネルギーと氷河による水力発電で賄い、豊かな漁業資源、アルミニウムの輸出などや、北海油田も国家財政に大きく貢献し、安定した経済運営を続けています。国土は103千㎢（日本の北海道78km㎡＋四国18km㎡よりやや大きい）。人口34万人と少ない。民族はアイスランド人93.2%、ポーランド人2.7%、ノルウェー人。宗教は、人口の約8割が福音ルーテル派（国教）。

　国旗はデンマーク王国から独立したため、スウェーデン、ノルウェーなどと同様のスカンジナビア十字を使用、ノルウェー国旗の赤と青を逆にした国旗です。

　リオ・オリンピック、参加選手団8名。

コラム　捕鯨

　日本は捕鯨賛成国の一つですが、アイスランド、ノルウェー、デンマーク、ロシアも賛成国です。国際捕鯨委員会加盟国88ヵ国のうち、賛成国は、アジアの5ヵ国、欧州4ヵ国、アフリカ18ヵ国、大洋州6ヵ国、カリブ海諸国7ヵ国の合計41ヵ国です。反捕鯨国には、米国、英国、豪州など49ヵ国を占めています。

○ノルウェー王国（―／首都オスロ／75,389 ドル）

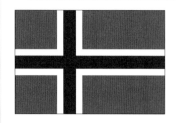

ノルウェーはスカンディナヴィア半島の山岳氷河とフィヨルドの地形が多く、北海海岸線に多くの人々が暮らしている国民の幸福度が高い立憲君主制国家です。

国土は 324 千㎢（日本の国土 378 千㎢から九州 36 千㎢と四国 18 千㎢を除いた面積）。人口は 541 万人。民族はノルウェー人 83％、その他ヨーロッパ 5.3％、アジア系 4.1％、アフリカ系 1.4％。宗教は、キリスト教系。ノルウェーの、アニメーションでは「小さなヴァイキング・ビッケ」が知られています。

元首のハラール五世（グリュックスブルグ家）は、ヨットのオリンピック選手でした（早稲田大学から名誉法学博士号を贈られているインテリ元首です）。また、世界で多くの島を持つ No.3 がノルウェーです。（5 万 5 千島）。北西部のロフォーテン諸島は氷河の浸食によって形成された景観は、風光明媚な観光地となっています。

ノルウェーの国旗を見ると、国家誕生の歴史が反映された国旗となっています。デンマークの国旗（赤地に白いスカンディナヴィア十字）の白十字の部分に、スウェーデン旗の旗地の青色を入れた国旗になっています（かつての宗主国を意識した国旗）。

リオ・オリンピック、74 位銅メダル 4 個。平昌オリンピック第 1 位（金 14・銀 14・銅 11）、リオ・オリンピック参加選手団 62 名

コラム　「中立政策」を表明したノルウェーの苦悩

1380 年〜 1814 年までの 434 年間は、デンマーク王国の属国でした。1814 年〜 1905 年の 91 年間はデンマーク王国が、ノルウェーをスウェーデン王国に譲渡したため、スウェーデン王国の属国となりました。そして 1905 年にスウェーデンとの確執の中で独立を果たしました。

その様な経験から、ノルウェーの国是は「中立政策」を掲げて中立を堅持すれば、国家の安全は維持できるものと信じていました。

ダイナマイトを発明したノーベルは、スウェーデン人でしたが、近隣国と「友好であって欲しい」との願いから、「一部門を除き、全ての分野の授与式は、スウェーデンのストックホルムで授与式は行うが、平和賞の授与式だけは、隣国ノルウェーのオスロ市庁舎で行うこと」と遺言を残しました。

1914 年に勃発した第一次世界大戦では、比較的無傷であったことから、ノルウェーの中立政策は正しかったと考えられ、1930 年台末まで戦争の可能性は「中立宣言」によって守られると思っていました。

そこに、第二次世界大戦が勃発、良質なスウェーデン産鉄鉱石のドイツ輸入ルートを巡って、イギリスはノルウェー沿岸に機雷を、それに対してドイツは U ボート作戦を展開しました。

1940 年突然、ヒットラーは中立国デンマーク・ノルウェーの占領作戦を実行。ノルウェーには、大国と戦う軍事力はなく、対空高射砲などの自衛兵器もほとんどありません。壊滅的な被害を受け、数日でドイツの占領下となり、ノルウェーのホーコン国王は英国に亡命しました。

大戦は連合国の勝利で終わり、傀儡政府関係者たちは、戦争裁判にかけられ、ホーコン国王は凱旋帰国を果たしました。
　「中立政策」の国是はその後にも引き継がれており、現在でも、スイス同様、ノルウェーはEUに加盟していません。

コラム　ヴァイキング

　ノルウェーは、ヴァイキング海賊と思われがちです。そもそも、ヴァイキングとは、どの様な意味なのでしょうか？
　9〜12世紀に、北西ヨーロッパの海岸地帯で海賊的交易を行っていたノルマン系種族で、ノルウェーの入り江（ヴィーク英語ではBAY）に住む人々ということから、ヴァイキングと呼ばれるようになりました。後にヴァイキングたちは、イギリス、フランスのノルマンディーやアイスランドなどに渡り、その地を支配していきます。

○スウェーデン王国（一／首都ストックホルム／53,873ドル）

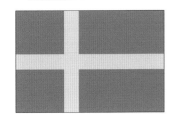

　スウェーデンの西はノルウェー、東はボスニア湾・バルト海、北はフィンランド、そして南はカテガット海峡を隔ててデンマークと接しています。スウェーデンは、221,800の島々を所有する世界トップの島保有国で首都のストックホルムも14の島からなりたち、北欧のベネチアとも呼ばれています。国土は439千㎢（日本＋スリランカ）。人口1千万人。民族は、スウェーデン人86.2%、ヨーロッパ系7.9%、アジア系3.9%、日本で知られるアニメーションは「ニルスの不思議な旅」があります。

　歴史的には、古代スウェーデンヴァイキングは、バルト海からでベラルーシ、ウクライナ、ロシア周辺で活躍し、14世紀にはスカンディナビアの強国となっていきました。1397年デンマークはノルウェー・スウェーデンとカルマル同盟を結び、デンマーク王がスウェーデン王として即位しています。しかし1523年にスウェーデンは同盟をはなれ、王国として独立。その後も基本的には中立政策を堅持し、第一次・第二次世界大戦でも中立を守ってきました。ECには加盟しているものの、NATO非加盟国で、欧州通貨統合にも参加していません。

　経済は高い技術力に裏付けされた機械工業・化学工業の分野で発展、世界的金融危機に際しては減速しましたが、高福祉と健全な財政を背景に活発な個人消費を生み、現在は立ち直ってきています。

　国旗は、ライトブルーに金色のスカンジナビア十字旗として1560年に制定されました。スカンジナビア4ヵ国の中で、デンマーク、スウェーデン、ノルウェーの三ヵ国は「Kingdom」であり、

正式にはスウェーデン王国（現在の国王カール16世は、フランス人ベルナドット家の係累）。福祉国家としても名高く、2016年度の世界幸福度調査では、デンマーク、スイス、アイスランド、ノルウェー、カナダ、オランダ、ニュージーランド、オーストラリアに次いで第10位、前年は4位でした。

　社会福祉の保健医療・老人福祉面も充実、日本が遅れているとされる女性の地位向上では、トップレベルの国家です。

　（注：2016年度調査で、日本は46位から53位に落ちています。幸福度のランキングは他人が決めるものではなく自分自身が感じ取るものではないでしょうか）

　リオ・オリンピック、26位（金2・銀6・銅3）参加選手団152名。

③ バルト3国（エストニア、ラトビア、リトアニア）

　バルト3国は、1991年の9月6日に独立をいたしましたが、エストニアは他の2国とは異なる語族で、フィン・ウラル語族です。ラトビア、リトアニアはバルト語族です。

　3国の中で最も歴史のあるリトアニアは、中世から大公国として存在していました。ポーランドとの連合を強いられた時期や、18世紀に当時の強国オーストリア、プロイセン、ロシアに国が分割され、一時消滅した時期もありました。1940年から1991年まで、バルト3国は、ソ連邦国として飲み込まれてしまいます。

　そして、第一次大戦以降（近代）に、「バルト3国」という新たな枠組みで登場し、1987年から1991年にかけて「歌う革命」として音楽を利用した独立運動を展開、ソ連邦崩壊後に、3国が相次いで独立しました。

　なお、この地には、バルト海に面し、リトアニアとポーランドに挟まれたロシアのカリーニングラードという飛び地があります。

○エストニア共和国（1991年独立〈旧ソ連〉／首都タリン／22,990ドル）

　エストニアはバルト三国の最北部に位置し、国土は45千㎢（日本の約1/8国土）。人口は132万人（エストニア人が70％、ロシア人25％）の国家です。宗教は、国勢調査（2011年）によれば国民の半数以上が無宗教。ロシア正教、プロテスタント（ルター派）等。

　経済は、外国資本が金融・保険分野で大半を占めていますが、IT分野は国策として推進、世界最先端のIT国家となっています。政治経済ともEUとの関係を深めています。

　1918年、ロシア革命時に独立した時、エストニア学生協会によって作成された横3分割3色旗（青・黒・白）が近代エストニア国旗の始まりです。1940年には、ソ連邦に強制併合され、ハンマーと鎌、星がある国旗にかわりましたが、ソ連邦崩壊により独立し、国旗も復活しました。横3分割、青と黒と白の配色構成は他の国にはない、シンプルでスマートな国旗です。青はエストニアの自然（空・海・湖）と希望・忠誠心を、黒は大地と祖先、民族の苦難の歴史を意味し、白は雪と高潔さ、

自由への闘いを表しています。

　元、力士であった把瑠都（本名：カイド・ホーベルソン）が、自国の子供たちを育てたいとして、エストニアの国会議員に立候補、当選し現在も活躍しています。

　リオ・オリンピック、78位（銅メダル1個）。参加選手団45名。

○ラトビア共和国（1991年独立〈旧ソ連〉／首都リガ／15,328ドル）

　バルト三国の中央、西はリガ湾に面し、東はロシアと接する。国土は日本の1/6の国土（65千㎢）に193万人の人口が住んでいます。

　民族は、ラトビア人59.4％、ロシア人28％、ベラルーシ人4％。宗教はプロテスタント（ルター派），カトリック，ロシア正教。

　政策はNATOに属し米国を通じた西側の安全保障体制にあり、ロシア系住民からの反発も強い。主要産業は農畜産・酪農・木材加工と化学工業です。

　国旗は1990年に制定した、横3分割2色旗（えび茶2/5・白1/5・えび茶2/5）です。旗の原型は1279年まで遡り、エストニア同様、ソ連邦併合時に消滅しましたが、1990年に復活しました。1279年、ドイツ騎士団の侵攻にたいして果敢に戦ったラトビア義勇軍の指揮官の白い軍服が、ベルト部分を残し血の色に染まったことに由来しています（オーストリアの国旗の由来と同じです）。ラトビアの血の色はえび茶色で「ラトビアの赤」と呼ばれ、上下をえび茶色に、中央の横帯は白とした国旗となっています。白は「誠実・栄誉・権利」を、えび茶色は民族独立のために流された血を意味しています。

　リオ・オリンピック、参加選手団34名。

○リトアニア共和国（1991年独立〈旧ソ連〉／首都ビリニュス/19,367ドル）

　ラトビアの南部に位置し、西はバルト海、東はベラルーシ、南西部はポーランドとロシアの飛び地（カリーニングラード）に接しています。

　国土は65千㎢（日本の1/6）。人口279万人（リトアニア人84％、ポーランド人6％、ロシア人5％）、宗教は、カトリック79％、正教4.1％。

　国土は、北海道の8割程度の国家です。ロシア人の割合が他の2国に比べ極端に少ないことから、対ソ連との間で最も激しい独立運動がありました。

　主要産業は石油精製、食料・飲料生産、家具製造などですが、エネルギーの8割をロシアに依存しています。

　リトアニアは独立後、消滅した時期もあり、1991年9月に独立する2年前から、横3分割3色旗（黄色：緑：赤）が作成されていました。黄色は太陽と小麦と自由への開放を、緑は森林と希望、赤は愛国者の血と勇気を表しています。黄色・緑・赤の配色は汎アフリカ色ですがリトアニアの3色の方が、やや落ち着いた色となっています。

　ナチスの占領時に、首都ビリニュスの西側に、リトアニア第二の都市カウナスに日本領事館がありました。その領事であった杉原千畝氏が亡命ユダヤ人に発行した、「命のビザ」は、迫害され

たユダヤ人6千人の命を救ったことで知られ、ユダヤ人、リトアニアの人たちにも感謝されています。「命のビザ」は、映画になり、広く海外で放映されました。

リオ・オリンピック、参加選手団67名。

コラム **バルト三国の一人当たりのGDP**

旧ソ連から独立した国の一人当たりのGDPと、バルト3国を比較すると、ロシア10,250ドル、ベラルーシ5,700ドル、：ウクライナ2,800ドル、に対して、バルト3国は、エストニア約21,350ドル、ラトビア約16,520ドル、リトアニア約17,380ドルと、バルト三国の方が、1人当たりのGDPが高いことが分かります。

---

④ **中央ヨーロッパ4ヵ国（スロバキア、チェコ、ハンガリー、ポーランド）**

本稿ではヴィシェグラード・グループ（アルプス諸国の東に位置する4ヵ国で、地域協力機構国）を中央ヨーロッパ4ヵ国として分類しています。

○スロバキア共和国

（1993年（旧チェコスロバキア）／首都ブラチスラバ／19,344ドル）

北はポーランド、東はウクライナ、南はハンガリー、西はチェコとオーストリアに接しています。国土は49千㎢（日本の1/8）。人口546万人で、民族はスロバキア人86％、ハンガリー人10％の国家です。カトリック68.9％、プロテスタント10.8％、ギリシャ正教4.1％。

1989年、共産党政権崩壊を経て1993年にチェコスロバキアから分離独立し、スロバキア共和国となりました。首都は、ブラチスラバ（ハンガリー王国時代に首都）。

チェコスロバキア時代の1969年、自由主義体制を目指した革命「プラハの春」がテレビ映像で全世界に流され、国民が前進してくるソ連の戦車の前に立ち塞がる場面は印象深い映像だったと思います。

しかしそのチェコスロバキアも「モラビア人」とした大きな範疇では同じ民族ですが、チェコ人、スロバキア人との区別では異なる民族になります。チェコスロバキアの民主化を「ビロード革命」といいますが、この分裂を「ビロード離婚」ともいい、1993年にチェコとスロバキアは、円満に分かれました。スロバキアが農業国とのイメージは、スロバキア国土の3分の1が森林地帯だからでしょうが、近年は、農林牧畜業に関連する産業に加え、自動車、電子機器関連工業も新たな基幹産業として成長しています。その結果、一人当たりのGDPは19,344ドルで、工業国のチェコの23,213ドルに近づいてきました。しかし、旧ユーゴスラビア諸国や旧ソ連諸国などの、共産圏

に属した東側の国々よりは高いのですが、東欧諸国並みで、西側先進ヨーロッパ諸国までにはかなりの差があります。

　当初、国旗は汎スラブカラーの典型で白・青・赤の横３分割３色旗でしたが、ロシア国旗と似ていることから、ダブル十字と三つの青い山（タトラ、ファトラ、マートラ）を盾の中に描いた国章を加えました。ドイツ、オーストリア、ハンガリー、ロシア等の列強国に囲まれた長い歴史を持ち、侵略などで、度々国旗は変更されて来ました。

　リオ・オリンピック、36 位（金２・銀２・銅0）参加選手団 51 名。

○チェコ共和国（1993 年独立（旧チェコスロバキア）／首都プラハ／23,213 ドル）

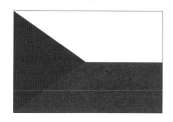

　チェコは西にエルフ山脈、北にスデーティ山脈、南はボヘミアの森の山地に囲まれた内陸国です。ボヘミア盆地の中央にはエルベ川が流れ、プラハとドイツのハンブルグを結んでいます。国土は 79 千㎢（日本の北海道の広さ）。人口１千 070 万人で、民族構成は、チェコ人 90％、モラビア人 3.7％（チェコ人の一種）、スロバキア人 2％なので、チェコとスロバキアが人種で２つの共和国に円満に分離したことが良く分かります。宗教は、カトリック 26.8％、プロテスタント 2.1％、無宗教 59％。

　産業は、機械・化学工業、観光業が主体、ホップの生産も盛んな国です。1842 年にチェコのピルゼンで誕生した黄金色のビール、ピルスナースタイルのビールは、チェコ人に多く愛飲され、国民一人当たりのビール消費量で世界一となっています。

　チェコの国旗は、チェコスロバキア国旗をそのまま継承した汎スラブ３色旗。しかし、この旗は偶然に出来上がったといわれています。当初は白と赤の横分割二色旗を考えていましたが、隣国ポーランド国旗と同一になるため、慌てて旗ざお側に青のデルタ型を入れたことで変形３色旗となったそうです（ドイツ保護領時代は白・赤・青の横３色旗にさせられていた時代もありました）。東欧圏では最も工業化が進んでいる国で、ピルスナービール、ボヘミアングラス、ボヘミア磁器等は特に有名です。

　リオ・オリンピック、42 位柔道男子百キロ級で、クルバレフ選手が、日本の羽賀選手を破り、金メダルを獲得しました。参加選手団 105 名。

○ハンガリー（―／首都ブダペスト／16,484 ドル）

　ヨーロッパの中央部ハンガリー盆地、国土は 93 千㎢（九州＋四国の広さ）。人口約 980 万人の内陸国。周囲をウクライナ、スロバキア、オーストリア、スロベニア、クロアチア、セルビア、ルーマニアに囲まれています。民族はハンガリー人（マジャール人）92％、ロマ人（移動民族）2％で、紀元前１世紀にローマに占領されましたが、4 世紀後半にフン族が侵入し、ローマ人を駆逐しました。フン民族はウラル系遊牧民族に起源を持ち、その後ハンガリー人（マジャール人）として定住しました。1000 年にイシュトヴァーン一世が、ローマ教皇から国王として聖別と王冠を受け、王冠はフニャ

ディー家などに転々としましたが、1918年革命が起こり、王政は廃止となり独立しました。

現在は、欧州回帰で、1999年NATO、2004年EUに加盟。経済は市場原理を導入するなど、経済先進国として生活水準も東欧No.1となっています。

宗教は、カトリック約39%、カルヴァン派約12%。

国旗は、イタリア国旗を横分割にした（赤・白・緑）の3色旗。3色旗が採用されたのは1848年ですが、1918年に社会主義体制となった際には、旗の中央に小麦とハンマーが国章として入れられていました。1956年のハンガリー動乱の翌年、政治色の濃い紋章が外され現在の国旗となりました。

リオ・オリンピック、12位（金8・銀3・銅4）参加選手団160名。

○ポーランド共和国（ ―／首都ワルシャワ／12,900ドル）

北はバルト海に面し、北にリトアニア、カリーニングラード、東にベラルーシ、南にチェコ、スロバキア、南西にウクライナ、西はドイツに囲まれた、国土は313千㎢（日本の国土378千㎢の82%）。人口3千839万人の国家。民族はポーランド人約97%。

歴史的には1025年にポーランド王国が成立しましたが、北のロシア、南のオーストリア、西のドイツに挟まれ、占領された時代が続きました。経済は農業が主体でしたが、石炭・銅・銀などの鉱物資源も豊富で、主要産業は食品・金属・自動車・電気機器など。勤勉な国民は教育レベルの高いことから、プラス成長を続けています。エネルギー源を、隣国ロシアに依存していることが課題となっています。宗教は、カトリック88.6%、ポーランド正教1.3%、プロテスタント0.4%。

国旗は、横2分割2色旗（上部白色1/2・下部赤色1/2）のシンプルな国旗で、ポーランド国旗の起源はデンマークのダンネブロ旗（赤い旗）に由来しています。ポーランドは、過去に三度も国土を分割され、「悲劇の国」と呼ばれてきました。王国時代から、モンゴル帝国の侵略、ドイツ騎士団、ユダヤ人移民、二つの世界大戦の戦場となり、終戦後は旧ソビエト共産主義の東側体制に組み込まれました。ワレサ第三共和制時代では民主主義が実現しましたが、共産主義時代の厖大な借金と生産性の悪さで経済は益々深刻化していきました。1999年にはNATOに加盟し、西側のメンバーとなりました。

また、旧ソ連の圧政下で、多くのポーランド人家族が極寒の地に送られ、両親が悲惨な死を遂げ、残された765人の孤児たちの救出を欧米諸国に依頼した時、日本だけが受け入れ、大正9年と大正11年の2回にわたり、孤児たちを東京と大阪に分けて保護した時期がありました。ポーランドの孤児たちは日本人の厚遇に対して、帰国時には「帰りたくない」と涙を流し、全員が君が代を歌って感謝の気持ちを伝えたそうです。その後、ポーランドにシベリア孤児記念小学校がつくられました。日本では社会福祉法人「福田会」や「日ポ親善委員会」が相互の親睦を深め、神戸の「日ポ協会」は毎年神戸大学にポーランドからの優秀な留学生を受け入れるボランティアを行っているそうです。

リオ・オリンピック、29位（金2・銀3・銅6）参加選手団243名。

コラム　もう一人の命のビザ・樋口季一郎中将

　杉原千畝は映画になりご存じの方も多いと思いますが、樋口季一郎という陸軍中将がソ連国境の地・オトポールで、ユダヤ難民に対して「命のビザ」を発給していたことは余り知られていません。彼はソ連との国境周辺、北部軍管区司令官として、「命のビザ」を満州国に認めさせ、ユダヤ難民の命を救っていたことが分かってきました。JNF(ユダヤ民族基金)の資料によれば、約2万人の命を救ったと書かれています。

　彼の経歴は、陸軍幼年学校、陸軍士官学校、陸大を経てポーランド公使館付武官（少佐）として赴任し、その時に培ったポーランドの孤児に対する日本政府の人道的行為が、「命のビザ」に繋がったのではないでしょうか。

⑤ バルカン半島 8 ヵ国（セルビア、アルバニア、ボスニア・ヘルツェゴビナ、クロアチア、北マケドニア、コソボ、モンテネグロ、スロベニア）

〇セルビア共和国（ —／首都ベオグラード／6,390 ドル）

　　　　　　　　バルカン半島の中央にある内陸国で主要産業は豊富な鉱物資源に加え、繊維、ゴム製品、鉄鋼などの製造業、それに、果実、小麦などの農産物など、多方面にわたります。国土は 77 千㎢（日本の1/5）。人口 701 万人。民族は、セルビア人 82.9％、ハンガリー人 3.9％、ボシュニャク人 1.8％。ロマ人 1.4％、ユーゴスラヴィア人 1.1％、他。宗教は、セルビア正教 85.5％、カトリック 5.5％、イスラム教 3.2％。

　セルビアの首都、ベオグラードは、旧ユーゴスラビアの首都でもあった訳で、アルバニアを除くバルカン半島諸国の中心でもありました。

　セルビアを紹介する前に、「バルカンはヨーロッパの火種」といわれる複雑な背景を簡単に説明します。

　ヨーロッパの民族を大きく分けると、ゲルマン民族、スラブ民族、ラテン民族で構成されています。その中で、ドイツ・オーストリア等のゲルマン民族はその軍事力で、優位に立っていました。そのため、スラブの小国は対抗するために「スラブ民族が一つに集まろう」との運動が起こり、それが「汎スラブ」（スラブ語を話す民族をまとめよう）のきっかけとなりました。スラブ系言語は、ロシア語、マケドニア語、クロアチア語、セルビア語、ボスニア語や、スロベニア語、ハンガリー語等多岐にわたっています。ユーゴスラビアとは、「南スラブ」の意味で、バルカン半島を中心にした、スロベニア、クロアチア、ボスニア・ヘルツェゴビナ、セルビア、モンテネグロ、マケドニアのスラブ民族の国々の統一国家でした。

　第一次世界大戦前、セルビアの隣国には、同じスラブ系国家である、ボスニア・ヘルツェゴビナがありましたが、オーストリア帝国が併合していました。

1914年6月、ボスニア・ヘルツェゴビナの首都サラエボで、有名な「サラエボ事件」すなわち、オーストリア帝国の皇太子が、セルビアの青年に暗殺された事件が起きたのです。

この事件をきっかけとし、民族同士の争いに発展していきました。それが、同盟国と連合国とに分かれた第一次世界大戦へと拡大して行ったのでした。

同盟国は、ドイツ帝国、オーストリア、ハンガリー帝国、オスマン帝国、ブルガリアの4ヵ国であるのに対して、連合国はイギリス、フランス、イタリア、セルビア・ルーマニアなど、27ヵ国が参加し、日本もイギリスと日英同盟を結んでいる関係から、連合国側で参戦しました。

セルビアも多大な損害を被りましたが、終戦を迎え「ベルサイユ条約」により、イスラム系ゲルマン系に支配されていた国々が、他民族からの支配から、「民族自決の原則」により、セルビア、モンテネグロ、クロアチア、スロベニアの四つの地域が「ユーゴスラビア（南スラブ民族国家）王国」として誕生しました。

しかし、汎スラブといっても、もともとセルビアとクロアチアは別の国家です。今度はクロアチアで、国王が暗殺された事件があり、クロアチアは、ドイツの支援を受け、ドイツの自治州となりました。

その後、第二次世界大戦に入りますが、その時ドイツと戦って、英雄となったチトー元帥（パルチザン）が、その指導力とカリスマ性で、ユーゴスラビア連邦人民共和国（後に社会主義連邦共和国に改名）として統一、バルカン半島は落ち着いた状況となりました。すなわち、スロベニア、クロアチア、ボスニア・ヘルツェゴビナ、セルビア、モンテネグロ、マケドニアの国々が統一国家となったのでした。（アドリア海・オトランド海峡に面するアルバニアはユーゴスラビア連邦には参加しませんでした。アルバニアは長期間オスマントルコの支配下でしたが1912年に独立し、1946年に社会主義体制の国家として、長い間、鎖国政策をとっていました。）

その後、1980年にチトーが亡くなり、ソ連が崩壊すると、今迄の「専制独裁社会主義」に不満を持った国々が火薬のごとく爆発しはじめたのでした。

1991年に、クロアチア、北マケドニアとスロベニアが独立、1992年ボスニア・ヘルツェゴビナが独立、さらに2006年にはモンテネグロが独立し、セルビアは単独国家となりました。

現在、セルビア国内には、コソボ自治州とヴォイヴォディナ自治州が含まれていますが、コソボについては、事実上独立している状況となっています。

しかしながら、コソボ問題が全て収まった訳ではなく、2020年になって、ひとまず、経済的合意が結ばれることになりました。

1835年に最初に採用された国旗は、今のロシアと同じ国旗でした。次のユーゴスラビア時代は、黄色で縁取りされた、赤い五稜星を社会主義の象徴として、3色旗の中央に描いている国旗でした。現在の国旗は、3色旗の色順番が変わり、上から赤、青、白の横3分割旗に国章をあしらった国旗となりました。

国章には、カラジョルジェビッチ家（近代セルビアの国王）の紋章である王冠を被った「双頭の鷲」が描かれています。

双頭の鷲の由来は、ビザンチン帝国（東ローマ帝国）が西と東に厳しい顔で睨みを利かしている力強さを描いた紋章です。同じように、近隣国である、モンテネグロ、アルバニアの国章にも、双頭の鷲が描かれています（参考：ルーマニアに隣接するモルドバ共和国の国章は、同じ鷲でも東西に睨みを利かす双頭の鷲ではなく、単頭の鷲で嘴には十字を加えた穏やかな表情の鷲です）。

リオ・オリンピック、31位セルビア共和国（金2・銀3・銅2）参加選手団104名。

○アルバニア共和国（一／首都ティラナ／5,448ドル）

バルカン半島のアドリア海とイオニア海に面した国土29千㎢（日本の関東地方よりやや狭い）。人口288万人の国。民族は、アルバニア人91.7%、ギリシャ人2.3%、ヴラフ人（ラテン系）1.8%、ロマ人1.8%。旧ユーゴスラビア連邦には加入せず、鎖国的政策をとっていました。祖先はインド・ヨーロッパ語族の古代イリュリア人で、その後ローマ帝国、オスマントルコ、イタリアに占領されましたが、1912年に

イスマイル・ケマルが、オスマン帝国からの独立を宣言します。パルチザン闘争を経て1944年に共産党の臨時政府が成立、1992年の総選挙で民主党が政権を握るまで、社会主義体制が続きました。

　経済は国民一人当たりのGDPでも分かるように、欧州最貧国の一つ。クロム、銅、ニッケルなどの鉱物資源があり、開発は徐々に進んでいます。オリーブやブドウ、軽工業が主体となっています。

　国旗は赤地に黒い双頭の鷲なので分かりやすい国旗。この国旗の双頭の鷲は1443年にオスマントルコ軍を撃退したスカンデルベク家の家紋を使用。スカンデルベクは、中世アルバニアの軍人で貴族、今でも国民的な英雄となっています。

　リオ・オリンピック、参加選手団6名。

○ボスニア・ヘルツェゴビナ
（1992年独立〈旧ユーゴスラビア〉／首都サラエボ／6,150ドル）

ボスニア・ヘルツェゴビナは、北と西はクロアチア、東はセルビア、南はモンテネグロで、アドリア海にはわずかに接しています。そのため、自国の大きな港はなく、クロアチアのプロチェ港を利用しています。

　国名は、クロアチア人、ボシュニャク人（ムスリム系）とセルビア人の三民族が共通語を取り入れた国名として、ボスニア・ヘルツェゴビナとしました。国土は51千㎢（日本の1/7＋四国）。人口328万人。

　民族はボシュニャク人（ムスリム）48%、セルビア人（ギリシャ正教会）37%、クロアチア人（ローマカトリック）14%の複雑な構成から、厳しい内戦が続きました。1991年、主権国家を宣言したことをきっかけとして、激しい民族の内戦が本格化、NATO軍も介入し、セルビア人拠点を空爆するなど泥沼化、死者は20万人ともいわれています。1995年、国連の調停により、和平協定デイトン合意に調印し、紛争は終結しました。1998年以降、3民族による輪番制が採択され、現在の国家は、ボシュニャク人とクロアチア人主体のボスニア・ヘルツェゴビナ連邦とセルビア人主体のスルプスカ共和国、ブルチコ行政区（中央政府の直轄地）から構成され、政治は、国連監視のもとに置かれていますが、依然として経済は厳しく国際援助が頼りとなっています。宗教は、イスラム教40%、セルビア正教31%、カトリック15%。

　国旗は斬新な図柄で青地に黄色の逆三角形（国の形を描いている）に三角形に沿うように描いた7つの白い星（上下の星は途中で切れている）の国旗。逆三角形は3民族の融和・共存を、黄

色は希望を表し、青地に星は欧州の一員であることを強調するために、EUの旗を意識したものだそうです。リオ・オリンピック、参加選手団11名。

○クロアチア共和国

<u>（1991年独立〈旧ユーゴスラビア〉／首都ザグレブ／14,853ドル）</u>

北はハンガリー、東はボスニア、西はスロベニアと国境を接し南は長くアドリア海に接しています。国土は57千㎢（日本の青森県を除く東北地方の広さ）。人口410万人。

（南はボスニア・ヘルツェゴビナを挟んで飛び地があります。）歴史は7世紀頃、南下してきたスラブ人が定住してきたことから始まり、現在はクロアチア人89.6%、セルビア人4.5%、ボシュニャク、イタリア、ハンガリー人の構成となっています。宗教は、キリスト教92.6%、イスラム教1.3%。

産業は観光、造船、石油化学、食品加工が主な産業で、貿易赤字を観光収入で埋め、旧ユーゴスラビア7ヵ国の中では、スロベニアに次ぐ先進工業国となっています。

国旗は、横3分割3色旗（赤・白・青）の汎スラブ色で、1991年にユーゴスラビアから独立した時に作成されました。中央の紋章には「シャホヴィニツァ」と呼ばれる赤白の市松模様が目立つ国旗です。紋章の上部に描かれている五つの盾紋章はクロアチアを構成する5

地域の紋章を表したものです。クロアチアはアドリア海の宝石といわれ、アドリア海に向かって突き出た世界遺産のドブロブニク旧市街は、風光明媚な観光地として多くの観光客が訪れています。

リオ・オリンピック、17位（金5・銀3・銅2）参加選手団87名。

○北マケドニア共和国

<u>（1991年独立〈旧ユーゴスラビア〉／首都スコピエ／6,100ドル）</u>

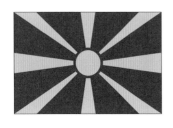

北はセルビア・コソボ、東はブルガリア、南はギリシャ、西はアルバニアと国境を接しています。国土は26千㎢（四国＋兵庫県の広さ）。人口208万人。

民族はマケドニア人64%、アルバニア人25%、トルコ人4%、その他ロマ人・セルビア人・ボシュニャク人から構成されています。宗教は、マケドニア正教64.8%、イスラム教33.3%。

この地は古代マケドニア王国の一部でギリシャ人が多く住んでいましたが、7世紀頃スラブ人が侵入、その後、東ローマ帝国、ブルガリア・セルビア、オスマン帝国などの支配となった後、1913年の第二次バルカン戦争が勃発、その結果、マケドニアはギリシャとセルビアに分割されました。1918年セルビア王国、クロアチア王国、スロベニア王国が誕生し、1929年にユーゴスラビア王国となり、マケドニアは王国の一部となりました。1945年にユーゴスラビア社会主義連邦共和国が成立、強力な指導者チトーのもとに団結した連邦運営が行われてきました。しかし、チトーの死後、連邦が崩壊、内戦の末「マケドニア国」として独立申請をしました。しかし、隣国のギ

リシャには、既に中央、東、西のマケドニア行政区があり、「マケドニアはギリシャ」と国名に対する異論が発生、1993年、国名は「マケドニア」の後に「旧ユーゴスラビア」を付けることで国連加盟の承認を得ました。その後も調整が続き、2019年に、正式に「北マケドニア共和国」として再承認されました。

なお国旗についても、1992年に、北マケドニアの国旗にアレキサンドロス大王の「ヴェルギナの星」に類似した「ヴェルギナの太陽」で登録しようとしましたが、こちらも、隣国ギリシャの行政区の旗と類似、「ヴェルギナの星」にそっくりと異論がでて、現在の太陽光線が八方に広がる国旗となりました。リオ・オリンピック、参加選手団6名。

○コソボ共和国（2008年独立〈旧ユーゴスラビア〉／首都プリシュティナ／4,417ドル）

バルカン半島の内陸国、国土は東部のコソボ地区（標高1,000mを超す高地）と西部のメトヒヤ地区（標高500mの盆地）に分けられます。国土は11千㎢（日本の岩手県より4K㎡狭い）。人口179万人で、民族はアルバニア人92％、セルビア人5％、トルコ等諸民族3％の国家。宗教は、イスラム教91％、キリスト教9％。旧ユーゴスラビアで最も開発が遅れた地域で、経済基盤は、特に弱く、西側諸国からの援助に依存してます。

隣国セルビア(旧ユーゴスラビア)は、2008年のコソボ独立宣言後も独立を認めていません。米国、西欧諸国、日本の承認派とセルビア、ロシア、中国の未承認派の対立が続いていましたが、20年の9月に米国の仲介で、とりあえず経済関係は正常化しました。

コソボの国旗のデザインは、当時、統治していた国連コソボ暫定統治機構の働きかけで、国際公募の形で行われました。その結果、多民族協調を全面に出したボスニア・ヘルツェゴビナの国旗に類似した配色とEU旗との融合で、旗地の中央に黄色でコソボの国土描き、その上部に6つの白い星を配置した国旗となりました。黄色は国土の肥沃さを、白は平和、旗地の青はEUとの一体化を表したものです。

リオ・オリンピック、54位柔道女子52キロ級金メダル。リオ・オリンピック、参加選手団8名。

ケルメンディ選手の金メダル獲得は、コソボにとって世界に国旗を示す画期的なドラマとなり、その影響で、現在コソボは、女子柔道が盛んな国となりました。

コラム　コソボ紛争

旧ユーゴスラビアの自治州コソボで起きた民族紛争。イスラム教徒主体のアルバニア系住民の独立派とキリスト教徒中心のセルビア人との対立、当時のユーゴスラビア政府軍が介入するなど、激しい殺戮が繰り広げられました。1999年にNATOが介入しました。

○モンテネグロ

（2006年独立〈旧セルビア〉／首都ポドゴリツア／9,010ドル）

　北は、ボスニア・ヘルツェゴビナ、東はセルビア、南はアルバニアとコソボに国境を接しています。国土は14千㎢（日本の岩手県の広さ）。人口62万人。民族はモンテネグロ人（45％）、セルビア人（29％）、ボシュニャク（9％）、アルバニア人（5％）等の多民族国家。宗教は、セルビア正教74.2％、イスラム教17.7％、カトリック3.5％。経済は観光収入とアルミなどの製造業と農業が主体です。

　国旗にある双頭の鷲の紋章は、神聖ローマ帝国時代に、ハプスブルク家、オーストリア帝国、ドイツ連邦、ロシアの紋章などで使用されてきました。モンテネグロの国旗は、赤地に金の縁どりした旗の中央にどっしりと金色王冠をかぶった双頭の鷲を描き、さらにその中央にビザンチン帝国のシンボルであったライオンと笏（しゃく）を描いた鮮やかな国旗となりました。

　リオ・オリンピック、参加選手団34名。

○スロベニア共和国

（1991年独立〈旧ユーゴスラビア〉／首都リュブリャナ／23,597ドル）

　スロベニアは1991年6月、ソ連の崩壊によってユーゴスラビアとの連邦解消を宣言し、独立しました。ヨーロッパ地域分類では中央ヨーロッパ、バルカン等に分類されることもありますが、本書では旧ユーゴスラビアの関係で、バルカンに分類しました。国土は20千㎢（四国とほぼ同じ）、人口208万人。民族は、スロベニア人83.1％、セルビア人2％、クロアチア人1.8％、ボシュニャク人1.1％。宗教は、キリスト教61.1％、イスラム教2.4％。

　近年、トランプ前米国大統領メラニア夫人がスロベニアの出身であることで、日本でもポピュラーな国になりました。

　スロベニアは、北はオーストリア、東はハンガリー、クロアチア、西はイタリアと国境を接し、一部はアドリア海に面しています。北部のオーストリアとの国境沿いにはドナウ川の支流サヴァ川が流れています。南部はカルスト地形が発達し、一万以上の鍾乳洞があります。なかでもポストイナ鍾乳洞は、島洞窟、黒洞窟、ピウカ洞窟、マグダレナ洞窟、などと合わせて25キロ以上の距離となり、スロベニア最長の鍾乳洞となっています（カルスト台地のカルストという言葉は、この地から出てきたのですが、センター試験「地理B」の地形に関する問題でよく出題されています）。

　経済は、旧ユーゴスラビア諸国の中では最先進工業国で、一人当たりのGDPは23,597ドルと中東欧諸国の中では最高水準となっています。

　国名のスロベニアとスロバキアは、言語の違いだけで、いずれも「スラブ人の国」という意味です。さらに、国旗でも、紋章を除くと上から白・青・赤の汎スラブ色横3分割旗で同じになります。ロシア国旗も横3分割3色旗（白・青・赤）で同じです。

　国際会議やオリンピック等では旗の大きさは2対3に統一されるので、紋章がないと3ヵ国は

全く同じ国旗になってしまいます。3ヵ国を見分けるには、紋章がないのがロシア国旗、紋章がある2ヵ国は、スロベニアの紋章は比較的小さく、国内最高峰（2,860m）の白い三つの頂を持つトリグラフ山と三つの金色の星が描かれた紋章です。スロバキアの紋章は赤地に青い三つの山の上に白いダブル十字（ダブル十字がカタカナのキに見えるので、スロバキアのキと記憶するのが良いでしょう）が大きく描かれています。

　リオ・オリンピック金メダル種目、44位（柔道女子63キロ級）参加選手団61名。

⑥南ヨーロッパ8ヵ国（ギリシャ、イタリア、バチカン、ポルトガル、サンマリノ、スペイン、アンドラ、マルタ）

　南ヨーロッパは、特に歴史が古く主に地中海沿岸地域。本稿では、バルカン諸国を除く、イベリア半島、イタリア半島周辺国とします。

○ギリシャ共和国（―／首都アテネ／19,620ドル）

　ギリシャの国土は、バルカン半島の南部、クレタ島（8,336Ｋ㎡）など3,000近くの島から構成されます。13.2万㎢と日本の1/3の国土を保有する。8割は山岳丘陵地帯で、最高峰2,917メートルのオリンポス山は、日本の富士山的存在です。内陸の山岳地帯を除いて、大半が地中海性気候（夏は高温乾燥、冬は温暖湿潤）なので、過ごしやすい気候です。人口1千074万人。民族は、ギリシャ人90.4%、マケドニア人1.8%、アルバニア人1.5%、トルコ人1.4%。

　歴史は、紀元前8世紀のころ、都市国家が成立し、古代オリンピックが開催されていました。第一回近代オリンピックもギリシャのアテネで開催、オリンピック開会式の選手入場では五十音順の例外として一番始めに行進する国がギリシャとなっています。掲げる国旗は、青地に白十字をカントン部分に描き、フライ部分には、青と白の9本のストライプで、オスマン帝国との独立戦争が9年間続いた9と9音節を持った「生か死か」のシュプレヒコールに因んだといわれています。

　ギリシャのアテネにある古代神殿や、エーゲ海に浮かぶサントリーニ島は日本のテレビコマーシャルで良く使われ親近感と憧れがあります。また、ギリシャ神話と日本書紀、古事記神話とは、不思議と共通点がありますが、日本の対ギリシャ貿易は465億円で、約半分がタンカーです。

　隣国トルコとは、歴史的にも対立関係にあり、現在もキプロス問題で衝突しています。

　産業は観光業、海運業、農林水産業が主体で、貿易赤字、財政破綻問題を抱えながら、一人当たりの国民総所得は18,340ドルとなっています。

　リオ・オリンピック、24位（金3・銀1・銅2）参加選手団95名。

○イタリア共和国（―／首都ローマ／33,159 ドル）

G7 諸国（25 ページに記載）

○バチカン市国（―〈イタリア〉／未定）

　　　　世界最小の国で、0.44km²。東京ディズニーランドと同じくらいの広さの市国です。カトリック教の総本山として、財政は寄付と観光収入によるもの。起源は 2 世紀に聖ペテロ（キリストの最初の弟子）の墓が作られたことに由来し、8 世紀に教皇領として栄えました。現在の人口は 809 人程、聖職者とスイス人の衛兵がその大半を占めます。

　　　　バチカン市国の衛兵が、青・黄・赤の縞柄の制服で警護していますが、16世紀の始めに教皇ユリウス 2 世の時代、当時、ヨーロッパで戦闘能力の高いスイスの傭兵を雇ったことが始まりでした。当時は飾りではなく、1527 年、神聖ローマ帝国がローマのバチカンに侵攻し、スイスの衛兵たちが勇敢に戦い、147 名が戦死したそうです。今は、バチカンの花形的存在として、バチカン観光に一役買っています。

　国旗はスイス同様、縦横比が 1 対 1 の正方形。縦 2 分割で、黄色と白の二色旗（衛兵の帽章の色に由来）です。白の部分には、カトリックを象徴する法王の冠（三重の冠）とそれを支える金と銀の「セント・ペテロの鍵」を交差させたもの（イエスがペテロに預けた「天の国の鍵」といわれる）。三重の冠は法王が持つ三つの権力（司祭権・司牧権・教導権）を表わしています。

○サンマリノ共和国（国旗制定 1631 年／首都サンマリノ／41,175 ドル）

　　　　301 年にセント・マリヌスがキリスト教の布教活動をこの地で始めたことが、サンマリノ（セント・マリヌス）の始まりで、世界最古の共和国といわれています。国土は 61km² で世田谷区程の大きさに 3 万 4 千人が住んでいます。（世田谷区は 92 万人）。

　　　　民族は、サンマリノ人 84.8％、イタリア人 13.4％。宗教は、カトリック教。

　国旗は横 2 分割 2 色旗（白・ライトブルー）。白は平和とティターノ山（739m）の雪、ライトブルーは自由と空の青を表しています。

　国家行事に使われる国旗は、金色の王冠と、その下に三つの要塞が描かれ、左側を月桂冠のリース、右側を樫の枝のリースが囲み、下部の標語リボンに自由（宗教的迫害から逃れてきた自由を意味する）と書かれた国章が入ります。

　外交と国防は、ほぼイタリアに依存。国家財政は観光資源（ティターノ山とサンマリノの歴史的地区が世界遺産になっている）と切手、コインの販売により成り立っています。

　リオ・オリンピック、参加選手団 5 名。

○マルタ共和国（1964 年独立〈イギリス〉／首都バレッタ／30,650 ドル）

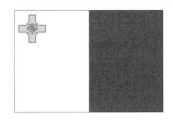

地中海の中央に位置し、マルタ島・ゴゾ島・コミノ島から構成される国家。地中海に浮かぶ国家であることから、古代はフェニキア、カルタゴ、ローマなどの支配・侵略を受け続け、9 世紀から 12 世紀までは、イスラム帝国の支配下となりました。1530 年にマルタ騎士団の所領となりますが、1798 年ナポレオンの侵攻により、マルタ島を奪われました。1800 年に英国領となり、第二次世界大戦で、ナチスの猛攻をしのいだマルタの武勇を称え、聖ジョージ勲章を与えられました。1964 年に英国から独立した時、国旗を制定し、縦 2 分割 2 色旗（白・赤）の旗ざお側白の上部に、聖セントジョージ勲章のセントジョージ十字を描いた国旗となりました。赤は情熱と犠牲を、白は純潔と信仰心を意味しているそうです。国土は 320㎢（東京 23 区が 627K㎡の約半分）。人口約 51 万人。民族はマルタ人 97%、イギリス人 1.2%、ヨーロッパ系 1.1%。宗教は、カトリック 97%。

　経済は、伝統的に職人技が優れ、船舶修理や高級刺繍、宝飾などが伝統産業でしたが、近年は半導体、繊維、観光業が加わりました。民族は、マルタ人 97%、イギリス人 1.2%。リオ・オリンピック、参加選手団 7 名。

○スペイン王国（―／首都マドリード／29,961 ドル）

　スペインの国土は、イベリア半島の 4/5 を占め、東北部はピレネー山脈と北と南に 4 つの山脈に囲まれた高原地帯と、大西洋に浮かぶカナリヤ諸島で構成されます。北の大地には松が、南の大地にはオリーブ、アーモンド、の低木が続き、日本の山のように緑の木々が連なるイメージはありません。国土は 506 千㎢（日本の約 1.3 倍）。人口 4 千 675 万人。民族は、スペイン人 44.9%、カタルーニャ人 28%、ガリシア 8.2%、バスク人 5.5%、アラゴン人 5%、ロマ人 2%。宗教は、キリスト教 78%。

　歴史は紀元前 201 年ローマ帝国の属領からはじまりました。

　415 年には西ゴート民族（古代ゲルマン系の民族）による王国が成立。1516 年には、ハプスブルク朝のスペインが 17 世紀末まで続き、コロンブスのアメリカ大陸発見により、南米大陸、中米に植民地帝国を築きました。1588 年にスペインの誇る無敵艦隊が英国に敗れることにより、その地位を英国にとって代わられました。

　国旗は、横 3 分割 2 色旗（赤 1/4・中央の黄色 2/4・赤 1/4）で、中央のやや旗ざお側に国章が描かれています。国章は、ヘラクレスの柱の間にカスティーリャ王国・レオン王国・グラナダ王国・アラゴン王国・ナバラ王国・ブルボン王国の紋章が描かれ、その上部に王冠が載っています（ヘラクレスの柱は、ジブラルタル海峡の通称）。

　スペインは 16 世紀の大航海時代に、中南米大陸のブラジルを除くほとんどの国を植民地としたことで、中南米では、今も、カトリック教が広く信仰され、スペイン語が国語として多く使われています。

現在の主要産業は、自動車、食品加工、化学品ですが、何といってもイスラムとキリスト文化が融合した世界遺産に世界中の観光客が訪れます。メスキータ、アルハンブラや、ガウディー建築のバルセロナ、城壁の街トレドなどの観光資源は豊富です。フランス、イタリアと並ぶ重要な観光資源国です。

夜中にフラメンコを楽しんだ帰り道に、その余韻を残しながら、ライトアップされ夜空に浮かび上がるアルハンブラ宮殿をふと見たとき、日中には感じられなかった、この宮殿を去るムーア人たちの哀愁が私の心に漂ってきました。

リオ・オリンピック、14位（金7・銀4・銅6）参加選手団306名。

○アンドラ公国

（1993年独立〈仏・スペイン〉／首都アンドラ・ラ・ベリャ／42,052ドル）

アンドラは、ピレネー山脈の南斜面、スペインとフランスに挟まれた内陸の小国（468㎢）で、日本の金沢市程度の大きさです。（小国ですがリヒテンシュタイン公国の3倍近くの面積）。人口7万7千人。アンドラの住民は、アンドラ国籍が36.7％で、スペイン33％、ポルトガル16.3％、フランス6.3％、イギリス1.3％。宗教は、国民の大多数がカトリック。

9世紀に生まれたスペイン辺境領の一つで、ウルヘル伯領を起源としています。現在はフランス元首が共同元首権を受け継いでいます。住民はアンドラ国籍38％、スペイン国籍33％、ポルトガル国籍16％、フランス国籍6％、英国国籍1％となっています。経済は観光収入が大半を占めています。「ピレネーの香港」と呼ばれるタックスヘイブン国です。

国旗は、スペインとフランスを組み合わせた国旗で、1866年にナポレオンによって考案されたともいわれています。当時のフランス国旗は青・黄・赤の縦3色旗で、スペインの「血と金の旗」の色を合わせたことから、原色ではない青になっています。中央の紋章はスペインのウルヘル司教、カタルーニャ伯、フォア伯の旗章、ベアルン伯の家紋から構成されています。リオ・オリンピック、参加選手団5名。

○ポルトガル共和国（—／首都リスボン／23,031ドル）

ヨーロッパ、イベリア半島の最西側、東と北はスペインに国境を接し、西は大西洋、北は地中海に面しています。大航海時代は、海洋国家として大きな存在感がありました。

15世紀前半、大航海時代のアビス王朝はエンリケ航海王子の指揮のもと、アフリカ大陸西岸やブラジルなど多くの植民地を支配していました。近年は慢性的貿易赤字で、国庫は、観光収入と出稼ぎ労働者からの送金で賄っています。私の銀行時代に、私募債発行のサイニングでスイスのチューリッヒに行った帰りに、リスボンに立ち寄った時のことです。高台地区のホテルリッツに宿泊、中世

の雰囲気を残した落ち着いた街並みや、海洋貿易の中心となった港町などが一望でき、しかも素朴で、レトロな雰囲気が漂う街並みでした。夜は、ポルトガルのファドを聴きに行きました。ファドの歌詞は悲しいフレーズが漂い、何か日本の「添うことが出来ない演歌」の感じがしました。同じポルトガル語圏でも、ブラジルのサンバとは大違いです。ファドと演歌との共通性があるのでしょうか、最近の日本人が移住したい国の No.1 がポルトガルだそうです。鱈（バカリャウ）・ラゴスタ（エビ）などの魚介類や、リゾット（米）も日本人の口に合うのかも知れません。

　現在は、NATO 加盟国で、対米重視で、ブラジル、アフリカのポルトガル語圏との関係を強化しています。

　現在の国旗はアビス王朝のシンボルカラー、緑と赤の二色を縦柄で描き、二色の境目に大きく、当時の天球儀とその上に白を赤帯で縁取りした盾を置きました。赤帯の中には、イスラムを追放し奪還した七つの城を、白い部分にはイスラムの5公国を打ち破った記念として青い五つの盾を描いた複雑な国旗となっています。国土は 92 千㎢（日本の1/4）。人口 1 千 020 万人。民族は、ポルトガル人 91.9％、アフリカ系混血 1.4％、ブラジル人 1.4％、ムラーノ 1.4％。宗教はカトリック教徒が圧倒的多数。リオ・オリンピック、78 位（銅メダル 1 個）。参加選手団 92 名。

⑦ 西ヨーロッパ 9 ヵ国（オーストリア、ベルギー、フランス、ドイツ、リヒテンシュタイン、ルクセンブルク、モナコ、オランダ、スイス）

　一般的に西ヨーロッパとは、英国、フランス、ドイツ、オランダなどの西側諸国、西欧と呼ばれる諸国です。本稿では、英国、アイルランドの 2 ヵ国をブリテン諸島 2 ヵ国として分けています。西ヨーロッパ諸国は、一人当たりの GDP が高く、高度な文明と文化を持っています。

○オーストリア共和国（―／首都ウィーン／53,736 ドル）

　オーストリアは、ヨーロッパ大陸のほぼ中央に位置し、8 ヵ国と国境を接し、歴史と文化の香りがする内陸国です。国土は 84 千㎢（北海道 77.9 千㎢＋ 6.1 千 k ㎢）人口 900 万人。ドナウ川の流域にある首都ウィーンは音楽の都として名高く、音楽の他、絵画、建築、文学、哲学など多くの文化が集約した魅力ある街です。市立公園には、「ワルツ王」のヨハン・シュトラウスの立像や、ベートーベン、シューベルト、ブルックナーの像もあります。面白いことに彼等のお墓は、ウィーン中央墓地の「楽聖特別区」に集められ、その中央には遺骨がないモーツァルトの銅像が立ち、背後にはベートーベン、シューベルトの墓、それを囲む様にブラームス、ヨハン・シュトラウス父子、グルックの墓碑があります。第 2 門入り口近くにある名誉地区には、映画アマデウスで、モーツァルトのライバルと称された（事実は少し異なる）作曲家サリエリの墓があります。

　私は中学からウクレレという楽器に興味を持ち、大学では軽音楽部に入り、その後も老人ホームなどのボランティア演奏をしていました。2011 年 3 月 11 日に起こった東日本大震災の時に、福島県双葉町から埼玉県騎西高校に避難してきた避難先の中庭で、5 月 5 日の子供の日に演奏してき

た思い出があります。

　音楽は人の心を励まし豊かにする力があり、旅の楽しみも倍加するものです。ホーフブルク王宮、シェーンブルン宮殿などハプスブルク家の栄華を想い、偉大な音楽家たちを偲びながらウィーンの街を歩いていると、辻音楽師たちが旅人の心に溶け込むような演奏を聞かせてくれる情緒溢れる街です。

　オーストリアは永世中立国を宣言し、NATO には未加盟ですが、協力関係国となっています。民族は、オーストリア人 84.8％、旧ユーゴスラビア人 3.9％、ドイツ人 2.2％、トルコ人 1.9％。宗教は、キリスト教 81.5％、イスラム教 4.2％。

　歴史は、13 世紀〜20 世紀前半まで、650 年もの長期に亘って栄華を極めたハプスブルク家から始まります。ハプスブルク家は、スイスとオーストリア辺境伯でした。その後、オーストリア公国→大公国→帝国→オーストリア・ハンガリー帝国→第一共和国→アンシュルツ（ドイツによる併合）→ 1945 年以降、現在の第二共和国へと繋がっていきます。

　国旗は、1191 年の第 3 次十字軍に参戦したレオポルド 5 世の白い軍服がベルト部分を残してイスラム教徒の返り血で真っ赤に染まったことに由来し、横 3 分割 2 色旗（赤 1/3・白 1/3・赤 1/3）の旗です。白い部分は、血に染まらなかったベルト部分だそうです（ラトビア国旗も同様にベルト部分は白ですが、血に染まった部分はえび茶色で、ラトビアの赤と呼ばれています）。

　この旗は、1230 年頃の反乱旗として使用したのが始まりの様です。オリンピックや国連関係、一般行事では、横分割の赤・白・赤の二色旗を使用していますが、国事などの正式行事の国旗には、ハプスブルク家ゆかりの紋章（双頭の黒鷲）を基本とした単頭の鷲の国章が使われています。

　リオ・オリンピック、78 位（銅メダル 1 個）参加選手団 71 名。

　平昌オリンピック、第 10 位（金 5・銀 3・銅 6）。

　アルペン競技の花といえば、滑降、スーパー大回転、大回転、回転などですが、平昌オリンピックでは、オーストリアのマルセル・ヒルシャー選手がスーパー大回転、大回転、男子アルペン複合と 3 つの金メダルを獲得し、アルペン大国の健在を示しました。

コラム　ハプスブルク家とメディチ家

　ヨーロッパを代表する名家を二つ比較してみます。

　ハプスブルク家は、スイスのハプスブルクに城を築いた一貴族でした。ルドルフ一世（1273 年〜 1291 年）が神聖ローマ帝国の皇帝に選出されたことが大帝国を築く始まりでした。その後、ボヘミア、オーストリアを征服、さらに東へと拡大していきました。その戦略は、15 世紀から 16 世紀にかけて、同家は政略結婚で、勢力の拡大をはかっていったのです。カール 6 世の娘マリア・テレジアは 23 才でオーストリア女王として即位、16 人の子供を産みました。その内の末娘で、フランスのルイ 16 世と結婚したマリー・アントワネットも政略結婚でした。彼女がフランス革命で断頭台の露と消えたことは、「ベルサイユのバラ」でご存じの方も多いと思います。また、フランツ・ヨーゼフ一世（1848 年〜 1916 年）に 15 才で嫁いだエリザベートの場合は、国民からは絶大な支持を得ていましたが、息子は自殺、本人もイタリア湖畔で無名の人物により殺害され、悲劇のヒロインとなりました。夫のヨー

ゼフは第一次世界大戦中に亡くなり、その2年後にハプスブルク家支配の時代は幕を閉じたのです。

メディチ家は、フィレンツェを支配した商家の出身でありながら、フランス王妃を二人輩出した名門です。

メディチ家の初代ジョヴァンニは、イタリアのフィレンツェで教皇庁の金融業者として1397年ローマからフィレンツェに本店を移設し、銀行業を始めました。二代目コジモその孫ロレンツォも、卓越した才能で巨大な富と政治家として地位を築きあげ、トスカーナ大公国の君主にもなりました。また、ルネッサンス絵画・彫刻を代表する巨匠、ミケランジェロ、レオナルド・ダ・ヴィンチ、ボッティチェリなどとも深い関りがあったといわれています。フィレンツェにあるウフィッツ美術館には多くの作品が収められています。

メディチ家最後の女性は、トスカーナ大公コジモ3世の娘アンナ・マリア・ルイーザで、女性であるため大公職は認められず、子供もいませんでした。

○ベルギー王国（—/首都ブリュッセル/45,940ドル）

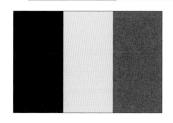

ベルギーの歴史には、ヨーロッパの小国であるが故の試練が数多くありました。当初はフランク王国の一部、その後、ハプスブルク家の支配、スペイン領、オランダ領、オーストリア領を経て、1831年に独立を果たしました。民族は、オランダ系フラマン人58%、フランス系ワロン人32%、混血、移民など。国土は31千km²（日本の九州36.7km²より狭い）。

人口1千159万人の王国として独立はしましたが、独立当時から同一国家のなかに、異なる3つの言語が存在することに頭を痛めていました。1993年、ワロン、フラマン、ブリュッセルの三つの地域政府による連邦国家にすることで、言語問題を解決しようとしたのです。その結果、君主制でありながら連邦国家となっている珍しい国家となりました。フラマンとは、北フランスやベルギーに起源をもち、オランダ語を話すゲルマン民族のこと。ベルギー人口の60%を占めています。

ベネルクス3国という言葉を時々耳にしますが、ベルギー、ネーデルランド（オランダ）、ルクセンブルクの頭文字を集めた造語です。3ヵ国を合わせた国土面積でも、ドイツの5分の1、フランスの9分の1しかない小国の集合体なので、ベネルクス三国を一括りにして呼んでいます。

ベルギーの首都ブリュッセルは欧州連合（EU）の主要機関が多く置かれ、「EUの首都」ともいわれています。本来はEUの主導国はドイツとフランスですから、どちらかの国に本部を置けば良いのでしょうが、相互に牽制し、ゲルマン（ドイツ、オランダ）とラテン（フランス、イタリア、ルクセンブルク）の公用語の接点であるベルギーが最も適当と考えたようです。中立国のスイス、ノルウェーは、EU未加盟国なので、本部を置く訳にはいきませんでした。

国旗は、フランスの3色旗にならい縦3分割3色旗、色彩はベルギーのブラバント公家の紋章の色（黒地に黄色のライオンが赤い舌と爪を出している紋章）を使い、旗ざお側から縦に、黒（力）・黄色（充実）・赤（勝利）の3色旗としました。ドイツ国旗と3色は同じですが、縦と横の違いと色の配列が異なります。ベルギー国旗の特徴としては、縦横の長さが2：3の国際基

準ではなく、13：15で正方形に近い国旗なのです。

リオ・オリンピック、33位（金2・銀2・銅5）。参加選手団108名。

○フランス共和国（―／首都パリ／41,760ドル）

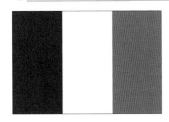

G7の諸国に記載（23ページ）

○ドイツ連邦共和国（―／首都ベルリン／46,473ドル）

G7の諸国に記載（24ページ）

○リヒテンシュタイン公国（―／首都ファドーツ／190,017ドル）

　スイスとオーストリアの国境にある世界で6番目に小さい160㎢の国家（日本の宮古島程の面積）。人口3万8千人。民族は、リヒテンシュタイン人66.9％、スイス人10％、オーストリア人5.7％、ドイツ人3.5％、イタリア人3.3％。宗教は、カトリック約79.9％、プロテスタント約8.5％、イスラム教約5.4％。

　立憲君主制とはいえ、君主が無能な場合、君主を退位させることが出来る憲法がある、民主的な国家です。議会は一院制で25名の議員定数。隣国スイスとは、緊密な関係にあり、民法はオーストリア民法を使用していますが、外交と防衛はスイスに委ね、刑法はスイス刑法を、通貨はスイスフランを使用した合理的な国家体制をとっています。

　タックスヘイブン法人税（12.5％）の国で、外国企業のペーパーカンパニーが多く存在します。近年は自国の精密機械、医療などの産業が成長産業となって、労働力として、スイス、オーストリアから越境労働者がやってきます。所得税、相続税、贈与税がないので、世界の富裕層にとって、理想の国家となっていますが、新しく国籍をとるには厳しい移民規制法があり、極めて困難です。（一人当たりのGDPは常にトップクラス）

　また、リヒテンシュタイン公国は、二つの国を通らないと、海に出られない二重内陸国で世界にはウズベキスタンと2ヵ国しかありません。地図で検証してみて下さい。

　国旗は横2分割2色旗（青・赤）で、青の左部分に侯爵位を示す金色の王冠が描かれています（当初は2色旗だけでしたが、1937年に侯爵位の王冠を配しました）。青と赤はヨセフ・ベンツェル皇太子の制服の色でした。現在、青は空の色、赤は暖かい暖炉の火、金色の王冠は君主と国民が一体であることを象徴しています。参加選手団3名。

　平昌オリンピック、アルペンスキー女子スーパー大回転で銅メダル1つを獲得しました。

　ヨーロッパの王族とは、その国の支配者、または支配者から一部の地域を任されている者をいい、下記の称号が与えられています。例えばリヒテンシュタインの王冠について、侯爵位と書きましたが、当初は国境を任されていた辺境伯でした。辺境伯は一代限りなので、その上の marquess となったので、侯爵なのだろうと思います。オランダ国王も、元は辺境伯でした。

コラム　男性爵位

　ヨーロッパ王族は大公（grand duke）公爵（duke prince）親王（prince）侯爵（marquess）辺境伯（margrave）伯爵（count）子爵（viscount）男爵（baron）。

○ルクセンブルク大公国（一／首都ルクセンブルク／121,000 ドル）

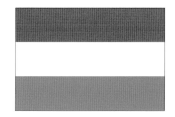

　ヨーロッパ大陸の西北部にあり、ベルギー、フランス、ドイツに囲まれた海を持たない内陸国。国土は 2.59 千㎢（日本の神奈川県 2.4 千㎢とほぼ同じ）。人口 62 万人。民族は、ルクセンブルク人 56.3％、ポルトガル人 16.2％、フランス人 5.8％、イタリア人 3.9％、ベルギー人 3.4％、ドイツ人 2.4％。宗教、国民の大多数はカトリック。
　ルクセンブルク旗は隣国オランダ旗とほぼ同じで、オランダ旗の一番下が青に対して、ルクセンブルクは、ライトブルーというだけです。昔から「陸のジブラルタル」と呼ばれ、難攻不落の内陸国として名高い存在でした。
　経済の中心は鉄鋼業でしたが、70 年代に金融・保険業が成長、欧州有数の金融センターに変身。さらに情報通信、ハイテク産業、スカイプ、アマゾンなどの欧州本社があります。参加選手団 10 名。

○モナコ公国（一／首都モナコ／185,829 ドル）

　モナコの歴史は 1297 年にグリマルディー家（Grimaldi）が同地区を占拠したことから始まります。1861 年にフランスから独立。1956 年、ハリウッドの大女優グレース・ケリーがレーニエ三世と結婚したことで、一躍有名な国となりました。現在のアルベール二世はグレース・ケリーの息子ということになります。一人当たりの GDP は、リヒテンシュタイン同様、常にトップクラスです。国土は 2.02 ㎢（下記参照）。人口 3 万 9 千人。民族は、フランス人 28％、モネガスク（モナコ国籍）22％、イタリア人 19％、イギリス人 7.5％。宗教は、カトリック（国教）。

　国旗は、横2分割2色旗（赤・白）で、グリマルディー家の色に由来します。この国旗は、インドネシア国旗と構図、色とも同じなので、問題になりました。モナコ国旗が1881年制定であるのに対して、インドネシア国旗制定は1922年なので、モナコ側に利があるのですが、モナコの正式国旗には、紋章が入ることを考慮し、モナコ側がインドネシアに譲った形で落ち着いた状態となっています。参加選手団3名。

コラム　世界最小国

　①バチカン市国（0.44k㎡）②モナコ（2.02k㎡）③ナウル共和国（21k㎡:港区）④ツバル（26k㎡:品川区）⑤サンマリノ（61.2k㎡）⑥リヒテンシュタイン公国（160k㎡）

○オランダ王国（―/首都アムステルダム〈政治機能所在地はハーグ〉/53,228ドル）

　オランダの国土は北をバルト海、東にドイツ、南にドイツとベルギーに接しています。カリブ海のアルバ・キュラソー・サバ島、シントマールテン、シントユースタティウス、ボネール島もオランダの一部です。国土は42千k㎡（九州36.7千k㎡＋5.3千k㎡）。人口1千713万人、民族はヨーロッパ系85%（オランダ人80%）移民15%（インドネシア人2.3%・トルコ系2.3%・スリナム系2.1%、モロッコ系2.1%）で構成。宗教は、キリスト教50%、イスラム教5.8%、その他無宗教。

　歴史は他のヨーロッパ諸国と同様、強国の狭間で翻弄されてきましたが、30年間スペインと争ったオランダ独立戦争が、1648年にウエストファーレン条約締結によって終結、その年がオランダ独立の年となりました。その後、1810年、フランスに併合され、1815年のウィーン会議でネーデルランドを含むオランダ王国になりました。（その後ベルギーとルクセンブルクが分離独立）。

　私が一月にオランダを訪問したときは、暖冬だったため、凍結した運河は見られませんでしたが、アムステルダム国立美術館で鑑賞した、ルーベンスの「夜警」が想像以上の大きい絵画だったことに驚きました。

　国旗は、横3分割で赤・白・青の3色旗ですが、独立当初は、独立時の英雄、オラニエ公ウィレム（英語名オレンジ公ウィリアム）の名前から、「赤」ではなく、「オレンジ色」でした。オランダ国旗は、ロシアのピョートル大帝が「この3色旗を見習え」といって、ロシア国旗（白・青・赤）が生まれたという逸話があります。

　経済は、海運業、チューリップの園芸と酪農から、石油精製・化学・食品加工など工業国としての転換を果たしました。また北海の天然ガスにより、エネルギーの自給率も100%となりました。太平洋戦争を通して、一時反日色が強くなりましたが、日本とは歴史的にも古い親日国でもあり、皇室外交をきっかけに改善機運が高まっています。

　リオ・オリンピック、11位（金8・銀6・銅4）参加選手団242名。

○スイス連邦（一／首都ベルン／83,717 ドル）

スイスは、アルプス山脈に囲まれ、ドイツ、フランス、イタリア、オーストリア、リヒテンシュタインに国境を接しています。モンテローザ、マッターホルン、ユングフラウなどの 4,000m 級の山を持ち、日本人の海外旅行ランキングでは、ハワイとともに、常に上位を占めています。国土は 41 千㎢（九州＋山口県 6 千㎢）に 865 万人が暮らしています。永世中立国でも国民皆兵制度があります。宗教は、カトリック 35.8%、プロテスタント 23.8%、イスラム教 5.3%。

産業は、機械、精密機械、化学、製薬、金融などの高付加価値産業が主体で、一人当たりの国民所得、84,430 ドルと最も高い国の一つです。民族は、ドイツ人 65%、フランス人 18%、イタリア人 10%、ロマンシュ人 1%の多民族国家なので、多国語（ドイツ語、フランス語、イタリア語、ロマンシュ語）を認めている連邦国家です。永世中立国でありながら、正式な国連加盟は 2002 年からでした。

スイス国旗は、縦横の比率が一対一の正方形、赤地に白抜きの十字の長さは、六分の一だけ縦が長くなっています。これは、キリストが磔になられた時の十字に合わせたものと言われ、人間の体に合わせるように、十字の横帯が中央ではなく若干上になっています。赤旗は、社会主義の象徴のように思われがちですが、神聖ローマ帝国の軍旗の一つで、主権と力を表す色だそうです。ちなみに、スイス同様、バチカン市国の正式な国旗も正方形となっています。スイスとバチカンとの関係は深く、バチカンの衛兵はスイスからの派遣によるものです。

スイスは、ヨーロッパ人にとって避暑地として名高く、日本でも憧れの国としてのイメージがありますが、私の苦い経験を披露します。

銀行の仕事で、大切なお客様とスイスのチューリッヒに行き、スイス銀行で、私募債発行のサイニングに行った時の話です。仕事のほうは順調に終わり、現地の駐在員に勧められ息子に時計を買うことになりました。ちょっと贅沢ですがロレックスの腕時計をプレゼントしようと、ロレックス専門店に行きました。店員が「プレゼントなら、きちんと包装してまいります」といったので、「ありがとう」とお礼を言って、さすがに高級店の店員は親切だなと感心していました。日本に帰り、息子がプレゼントの包装を開けると、ワンランク下の時計が入っていたのです。観光地では、有名店であるとしても、安心せず、「包装用紙とリボンだけ貰って、現物を確認しておけば良かった」と反省しきりです。

リオ・オリンピック、34 位（金 2・銀 2・銅 2）ボート・自転車で金メダル。参加選手団 104 名。

コラム　正方形の国旗

正方形の国旗は、バチカン市国とスイス連邦の二ヵ国です。正方形に近い国旗は、ベルギー（13：15）ニジェール（6：7）モナコ（4：5）デンマーク（28：37）があります。本来国旗の大きさには厳密な決まりはありませんが、国旗掲揚の国際的プロトコルでは、自国国旗と外国国旗を同時に掲げる時は、大きさを同じにしなければならないとの規定があり、国際行事、オリンピックや国連に使用する時は全て 2：3 に合わせることになっています。

⑧ ブリテン諸島２ヵ国（英国、アイルランド）

○ 英国（グレートブリテン・北アイルランド連合王国）

（―／首都ロンドン／43,562 ドル）

G7 の諸国に記載（18 ページ）

○ アイルランド（―（英国）／首都ダブリン／77,771 ドル）

　　アイルランドの国土は、英国北アイルランドを除く全島で、国土は 70 千㎢（日本の約 1/5）。人口は 494 万人（アイルランド人 85％・アジア人 2％・アフリカ系 1％）。宗教は、カトリック 86.8％、アイルランド教会 3％。

　　歴史は紀元前 3 世紀頃、ケルト系民族が渡来してきたことから始まります。1169 年にノルマン人の侵攻でイングランドによる植民地化が進みました。1921 年からは英連邦内自治領のアイルランド自由国として独立、1937 年に国名をアイルランドとしました。アイルランドは永世中立国（スイス・オーストリア・モルドバ）ではありませんが、国連・EU 外交を重視する中立外交を進めています。（NATO には未加盟）

　日本では、アイルランド民謡「庭の千草」が小学生唱歌として多くの人に親しまれてきましたが、アイルランド本国ではあまりポピュラーではありません。「ダニーボーイ」はアイルランドから世界に広がった名曲です。

　アイルランドの 3 月 17 日は、昔からセントパトリックの命日を祝日として、緑の衣装に着飾って歌やアイリッシュダンスを踊って盛大にお祝いします。同様に、多くのアイルランド移民が住む米国、オーストラリア、ニュージーランド、カナダなども、緑色を身に着け祝う日「グリーンデイ（緑の日）」として、同様の行事をするようになりました。

　通貨は、英国と違ってユーロを導入。しかし、英国・米国とは政治的、経済的にも深い関係を保っています。近年のニュースでは、日本の武田製薬（世界 19 位）がアイルランドの製薬大手シャイアー社（世界 17 位）を買収すると発表。2 社が合併すると世界トップ 10 に入る大医薬品メーカーが誕生します。

　世界的金融危機では一時低迷したものの、2014 年以降は IT 関連企業などが好調ですが、失業率は英国同様、6％〜 8％と高い状態が続いています。

　アイルランドのシンボルは竪琴なので、長い間「竪琴を描いたオニールのハープ」と呼ばれる国旗でした。1848 年のフランス革命の影響を受け、1922 年に英国の自治領となった時に現在の縦 3 分割旗、《緑（カトリックとケルト人）・白（友愛）・オレンジ（プロテスタントとアングロサクソン系民族）》を表す国旗となりました。

　リオ・オリンピック、62 位（金 0・銀 2）参加選手団 77 名。

第三章
アジア大陸

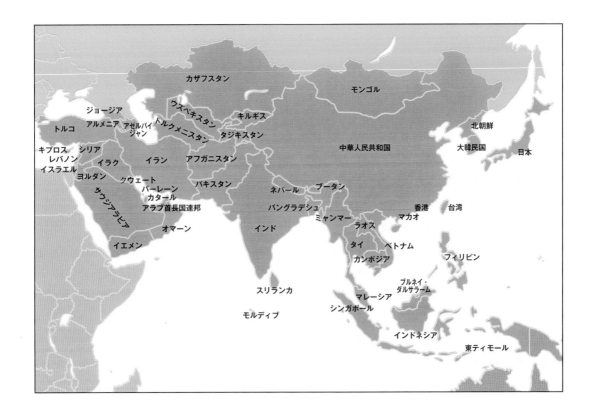

○国名（独立または、国旗制定年度／首都／一人当たりの GDP）

【ちょっと一息：類似国旗】

アラビア半島のペルシャ湾の二ヵ国の国旗です。

解説：バーレーンとカタールの国旗です。（のこぎり柄と呼びます）

　のこぎりの山を数えると、バーレーンのジグザグは５つで、バーレーンの文字数も５つです。即ち、バーレーン国旗が赤い方と覚えてください。また、のこぎり国旗の２ヵ国は、頭文字をとって「バー、カ」と覚えては。

■ 1、国旗の傾向と分類。（47ヵ国＋1）

　アジア大陸は、地域によりばらつきがありますが、太陽と星のデザイン、イスラム教を表す三日月と星や文字が多い。

1-1　アジアの図形分類（17ヵ国）

○横２分割２色旗（２ヵ国）

インドネシア

 横２分割２色
（赤・白）

シンガポール

 赤色上部に白抜きで
月と五つ星

○横３分割３色旗（２ヵ国）　　　　　　　　　　○赤い横線付き横３分割３色旗

アルメニア

 （赤・青・オレンジ）

イエメン

 （赤・白・黒）

ウズベキスタン

 上部左に三日月と12星
（ブルー・白・薄緑）

○十字４分割旗　　　　　○斜２分割＋柄

ジョージア

ブータン

○横Ｙ字３分割旗　　　　○横３分割３色旗＋竿デルタ旗（赤地に星）付き

フィリピン

ヨルダン

○のこぎり型（バーレーン、カタール２ヵ国）のこぎり型は世界に２ヵ国だけ

バーレーン

 のこぎり（白・赤）

カタール

のこぎり（白・えび茶）

○額付き国旗（スリランカ、モルディブ２ヵ国）

スリランカ

モルディブ

○横Ｔ字旗（オマーン１ヵ国）　○横Ｖ字旗（エリトリア１ヵ国）

○ワンポイント太陽付き（２ヵ国）

日本

バングラデシュ

○カントンのある国旗（２ヵ国）

マレーシア

台湾

○縦３分割多色旗（２ヵ国）

アフガニスタン

モンゴル

○横３分割多色＋柄（８ヵ国）

　カンボジア（青・赤・青）海があるから上下青色、中央の赤には白いタージ・マハル。ラオス（赤・青・赤）上下が赤色、中央の青には白い満月。レバノン（赤・白・赤）上下赤色、中央の白に緑のレバノン杉。インド（オレンジ・白・緑）中央の白に法輪。タジキスタン（赤・白・緑）の中央白に黄色のタジク帽と七つ星）。

カンボジア 　ラオス 　レバノン 　インド 　タジキスタン

アゼルバイジャン 　イラク 　イラン 　シリア 　ミャンマー

　アゼルバイジャン（青・赤・緑）中央の赤に白抜きでイスラムの月と星。イラク（赤・白・黒）中央の白地に緑でアラビア文字。イラン（緑・白・赤）中央の白地に赤くデフォルメした剣と三日月、さらに、白地の上下に古いアラビア文字で「神は偉大」と22回書かれている。

　シリア（赤・白・黒）中央の白に緑の二つ星。ミャンマー（黄・緑・赤）中央の緑に大きな白い五稜星。

○横多分割３色旗（２ヵ国）

　タイ＝横５分割（青・白・赤・白・青）

　北朝鮮＝（青・白線・赤・白線・青）中央赤地左寄りに白地の円に赤い五稜星。

タイ 　北朝鮮

○横３色旗ざお（長方形・台形）付き（２ヵ国）　　　　○横Ｖ字国旗

アラブ首長国　クウェート　　　　　　　　　　　　　　東ティモール

以上が図形分類。

1-2　アジアの色・図柄による分類

○イスラムの月と星（８ヵ国）注：シンガポール国旗の月と星はイスラムを表していない

アゼルバイジャン　イラン　トルクメニスタン　トルコ　　パキスタン

マレーシア　ウズベキスタン　モルディブ

○一色の旗地に星（３ヵ国）

　　　　　　　　　　　　　　　　　　　　中国　　　イスラエル　　ベトナム

中国＝赤地に黄色い５つ星。イスラエル＝白地に青のユ
ダヤの封印と二本線。ベトナム＝赤地に黄色い五稜星。

○一色の旗地に太陽（４ヵ国）

　バングラデシュ＝緑地に赤丸。日本＝白地　　　バングラデシュ　日本　カザフスタン　キルギス
に赤丸。カザフスタン＝ブルー地に黄色の太
陽と草原鷲。キルギス＝赤地にと移動式テン
トの天井から見た黄色い陽炎。

○アラビア文字（２ヵ国）

サウジアラビア　イラク

○国旗を斜めタスキ柄で２分割旗（１ヵ国）　　　　ブルネイ

　ブルネイ＝黄色地に白黒のタスキで斜２分
割し、中央に国章を入れた４色旗

○その他（３ヵ国）

大韓民国　　ネパール　　キプロス

○自治州　　　　　　　　　　○特別行政区

パレスチナ　（参考ヨルダン）　　　香港　　　マカオ

■ 2、アジア諸国。（47ヵ国＋1）

　アジア大陸を分類すると、「極東、中東」という言葉がよく使われます。大英帝国時代、英国が中心でしたから、インドが東で、さらに東を「極東」、英国とインドの中間を「中東」と呼んでいました。本稿は、アジア大陸区分を東アジア、東南アジア、南アジア、中央アジア、西アジアに区分しました。

　本来モンゴルは、中央アジアでも良かったのですが、一般的に中央アジアは、キルギス、カザフスタン、ウズベキスタン、タジキスタン、トルクメニスタンの5ヵ国をいうので、モンゴルを東アジアに分類いたしました。西アジアにはアフガニスタンを入れ、さらに西アジアの国が多いので、アラビア半島の国を分けて説明します。

① 東アジア6ヵ国＋2
（日本、韓国、中国、北朝鮮、モンゴル、台湾、香港、マカオ）

○日本国（国旗制定 1999 年／首都東京／41,150 ドル）

G 7 の諸国に記載（16 ページ）

○韓国（1948 年／首都ソウル／32,610 ドル）

日本の近隣国に記載（29 ページ）

○中国（一／首都北京／10,582 ドル）

日本の近隣国に記載（27 ページ）

○北朝鮮（1948年独立/首都ピョンヤン/689ドル）

北朝鮮の正式名称は、「朝鮮民主主義人民共和国」。この国名で大韓民国とともに国連加盟しましたが、我が国とは国交がなく「北朝鮮」と呼んでいます。国土は121千km²（日本の約33%）。人口2千578万人の国家です。民族は、朝鮮民族。

国旗は朝鮮伝統色の（赤、青、白）を使い、横多分割（上から青と白線1/5・赤3/5・下に白線と青1/5）旗で、左の部分に、陰陽思想のシンボルといわれる「ラウンデル」の中に、赤い一つ星を置きました。北朝鮮は1948年9月9日に旧ソビエト連邦の支援により独立し、権力の座は、金日成主席、金正日と引き継がれ、現在は三代目の金正恩が総書記としてトップに君臨し、3代続く独裁国家となりました。北朝鮮の核開発継続の対抗措置として、国連は経済制裁措置を決議し継続しています。日本とは、拉致問題、弾道ミサイル問題など、様々な問題を起こし、最近では、韓国との融和の証である、開城の南北共同連絡事務所を一方的に爆破しました。

リオ・オリンピック金メダル数、30位北朝鮮（金2・銀3・銅2）参加選手35名。

○モンゴル国

（ー（中国）/首都ウランバートル/4,167ドル）

モンゴルの建国は、広大な元を築いたチンギスハーンに由来、1911年に中国の清朝より分離し、1921年に君主制人民政府が成立、独立を宣言しました。政治体制は共和制で、隣国の、ロシア、中国とは微妙なバランス外交政策をとっています。国土は1564千km²（日本の約4倍）。人口328万人。宗教は、伝統信仰32%、チベット仏教。民族は、ハルハ人82%、カザフ4%、ドゥルブド人3、バヤド2%。モンゴルの意味はモンゴル語で、「勇敢」を意味しています。

産業は、石炭、銅、ウラン、レアメタルなどの豊富な地下資源に恵まれ、安定的発展を目指しています。

我が国では、大相撲の、白鵬、鶴竜、照ノ富士などモンゴル出身力士の活躍は知られていますが、日本の対モンゴルODA（Official Development Assistance, 政府開発援助）などはあまり知られていません。地方開発、環境保全、インフラ整備などに無償資金援助を含め10年間で3千億円ほどの実績があり、日本は米国、ドイツとともに主要援助国の一つとなっています。

モンゴルは1271年〜1368年代、中国の地とモンゴル高原を支配した騎馬民族の国家で、馬を上手に操る勇猛果敢な民族として中央アジアからヨーロッパにかけて、恐れられていました。

また、歴史は、中国の歴史と重なり、元の時代に中国を支配しましたが、現在は外モンゴルがモンゴル国、内モンゴルが中国の実効支配下の内モンゴル自治区となっています（国語教育をモンゴル語から中国語に変えるという、中国による自治権侵害問題が起きてきました）。

国旗は縦3分割2色旗（赤・青・赤）で、旗ざお側赤色の部分に黄色でソヨンボ（象形文字）文字が描かれています。（社会主義時代は五稜星が描かれていました。）

赤は自由と発展を意味し、青は民族カラーです。旗ざお側の赤い部分に、黄色いソヨンボ（象

形文字）で書かれています。内容は上から、①花のつぼみは、過去・現在・未来を。②黄色の円は太陽と民族の母を。③月は民族の父を。④その下の三角と長方形は敵の制圧。⑤勾玉型の二匹の魚は不眠不死の魚を（水が枯れて、翌年に砂漠が川になると再び現れる魚）。⑥それを囲む二つの長い長方形は、国民の団結力。を表しているそうです。ソヨンボ文字は1686年にモンゴルの僧侶、ボグド・バナバザルが作成した一種の象形文字です。縦3分割旗の中央部分が青色になっているのはモンゴルの国旗だけです。リオ・オリンピック、参加選手団43名。

○台湾（中華民国）

（国旗制定 1928 年／首都台北／26,528 ドル）

日本の近隣国に記載（30 ページ）

○香港（―／48,712 ドル）人口 750 万人

1997 年に主権がイギリスから中国に返還され、外交と防衛を除く自治権を持った中国特別行政区となりました。昨年（2019 年）12 月に行われた区議会議員選挙は、「逃亡犯条例」改正反対の問題もあり、投票率も過去最高の 70％以上、民主派の議席、80％近くと、中国の予想を大きく上回る結果となりました。しかし、中国は、香港の暴走を鎮圧するため、「国家安全維持法」を制定し、事実上の一国二制度は崩壊しました。

さらに、2020 年に行われる予定だった香港立法会議員選挙は、「新型コロナの感染拡大」を懸念して一年延期となりました。延期とは、前向きにも後ろ向きにもとることができますが、香港人にとって最善の解決策を期待したいと思います。

旗は、中国原産のハナズオウ（花蘇芳）の花弁を赤地の中央に白抜きでデザインしたものです。赤は社会主義、白は資本主義を、一枚の花弁の中にそれぞれ小さな星を描くことで中国の「五星紅旗」を匂わせた旗です。リオ・オリンピック、参加選手団38名。

○マカオ（―／ 78,640 ドル）人口 65 万人

1557 年からポルトガル領でしたが、1999 年に中国に返還され、香港同様「一国二制度」となっています。自治旗は緑地にマカオの花といわれるハスと、マカオのシンボル「タイバ橋」を白抜きでデザイン、その上部に 5 つの黄色い星を配し、中国との一体感を示しています。

② 東南アジア 11 ヵ国

（フィリピン、ベトナム、シンガポール、ミャンマー、タイ、インドネシア、マレーシア、ラオス、カンボジア、ブルネイ、東ティモール）

コラム　東南アジアとは

　東南アジアの国は、上記 11 ヵ国をいい、アジア大陸の東南部、エーヤワデイー川（旧イラワジ川）、チャオプラヤ川、メコン大河によって形成される広大なデルタ地帯とスマトラ、ジャワを経て小スンダ列島からフィリピンまで連なる火山島部分、そしてマレー半島、ボルネオを中心とする、非火山島地域から形成されています。

　歴史的にこの地域は、紀元前二千年頃、中国やインドの影響を受ける前の独自の時代がありました。その後、中国の王朝が今のベトナムに進出し、インドが海上交易ルートに沿って進出、初期国家が生まれ始めた時代。大航海時代にフランス、イギリス、オランダからの支配を受けた時代。第二次世界大戦後、ヨーロッパ諸国の撤退、アメリカの影響力、中国の支配力など、外部の大国によって歴史が移り変わっていった時代を辿ってきたのが東南アジア地域でした。近年、シンガポール、マレーシア、タイ、インドネシア、ベトナム、フィリピンなど東南アジアは、経済面でも大きな変貌をとげ、世界の成長地区として期待されてきました。

コラム　ASEAN・RCEP（アセアン・アールセップ）

　東南アジア諸国連合（ブルネイ、カンボジア、インドネシア、ラオス、マレーシア、ミャンマー、フィリピン、シンガポール、タイ、ベトナム）の 10 ヵ国。経済・社会・政治・安全保障・文化に関する地域協力機構。域内の人口は 6 億 2 千万人で、更に増え続けている地域。（EU は 5 億人）。ASEAN ＋ 3 の三ヵ国は日本・中国・韓国が加わり更に巨大な市場となります。＋ 6 にはインド・オーストラリア・ニュージーランドが加わる。（東ティモールとパプアニューギニアはオブザーバー参加）。

　また、2020 年 11 月 14 日、RCEP（東アジア地域包括的経済連携）が参加 15 カ国（ASEAN ＋ 3 と同じメンバー）で関税撤廃を目指しスタートしました。

○フィリピン共和国（1946 年独立〈アメリカ〉／首都マニラ／3,294 ドル）

フィリピンは、ルソン島、ミンダナオ島との間に多くの島が存在し、インドネシアに次ぐ 7 千近くの島々からなるアジア第 2 の島国です。国土は 300 千㎢（日本の約 8 割）。人口は、2017 年に、1 億人国家の仲間入りをし、1 億 958 万人となりました。民族は、マレー系。

宗教は、キリスト教93%、イスラム教5%。経済は農林水産業が主体ですが、近年、電子機器・コールセンターなどのニュービジネスの成長が期待されています。アジアで初めてのキリスト教国で、国民の81%がカトリック、8％がプロテスタント、5％がイスラム教、となっています。しかし、南のミンダナオ島では、根強いイスラム教信仰があり、フィリピンからの独立紛争が続いています。対外問題では、中国によるスプラトリー諸島占拠問題を抱え、ドゥテルテ大統領（ドゥテルテ氏はミンダナオ島の出身）の、外交手腕が期待されています。

　国旗は、スペインからの独立運動に使われた旗をベースとし、1997年に現在の国旗が制定されました。横2分割2色旗＋デルタ型（白に黄色い太陽と3つの星）。アジアでデルタ型国旗は、フィリピン、東ティモール、ヨルダンがあります。

　白い三角形は純潔と平和、三角形の中にある3つの星は、ルソン・ミンダナオ・ビサヤの主要地区を表しています。そして太陽は自由を意味し、8本の光線は米国旗のストライプ同様、スペインからの独立に立ち上がった最初の8州を称えたものです。また、赤は勇気、青は正義と誠実を意味しています。戦いの時には、赤と青を入れ替えて、国民の士気を高めるそうです。

　リオ・オリンピック、69位銀メダル1個。参加選手団13名。

○ベトナム社会主義共和国（1945年独立〈フランス〉／首都ハノイ／3,498ドル）

　インドシナ半島の東半分を占め、東はトンキン湾と南シナ海、南は南シナ海に接しています。北は中国、西はラオスとカンボジアと国境を接しています。国土は331千㎢（日本の約9割）。人口9千734万人で、民族はベトナム人（キン人）85.7%の外、53の少数民族から構成されます。宗教は、仏教7.9%、カトリック6.6%、ホアハオ教1.7%、無宗教81.8%。最大都市は、ホーチミン（旧サイゴン）の730万人、首都のハノイは363万人。

　輸出先は、米国19.3%・中国16.5%・日本7.8%・韓国6.9%・香港3.5%
　輸入先は、中国27.5%・韓国22%・日本7.9%・タイ5%・米国4.4%となっています。
　工業は繊維産業が主力ですが、近年、石油・天然ガスの開発と観光業に注力しています。

　ベトナム観光の定番はハノイとハロン湾、中部のダナン海岸、南部のホーチミン市（旧サイゴン）には、フランス植民地時代の建築物が残されています。ただ、都市部から一歩離れると、インフラ整備の遅れが目立ち、ハノイから世界遺産に登録されているハロン湾に行く主要道路でも、二車線で追い越し車線がないため、急ぎの車は恒常的に反対車線を走り、車が来ると割り込むという正面衝突の危険すら感じることがしばしばありました。交通事故が起きないのが、不思議なくらいです。

　近年、我が国企業の海外進出は、中国から、ベトナムなどの東南アジア諸国に移りつつあり、ベトナムから日本への出稼ぎ労働者も、増えてきています。

　国旗は、「金星紅旗」と呼ばれる北ベトナム時代からの国旗で、社会主義国家を表す赤旗に黄色い大きな五稜星（五稜星は、労働者・農民・知識人・青年・兵士を表す）のシンプルで分かり易い国旗です。最近、日本人からやってくる観光客も多く、日系企業の進出も盛んなことから、お馴染みの国旗となってきました。将来の成長発展が楽しみな国の一つです。

　リオ・オリンピック金メダル数、48位（男子エアーピストル金1・銀1）参加選手団23名。

○シンガポール共和国
（1965年独立〈イギリス〉／首都シンガポール／63,798ドル）

マレー半島南端の都市国家で、ジョホール水道を隔てたシンガポール島と55の付属島からなる719㎢の小さな国。（東京23区627kk㎢＋92k㎢）。

　街並みは整然とし、清潔で美しく、マリーナ湾からのマリーナベイ・サンズや、ガーデンズ・バイ・ザ・ベイや、国立動物園など、日本が観光立国を目指すには、参考とすべき点が数多くあります。シンガポールは資源国ではなく、国土が豊かなわけでもありませんが、アジアを代表する加工貿易、金融センター機能を持ち、国際的貿易港として発展を続けています。

　シンガポールの一人当たりのGDPは、中東カタール（60,510ドル）に次ぐ第2位（54,530ドル）と高く、日本の38,520ドルよりはるかに高い。教育水準もトップクラスで、15歳の生徒を対象とした世界学力調査で、（読解力、数学知識、科学知識、問題解決力）72ヵ国中、トップをしめています（日本は第3位）。2020年タイムズ・ハイヤー・エデュケーションによる世界大学ランキングでは、シンガポール国立大学が25位と、東京大学の35位より評価が高く、教育水準の高いことがよく分かります。

　人口585万人。民族は、中華系74%，マレー系14%，インド系9%。宗教は、仏教33.3%、キリスト教18.3%、イスラム教14.7%、道教10.9%、ヒンドゥー教5.1%。公用語は、中国語、英語、マレー語、タミル語と多言語となっています。

　国旗は、インドネシアと同じ上が赤で下が白の横2分割2色旗でしたが、赤の旗ざお側上部に三日月と五つの五稜星を配置しています。シンガポールの三日月と星は、イスラムとは無関係で、五つの星は、民主・平和・進歩・正義・平等を表し、三日月はその理念を支えるものといわれています。

　リオ・オリンピック金メダル種目、56位（金メダル・男子100mバタフライ）参加選手団25名。

○ミャンマー連邦共和国
（1948年独立〈イギリス〉／首都ネーピードー／1,441ドル）

　ミャンマー（以前はビルマ）は、インドシナ半島の北西部に位置する、日本の二倍弱の面積（67万7千k㎢）の多民族国家です。国土は677千㎢（日本の約1.8倍）。人口5千410万人。ビルマ族（現地語でバマー）が70%の最大民族であることから、ビルマのことを現地人は口語でバマーといい、文語で、ミャンマーでした。英語表記では「BURMA」となり、オランダ語発音では「ビルマ」なので、ビルマを国名としていました。1989年、国名を現地語のミャンマーに改め、同時に、ミャンマーの意味をビルマ族だけではなく、すべての民族（ジンポー、カイン、チン、モン、シャン、パオ、ラカイン族など）の総称としました。つまり、ミャンマーが、多民族の団結力を強める国名に変えたのでした。首都も、以前はヤンゴン（旧ラングーン）でしたが、2006年にヤンゴンから北方

約300キロメートル離れた、ネーピードー（日本の外務省表記）に遷都しました。宗教は、仏教74%、プロテスタント6%、イスラム教3%。

シャン高原のシャン州には、インレー湖やカックー遺跡などがあり、ヨーロッパの観光旅行に飽きた人には、のどかな新しい感覚が味わえるかも知れません。

ミャンマーの国旗は横3分割（上部から黄色・黄緑・赤）の3色旗で、中央に白い五稜星を大きく配置したものです。黄色は団結、黄緑は平和と安らぎ、赤は勇気と決意を表し、中央の白い星は永続する連邦制を示しています。

2021年2月1日、ミャンマー軍（ミン・アウン・フライン最高司令官）は「非常事態宣言」を宣言し、2020年11月の総選挙での不備・不正を調査するため、スー・チー氏、ウィン・ミン大統領他幹部を拘束し、臨時大統領に軍出身のミン・スエ氏（前副大統領）が就任すると内外に向けて発表しました。2015年から続いていた民政が再び軍政に戻りましたが、国軍による国民への弾圧がエスカレートし、今後の動向が注視されます。

リオ・オリンピック、参加選手団7名。

コラム　ロヒンギャ民族の問題

　多民族国家のミャンマーでは、1982年の軍政下で施工された改正国籍法によると、ロヒンギャ族（ラカイン地方に8世紀から住む、イスラム系住民）は含まれず、135の民族のみを「国民」と規定しています。政府の「ロヒンギャ族」の見解は、

①インドのベンガル地方に起因するベンガル語系ロヒンギャ語を話すイスラム教徒。

②8世紀からラカイン地方に住み続けるというが、ロヒンギャとの呼称は1950年までしか遡及できない。だから、ラカイン族とロヒンギャ族は違う。

③第二次大戦中も、ラカイン地方で日本を支持する仏教徒ラカイン族と英国側につくムスリム系ロヒンギャ族との間で代理戦争があった。現在も、バングラデシュ（旧東パキスタン）からの移民が食料を求めてラカイン地方に流入、インド・パキスタン戦争の時も、彼らはラカイン地方に多く流れてきた事実がある。

　以上の観点から、1982年の改正国籍法では、ロヒンギャはミャンマーの土着民族ではなく、外国人であるとの見解でした。

　しかし、ラカイン地方は紛れもないミャンマーの国土であり、そこに住む土着民族と流入してくるイスラム系民族が入り乱れているため、どのようにして、ムスリム系と仏教徒ロヒンギャ族を分別するかの判断が難しい訳です。さらに、仏教徒系ラカイン民族が組織する「アラカン軍」と国軍との戦闘も始まり、スーチー政権の指導力が問われていました。

○タイ王国（1350年／首都バンコク／7,810ドル）

インドシナ半島の中央部を占める。地形は北部が台地中部から南部にかけての平原がマレー半島に繋がっています。国土は513千㎢（日本の約1.35倍）。民族はタイ人（シャム・ラオ）99%、中国系、ミャンマー系。

　タイは東南アジア諸国の中で、植民地とならなかった唯一の王国

です。タイの人口は6千980万人で、在留日本人が多い国として知られていますが、一番は多いのは米国（412,639人）、中国（135,078人）、オーストラリア（81,981人）、英国（67,148人）、カナダ（62,349人）、日本は6番目（59,270人）であり、ブラジル（56,217人）が7番目と続きます。この統計は2013年10月末なので、現在は、日系企業の増加や親日国でもあり物価も安いことから、日本の年金生活者の移住も多くなり、在留邦人はさらに増加していると思われます。

　観光地としてプーケットは知られていますが、バンコクから飛行機で1時間の「ココナッツ・アイランド」と呼ばれたサムイ島は余り知られていません。環境に配慮し政府主導で開発された大自然の中で、大人の洗練されたリゾートライフを過ごすことができます。リッツカールトン・インターコンチネンタルなど世界の高級ホテルや、世界各国のレストラン（確か和食も「コボリ」という店がある）も自然と調和し、日本からの時差2時間でハワイを思わせる観光地です。

　タイの中央を流れる、チャオプラヤ川はヒマラヤからの雨量に左右され、頻繁に洪水を引き起こしてきました。私がバンコクを訪れた3度の内2度が洪水の時期で、アユタヤあたりの工業団地は水があふれていました。もう一つの課題は対外債務残高が14億500万ドルと大きいことです。

　宗教は仏教83%、イスラム教9%と、宗教的闘争はないのですが、たびたび軍部クーデターが発生し、現在のプラユット首相は、タイ王国防衛大学出の軍人で、一応立憲君主制の政治体制をとっています。最近は学生たちの反政府デモが頻繁に行われ、緊急事態宣言も発令される事態となりました。今迄はプミポン国王（ラーマ9世）の仲介により国を二分することはなかったのですが、ワチラーロンコーン国王（ラーマ10世）は、ドイツに在住していることから国民の支持が余り得られていません。

　当初の国旗は赤一色でしたが、他国との差別化のため、赤地に白象（王家のシンボル）を描いたものでした。1917年にチャオプラヤ川が氾濫した時、当時の国王が、象柄の国旗が逆さに吊るされているのをご覧になって、上下逆さでも同じ国旗になる現在の横6分割3色旗（上から赤1/6・白1/6・青2/6・白1/6・赤16）に変更したといわれています。参考までに、中米コスタリカの民用旗は、タイ国旗の赤と青を入れ替えた国旗です。

　リオ・オリンピック金メダル数、35位（金2・銀2・銅2）参加選手団46名。

○インドネシア共和国（1945年独立〈オランダ〉/首都ジャカルタ/4,174ドル）

東南アジアの南東部にあり、何千もの火山島からなる人口2億7千352万人の国家。国土は1911千㎢（日本の約5倍）。民族は大半がマレー人ですが、ジャワ、スンダなど300近くの他民族で構成しています。イスラム教徒が国民の87.2%を占め、信者数では世界最大のイスラム国家です。他はキリスト教9.9%、ヒンズー教1.7%、仏教0.7%、となっています。7世紀半ごろから、スマトラ島に仏教国スリウィジャヤ王国が勃興しました。13世紀に北スマトラにイスラムの王国が誕生、その勢力がじょじょに拡大していきます。1596年オランダの商隊が到着し、ジャワに東インド会社を設立。その後、オランダの直接統治下に置きました。太平洋戦争時の1942年、日本軍が占領、オランダからの独立を促していました。日本の敗戦にもかかわらず、スカルノ大統領の独立宣言を契機とし、オランダとの内戦が勃発。1949年、オランダが独立を承認し独立。その後、1999年ティモール島の1.5万

km²を分離し、東ティモールが独立しました。またマルク諸島でも、イスラム教徒とキリスト教徒との争乱や、カリマンタン（ボルネオ）、パプアの独立機運など、民族、宗教問題が存在しています。

インドネシアの国名は「インドの島々」との意味で、大小合わせて、13,466の島々を持つ、アジア地区No.1の島国となっています。（フィリピン7,641島、日本6,853島）尚、世界のNo.1は、スウェーデンの221,800島です。

昔からバドミントンの強国でしたが、近年では、中国の卓球同様、バドミントンも最強国となっています。日本は、リオ・オリンピックの女子ダブルスで、日本の松友・高橋組が、金メダルを獲得し、最近では男子シングルスの桃田賢斗選手、西本拳太選手、女子ダブルスでは、永原・松本組、福島・廣田組などの金メダル候補が台頭し、東京オリンピックでの、インドネシア、中国、日本の激突が期待されています。

インドネシアの交通事情は以前より良くなったとは言え、工業団地に至る交通渋滞は相変わらず最悪です。鉄道網は日本の援助により拡張整備が進められ、以前日本で走っていた多くの車両をあちらこちらで見ることができます。

国旗は横2分割の赤と白の2色旗で、13世紀末にジャワ島のマジャバビト王朝のシンボルカラーに由来するそうです。しかし、オランダとの争いはあったものの、独立承認国オランダの国旗上部（赤と白）を採用したとの説もあります。モナコ公国の国旗と同じデザインなのでオリンピックでは注意が必要です。

リオ・オリンピック金メダル種目：金メダル1バドミントン混合ダブルス。参加選手団28名。

○マレーシア（1957年独立〈イギリス〉／首都クアラルンプール／11,340ドル）

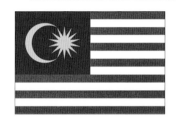

マレーシアは、マレー半島の西マレーシアとカリマンタン島（英語名ボルネオ島）の北部分の東マレーシアから形成され、国土は330千km²（日本の約9割）の国家です。人口は3千233万人で、マレー系69％、中華系23％、インド系7％の複合民族国家となっています。宗教は、イスラム教60％、仏教19％、キリスト教9％、ヒンドゥー教。

立憲君主制国家なので、13州の内、主要9州の州王が互選を通じて国王を選出します。政治、執行制度は、議院内閣制で運営され、1980年以降マハティール政権下の重工業化政策により、パーム油、石油、天然資源を含め、安定した経済発展を続けていました。日本との関係は輸出入ともベスト5に入る親密国です。

2018年、中国寄りの政策をすすめるナジブ政権の腐敗を訴え、一度引退したマハティール氏が、与党連合を樹立し、再度大統領に就任しました。しかし、2020年2月にその与党連合が深刻な対立関係に陥り、マハティール氏は辞表を提出しましたが、政権は流動的です。

国旗は米国国旗のようなストライプを使用（しかし、配色は旧宗主国の英国を参考にしたといわれています）。青いカントン部分には、イスラムの三日月と星を黄色で描き、その他の旗地には、横分割の赤と白で14本のストライプが入っています。ストライプは13州と連邦特別区（現在はクアラルンプール、以前はシンガポール）を意味しています。

リオ・オリンピック、参加選手団32名。

○ラオス人民民主共和国

（1953年独立〈フランス〉／首都ビエンチャン／2,654ドル）

ラオスはインドシナ半島の中で、唯一海のない内陸国ですが、タイとの国境側には、豊かな水源のメコン川が流れています。北は中国、東はベトナムに接し、首都ビエンチャンには、総人口727万人の1割強が住んでいます。50近くの多民族国家で、平野部に定住するタイ系のラオ人（60%）、山の中腹に住むクメール系のモン族（25%）、山の頂上付近に住むチベット・ビルマ系民族モン・ミエン族（15%）と、概ね居住地が三分割されます。国土は237千k㎡（日本の本州とほぼ同じ）。六本木で高級レストランを経営する私の朋友が、香木を探しにラオス北部の村を訪れたところ、素朴でお金が流通しない地域があり、しかもそこの住民が皆幸せそうであったとの話を聞きました。「心の豊かさに勝る豊かさはない」ことを実感してきたそうです。宗教は、仏教67%、キリスト教2%。

　歴史は、先住民のラオ人がランサン王国を築き、一時シャム（現在のタイ）に支配されますが、19世紀には、フランスの植民地となりました。その後ベトナムと同様に社会主義独立運動が起こり、反仏から反米へと進んでいきました。タイとは親密な関係を築いています。

　現在は、社会主義体制ですが、経済は中国、ベトナムと同様、全方位体制で、好調な発展を遂げています。

　国旗はラオス愛国戦線が1950年から使用していた旗で、横3分割2色旗（上部から、赤1/4・青2/4・赤1/4）とし、真ん中の青地に白い満月を描いた国旗となっています。赤は、自由と独立のために流された血、青は国土の繁栄、白い満月は仏教と輝かしい未来を意味しています。リオ・オリンピック、参加選手団6名。

○カンボジア王国（1953年独立〈フランス〉／首都プノンペン／1,485ドル）

カンボジアの国土は、日本の約半分（181千K㎡）で、国土の40%にはメコンデルタを含む広い豊かな平野が広がっています。主要産業はメコンデルタで採れる米で、ほとんどが自国用に使われ、わずかに日本にも輸出しています。独裁政治と内乱、虐殺などの争いが続き、国民の半数以上が貧困層となっています。人口1千672万人。民族は、国民のほとんどがクメール語（カンボジア語）を話すクメール人85%、中国系、ベトナム系。宗教は9割が仏教。

　歴史は9世紀頃に始まったアンコール王朝が600年近く続き、13世紀にはインドシナ半島の大部分を支配しました。14世紀以降シャム（現在のタイ）のアユタヤ朝の攻撃で崩壊、その後、フランスの保護下に入り、1945年、シアヌーク殿下が独立を宣言しましたが日本の敗戦により却下されました。1953年、米国の支援下で、独立が認められることになりました。

　しかし、1970年には米国の支援の下でクーデターが起こり、軍事政権が誕生。さらに1975年にポルポト軍によるクーデターが発生、独裁共産主義国家となりました。1979年、ベトナム軍の支援をうけ、ポルポト軍をタイ国境に撃破しましたが、ベトナム軍と民族統一戦線、ポルポト、三派の争いが続きました。1989年にベトナム軍が撤退し、1993年に新憲法が制定されてカンボジア

王国が復活、立憲君主国家となりました。現在の外交は、中立・非同盟・平和共存路線ですが、中国に接近、タイとは国境未画定地域が残っています。

　国旗はラオスの旗地の赤と青を逆にした、横3分割2色旗＋柄で、上部から（青（1/4・赤2/4・青1/4）で、中央の赤地にはカンボジアが誇る世界遺産のアンコール・ワット（サンスクリット語で、アンコールはアンコール王朝、ワットは大寺院）が描かれています。

　リオ・オリンピック、参加選手団6名。

○ブルネイ・ダルサラーム国
（1984年独立〈イギリス〉/首都バンドル・スリ・ブガワン/32,230ドル）

　1984年に英国から独立したブルネイは、国土5.7千㎢（三重県とほぼ同じ）の小さな国です。カリマンタン島（英語名ボルネオ島）の北の一部分で、三方をマレーシアに囲まれ、さらに飛び地としてリンバン川流域にマレーシア領があります。人口44万人。民族はマレー系66％、中国系10％、先住民3％。宗教はイスラム教80.4％・仏教7.9％・キリスト教3.2％。

　絶対君主制の国家で、スルタンが国王と国家元首を兼任し、大臣も国王の指名、全ての権力はスルタンに集中しています。一人当たりのGDPは、東南アジア11ヵ国中、シンガポールに次ぐ高所得国となっています。石油、天然ガスの輸出に大きく依存する経済構造は、アラビア諸国と類似し、構造改革の必要性が問われています。

　国旗は、独特なデザインから、目立つ国旗です。マレー人にとってラッキーカラーの黄色をベースとし、白帯（上）と黒帯（下）を重ねた太い縞を旗ざお上部から右（フライ）下部置き、黄色の旗地を二分割しています。さらに、その中央部分に赤茶の国章（イスラム三日月を船のように浮かべ、その下に台座を、船の真ん中にスルタンの笠と旗を真っ直ぐに立て、両端には国家繁栄のシンボルの両手）がデザインされました。また、三日月と台座部分にはアラビア文字で「神に常に奉仕」と「国名」が書かれています。

　リオ・オリンピック、参加選手団3名。

○東ティモール民主共和国
（2002年独立〈インドネシア〉/首都ディリ/1,888ドル）

　1975年、ポルトガルから一度独立しましたが、隣国インドネシア軍が侵攻し混乱が続いていました。そして2002年、国連の仲裁により再度独立を果たしました。21世紀に誕生した新しい国家です。国土は15千㎢で、東京、神奈川、千葉、埼玉県を合わせた広さです。

　西のティモール地区はインドネシアの国土、南はティモール海を挟んでオーストラリアです。東南アジアでは、フィリピンに続いて、数少ないキリスト教国です。（キリスト教99％・イスラム教1％）。言語は原住民の言葉、テトゥン・ディリ語が国民の7割の言語で、その他、ポルトガル語とインドネシア語が使われています。人口132万人。民族は、メラネシア系が大部分、マレー系、中国系。インドネシアとの紛争は相変

わらず続いています。

　経済の大半は天然ガス・石油収入に依存しているため、一人当たりの国民所得も、原油の国際相場に左右されます。インフラ面の整備など近代化が今後の課題となっています。

　国旗は、1975 年のポルトガルからの独立時、独立革命戦線で使われていた旗です。赤地に旗ざおからダブルデルタ型で、旗ざお底辺より長い二等辺三角形（黄色）の中に、白い五稜星を持った黒い二等辺三角形を描かれています。デルタ型の黒は暗黒の時代、黄金の矢は、そこから飛び出す独立闘争心、赤は闘争で流された血の色、白い星は、未来の希望と平和を意味しています。リオ・オリンピック、参加選手団 3 名。

コラム	ポルトガル語を話す国

> ポルトガル・ブラジル・アンゴラ・カーボヴェルデ・モザンビーク・赤道ギニア・ギニアビサウ・サントメプリンシペ・東ティモールの 9 ヵ国です。

③ 南アジア 8 ヵ国
（インド、アフガニスタン、スリランカ、モルディブ、ネパール、パキスタン、バングラデシュ、ブータン）

○インド（1947 年独立〈イギリス〉/首都ニューデリー/2,104 ドル）

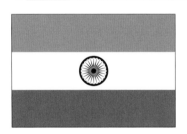

ブラジル・ロシア・中国・南アフリカの BRICS と呼ばれる国の一つで、唯一金メダルが取れなかった国がインド（金 0・銀 1・銅 1）でした。

　1947 年、インドは英国から独立しました。インドの歴史は紀元前 3 千年に遡ります。インダス川流域で古代インダス文明がおこり、紀元前 2600 年から 1800 年に亘ってインド・アーリア系民族（南ロシア地方で牧畜を営んでいた民族）がインド北部に居住し独自の文明を創り上げました。紀元前 13 世紀頃にバラモン教が定着、4 世紀にその姿を変えながら、現在のヒンズー教に引き継がれていきます。仏教は紀元前 5 世紀頃この地で誕生いたしました。

　王朝はマウリア王朝が北インドを支配、その後イスラム王朝となり、1600 年に英国が植民地化を進めていきました。第一次世界大戦後、マハトマ・ガンディーのもとで独立運動が起こり第二次世界大戦後の 1947 年に長い植民地時代に終止符を打ち、独立しました。

　現在のインド国旗は横 3 分割 3 色旗で、一段目のサフラン色はヒンズー教を表しています。二段目の白地に真ん中の法輪は、仏教と他の宗教との融和を白で表しています。法輪はチャクラといい、マウリヤ王朝三代目アショーカ王ゆかりの記念柱に描かれている標章です。そして下段の

緑色はイスラム教を意味するものです。

　国土は3,287千㎢（日本の約8.7倍）。民族はインド・アーリア系72%、ドラビダ系25%のインド民族で、宗教はヒンズー教79.8%、イスラム教14.2%、キリスト教2.3%、シーク教1.7%、仏教0.7%となっています。人口は13億8千万人と中国に匹敵する人口を抱えています。

　経済は、米、小麦、綿花などの農業に加え、繊維、化学製品、鉄鋼、自動車産業と低コストで優秀な人材に支えられた情報通信技術産業がインド経済の支えとなっています。国境問題では、中国、パキスタンとの間でカシミール地区の帰属問題を抱えています。

　近年、日本・米国との友好関係を積極的に深めています。リオ・オリンピック、参加選手団124名。

コラム　　リオ・オリンピックで、インドが（金0・銀1・銅1）と不振な訳。

　インドが、広い国土、世界2番目の人口を持つ大国でありながら、オリンピックのメダル数が少なかったことに、多くの人が疑問を持ちました。その理由の一つは、カースト制度にあるといわれています。インドでは、イギリスから伝わった高貴なスポーツ、馬上で行うクリケットを除くと、あまりスポーツが盛んではありませんでした。

　カースト制では、身分の高いクラスは土を触らず、身分の低い人程手が汚れる仕事をする、といわれていました。例えば、ゴルフ場のキャディーは、クラブを運ぶだけで、ボールを拭いたり、ティーアップを手伝ったりする人は、また他にいるそうです。そのため、陸上競技のようなスポーツは馴染みがないわけです。変化し始めたのは、特に女性たちです。リオ・オリンピックのメダリストは、いずれも女子で、バドミントンとレスリングの二種目、いずれも屋内スポーツでした。

コラム　　BRICS

　BRICSとは、2000年以降著しい経済発展を遂げている4ヵ国（Brazil、Russia、India、China）と南アフリカ（South Africa）を含めた5ヵ国のことです。広大な土地、豊富な人材、豊富な資源、があり、2000年からの経済成長著しい5ヵ国の頭文字をとってブリックスと呼ばれています。

○アフガニスタン・イスラム共和国（―〈イギリス〉／首都カブール／550ドル）

　独立年月日は、英国から独立した1919年8月19日ですが、正式には公表されていません。20世紀に入ってからも国旗が16回も変わっている訳ですから、政情が極めて不安定な国家です。また、アフガニスタンは、アジアの海を持たない内陸国ですが、西アジア分類で、中央アジア分類には入らず、旧ソ連邦であった中央アジア5ヵ国（カザフスタン、ウズベキスタン、トルクメニスタン、タジキスタン、

キルギス）の西トルキスタン（テュルク系遊牧国家）とは狭義の意味で異なっています。。

　アフガニスタンの祖先はアーリア系民族の移住以後、アジアとヨーロッパの架け橋の役目を果たし、騎馬、山岳民族として極めて勇猛果敢な民族であったため、山岳における戦いには長けていました。そのため、1838年〜1842年第一次アフガン戦争で、イギリス軍を打ち破り、第二次、第三次アフガン戦争とエスカレートしてゆきました。始めは、親ソ連政権に反対するクーデターが原因で、旧ソ連軍との長期戦が勃発、ソ連軍が撤退すると、新勢力のタリバン（カンダハールを中心とする、厳格なイスラム法解釈主義者）が新政権を樹立、その後も内戦、ソ連軍の武力介入、再度のソ連軍撤退と米軍の介入、そして米軍撤退、アフガニスタン国民が勇猛果敢な故の厳しい歴史の中を生き抜いてきています。現在、アフガニスタンには、対人地雷が1千万個残され、欧州で流通するヘロインの80％以上がアフガン原産だといわれています。

　国土は、663k㎡（日本の2倍弱）です。東西を中国とイランに挟まれ、南はパキスタン、北はタジク、ウズベキ、トルクメンの国々に囲まれ、75％が6千メートル級の連峰と南部の砂漠地帯です。首都のカブールでも、海抜1,600メートルの高地都市。総人口3千893万人。民族は、パシュトゥン人42％、タジク人27％、ハザラ人9％、ウズベク人9％。

　経済は、農業、牧畜主体で、国家予算の70％が海外援助に依存、対ロシア、タリバンとの戦いの連続で経済は疲弊し、アジアのなかでは最も貧しい国の一つとなっています。しかし、鉱業資源は豊富で、希少金属、ラピスラズリなどの宝石や、クロム、銅、金、天然ガス、が採取されています。

　現在の国旗は2002年に制定されたもので、縦3分割3色（黒・赤・緑）の3色旗です。その中央にある国章は、かなり複雑で、モスクが描かれ、その上部に書かれている文字は、サウジアラビアの国旗と同じく「アラーの他に神はなく、ムハンマドはアラーの使徒である」と書かれ、イラン、イラクの国旗にも書かれている「神は偉大なり」の聖句も書かれています。また、モスクの下にはアフガン歴1298年（西暦1919年）と、近代国家として独立した年が書かれています。さらにその下部にはパシュート語で、アフガニスタンと書かれています。

　2019年12月、人道支援に取り組んでいた日本のNGO「ペシャワール会」の現地代表、中村哲医師が殺害されました。中村医師は長く医療支援や灌漑事業に身を挺して取り組み、同国から名誉市民権が授与されていました。死去に伴い日本でも旭日章受章や、内閣総理大臣感謝状を授与されました。リオ・オリンピック、参加選手団3名。

○スリランカ民主社会主義共和国

（1948年〈イギリス〉／首都スリ・ジャヤワルダナプラ・コッテ／3,852ドル）

　スリランカは、1972年までセイロンと呼ばれていました。15世紀には明、16世紀はポルトガル、17世紀はオランダ、18世紀はイギリスの植民地を経て、1948年にイギリス自治領、セイロンとして独立しました。国土は66千㎡（日本の東北地方のほぼ同じ）。人口2千141万人。民族は、シンハラ人82％、タミル人9％、ムーア人8％。宗教は、仏教70％、ヒンドゥー教15％、キリスト教8％。

　首都の名前は「スリジャヤワルダナプラコッテ」と大変長い名前ですが、かつては「コッテ王国」

の首都としてコッテと呼ばれていました。その頃の別名として「スリジャヤワルダナプラ」と呼ばれ、「スリ」は（聖なる）で「ジャヤワルダナ」は（勝利をもたらす）、「プラ」は（都）で、意味は「聖なる勝利をもたらす都コッテ」だそうです。

　観光名所は古代遺跡や寺社の旧跡で、特におすすめは200メートルを1000の階段で登るシギリヤ・ロックと呼ばれる古代の要塞です。

　国旗は1948年の独立時につくられ、キャンデイ王国のシンハラ族に由来する剣を持つライオンが描かれています。その四隅には、人口の70％を占める仏教徒を意味する菩提樹の葉をあしらった国旗でしたが、1951年にイスラム教徒（緑）ヒンズー教徒（オレンジ）に配慮し、旗ざお側から縦帯で緑とオレンジ色を加えました。

　現在、中国からの借款が多大となり、自治権の一部が失われかねない問題が発生しています。リオ・オリンピック、参加選手団9名。

○モルディブ共和国（1965年独立〈イギリス〉／首都マレ／9,140ドル）

　モルディブはインド洋に点在する約1,200近くのサンゴ礁からなる298 k㎡（東京23区の半分）の島国です。モルディブも、スリランカ同様、ポルトガル、オランダ、英国保護領を経て1965年に独立。人口54万人。民族は、モリディブ人（シンハラ、ドラヴィダ、アラブなどの混血）。宗教は、イスラム教。

　経済基盤は観光と水産業。主要援助国は日本、オーストラリア、フランスですが、現在は、中国からの観光客が大幅に増加し、さらにモルディブの土地を収奪、中国人専用のマンションを建設するなどの問題が起きています。

　国旗は緑地の中央に白い三日月を一つ描き、国旗全体を赤い太枠の額に入れたような国旗です。赤い縁取りの国旗は、モルディブの他にカリブの島国グレナダの国旗があり、金色の縁取りの国旗は、バルカンのモンテネグロ国旗があります。また、変形ですが、ネパール国旗にも青い縁取りがあります。リオ・オリンピック、参加選手団4名。

○ネパール連邦民主共和国（―／首都カトマンズ／1,085ドル）

　ネパールは2006年まで、絶対君主制でしたが、現在は象徴君主制のもとで、連邦議会選挙を実施する連邦民主共和制をとっています。

　経済の中心は農林業で、主要輸出入国はインド。援助国は、米国、英国、ノルウェー、日本とスイスなどの西側諸国です。何よりも、首都のカトマンズはヒマラヤ登山の起点で、多くのシェルパが働いています。登頂成功の際に、登頂国の国旗とネパール国旗が山頂にはためいている映像を良く目にします。登頂国の国旗は四角い国旗、シェルパのネパール国旗は三角形。強風にも耐える国旗の形をしています。国土は147千㎡（北海道と東北地方を足した広さ）。人口2千970万人。民族は、チェトリ人17％、ブラーマン人13％、マガール人7％、タルー人7％。宗教は、ヒンドゥー教81％、仏教9％、イスラム教4％。

　二つのペナント形をした異形のネパール国旗は、国連やオリンピックでは余白を設けて、2対3

の長方形になります。ネパールとはサンスクリット語で、「山の居住地」を意味し、二つのペナント型はネパールの山を表し、上部のデルタ型の白い部分は月、下部の白い部分は太陽を表し、全体の赤色はネパールの国花「しゃくなげ」の赤色を使い、その周りを縁取った青はヒマラヤの空の色を表しているそうです。リオ・オリンピック、参加選手団7名。

○パキスタン・イスラム共和国
（1947 年独立〈イギリス〉/首都イスラマバード/1,500 ドル）

　人口2億1千656万人と2億人超えの国家です。2億以上の国家は、中国14億3千万人・インド13億8千万人・米国3億3千万人・インドネシア2億7千万人・パキスタン2億2千万人・ブラジル2億1千万人・ナイジェリア2億人の7ヵ国です。民族は、パンジャブ人53%、パシュトゥン人13%、シンド人12%。宗教は、イスラム教96%、キリスト教2%、ヒンドゥー教2%。

　国土は796千㎢（日本の2倍以上）。西と北西がイランとアフガニスタン、東と北東はインドに接し、南はアラビア海に面しています。

　英国は第二次世界大戦で勝利したものの、疲弊した大英帝国のカリスマ的存在感が薄くなっていました。1940年、英国領インドから、建国の父といわれるムハンマド・アリ・ジンナーの主張を受け入れ、最大の植民地であったインド帝国を、ガンジーの主張する一国独立ではなく、宗教区分で国を2つに分ける案が浮上、1947年8月14日にジンナー総督率いるパキスタンが独立、翌15日に、ジャワハルラール・ネルー首相率いるインドが分離独立していきました。

　1947年、インドから分離したイスラム国家パキスタンは生まれましたが、ジンナーの意に反して、パキスタンは、インドを挟んで、東西パキスタンに分断した状態での独立でした。西パキスタン主導の政治体制に不満を持った東地区は、1971年、バングラデシュとして独立していきます。宗教によるインドとパキスタンの分割は、紛争の火種を残し、カシミール領土問題、相互核兵器保有、など対立が続いています。パキスタンはイスラム諸国との連携を強化する一方、米中のパワーバランスをにらみながら、インドとの関係変化の兆しが感じられます。

　経済は、貿易・財政とも慢性赤字で、海外からの援助とアラブなどへの出稼ぎ労働者からの送金でなんとか凌いでいます。

　国旗は、暗緑色の地色に白抜きで三日月と星を描き、旗ざお側に白い縦帯を置いたもの。緑、三日月、星はイスラムを意味するものですが、白い縦帯は、非イスラム教徒を意識したものだといわれています。リオ・オリンピック、参加選手団7名。

○バングラデシュ人民共和国
（1971 年独立〈パキスタン〉/首都ダッカ/1,855 ドル）

　周囲は、インド、ミャンマーに囲まれ、南はベンガル湾に面しています。1947年に独立したパキスタンの東パキスタン州でしたが、1971年に独立宣言をしてパキスタンとの内戦に突入しました。その後、インド、イスラム諸国や、援助国の米国、日本、中国とも友好

関係を維持していますが、現在は、ロヒンギャ問題で、ミャンマーと対立しています。国土は 147 千㎢（日本の約 4 割）。人口 1 億 6 千 555 万人。民族は、ベンガル人（ベンガル語を母国語とする）98％。宗教は、イスラム教徒 90.4％、その他（ヒンズー教徒、仏教徒、キリスト教徒）9.6％。

　バングラデシュの国旗には、秘話があります。2014 年に日本を訪れていたシェイク・ハシナ首相によれば、父親ムジブル・ラーマン（建国の父・初代大統領）は「我が国の国旗は、日本に魅せられて、日の丸のデザインを取り入れた。農業国であった日本が、工業国として発展しようとしている。我が国も将来そうなるべきだ」といっていたそうです。そのラーマン氏は 1971 年の軍事クーデターにより、妻、長女ともども暗殺され、たまたま、ドイツに留学していた長男のハシナ氏だけが難を逃れたそうです。

　国旗には、森林（緑）から昇る太陽（赤）を描き、緑は森林とイスラムを表しています。また、太陽を使ったことは「日本のような経済発展を目指す」意味の他に、「パキスタンの三日月に対抗した」という説もあります。

　太陽の位置が日章旗の日の丸よりもやや旗ざお側に寄っているのは、はためいた時に太陽が中央に見えるようになるためだといわれています。リオ・オリンピック、参加選手団 7 名。

○ブータン王国（1949 年／首都ティンプー／3,243 ドル）

　ヒマラヤ山脈の南東部に位置し、北は中国のチベット自治区、東と西と南はインドに囲まれています。国土は 38 千㎢（九州とほぼ同じ）。人口 77 万人。チベット系ブータン人 50％、ネパール系 35％。宗教は、チベット仏教（ラマ教）74％、ヒンドゥー教 25％。

　ブータンは英領インド帝国の保護領であったことが幸いして、チベットのような中国支配にはなりませんでした。宗教はチベット仏教なので、チベットとは密接な関係にあります。

　現在も、非同盟中立政策をとり、軍事面ではインドの軍事顧問団が駐留しています。しかし、最近、中国が、ブータン東部の領有権を主張、緊張が高まってきました。

　産業は、農業が主体で、水力発電によるエネルギーをインドに売却し財政を支えています。国民総幸福国を目指しています。

　国旗は、ブータンが竜の地として知られ、王家の守護神も竜であることから「龍」の図柄を中央に描いています。旗の左下部と右上部を対角線で仕切り、上部の三角形は黄色（サフラン）で国王の権威を、下の三角形はオレンジ色でチベット仏教（ラマ教）を表しています。

　リオ・オリンピック、参加選手団 2 名。

④ 中央アジア５ヵ国

（カザフスタン、キルギス、タジキスタン、トルクメニスタン、ウズベキスタン）

中央アジアの特色。

　中央アジア諸国とは、上記の５ヵ国をいいます。

　人間が馬を乗りこなす技術は、中央アジアの草原から始まったといわれています。中央アジアの北部は、広大な草原、そして南部には豊かな水があり、馬を放牧するするには、極めて良い環境でした。イラン系、トルコ系（テュルク）モンゴル系の遊牧民族は、その機動力を使って、国力を強めていったのです。ウズベキスタンのサマルカンドやブハラなどは、シルクロードの拠点でもあり、その遺跡に当時の繁栄を感じることができます。長い歴史の過程の中で、フン族の大移動、ゲルマン民族の移動のきっかけはこの中央アジア地区が始まりだったといわれています。

　中央アジアのもう一つの特色は、イスラム化です。以前はゾロアスター教（紀元前６世紀頃ペルシャ人が信仰。拝火教ともいわれる）やキリスト教、仏教が多かったのですが、イスラム文明が先進的であったことから、中央アジアの多くの民族が、イスラム教に改宗していきました。現在でも、中央アジア５ヵ国はイスラム教国となっています。

コラム　　ソビエト連邦崩壊

　ソビエト連邦崩壊後に独立したアジアの国々の状況を、一人当たりのＧＤＰで比較し、ある程度の参考指標にはなると思います。（カッコ内の数字は、2021 年のデータブックの資料による、一人当たりのＧＤＰ）。

　カザフスタン（8,070 ドル）トルクメニスタン（6,740 ドル）アゼルバイジャン（4,060 ドル）ジョージア（4,460 ドル）アルメニア（4,230 ドル）、ウズベキスタン（2,020 ドル）、キルギス（1,220 ドル）、タジキスタン（1,000 ドル）の８ヵ国。

　旧ソ連からの独立後、ロシアとのパワーバランスは各国それぞれに複雑であり、一概に色分けできませんが、親ロシアは、カザフスタンで、ロシアからの資源に頼るアルメニア、キルギス、タジキスタンの国々も親ロシア的とみられていましたが、最近では、更にロシアの影響力が低下。キルギス、ウクライナが 2020 年の総選挙で親露政権が後退、アルメニアでは、ナゴルノ・カラバフ自治州問題でトルコ支援のアゼルバイジャンに敗退するなど、ロシアの影響力が低下しています。中立的と言われるウズベキスタン、トルクメニスタン、そして、反ロシア的なのが、カスピ海の西側の国、アゼルバイジャンと、一時ロシアと戦闘状態となった、ジョージアです。

　また、国旗をみて興味深いことは、旧ソビエト連邦 15 ヵ国の国旗（ロシアを含む）には、必ずハンマー（工業労働者）鎌（農民）金色の星（労働者の団結）、赤色（人民解放と革命）が描かれていましたが、1991 年独立後の 15 ヵ国の国旗には、上記のデザインは、ロシアを含め全て姿を消しました。

コラム	カスピ海は海なのか？　湖なのか？

　ソ連邦が解体するまでは議論にもならなかった、「カスピ海」の国境問題が浮上しています。カスピ海を取り囲む、ロシア連邦、カザフスタン、アゼルバイジャン、イラン、トルクメニスタンの5ヵ国で大きな問題となりました。当初は、ロシア連邦とイランから、「湖」なので分割には馴染まないため、「5ヵ国共同管理すべきである」との意見が出されましたが、アゼルバイジャン、カザフスタン側は「海だ」と主張、「地下の大陸棚を含めて各国のセクターに分割すべきだ」と対立をしていました。

　法的解釈によれば、「海」なのか「湖」なのかで答えが違ってきます。湖なら、共同管理であり、海なら領海の概念が発生するわけです。カスピ海に流入する川は130近くありますが、「流れ出る川はないので湖だ」との説と、カスピ海は3000万年前には海で、南のパンゲニア大陸から分離したシンメリア大陸が、地殻変動で移動し、今のイラン辺りに衝突、海が閉じ込められたため「海水を含んだカスピ海」だとする説。この両説があり、物ごとを複雑にしています。さらにカスピ海は海底資源が豊富なうえ、採掘も容易なため、関係各国もカスピ海の開発には重要課題として取り組んできました。その結果、4回に亘る関係国会議で決まったことは、関係国以外は参加させないこと、武力解決はしないこと、沿岸25カイリまでを各国の水域とする（国家主権15カイリ、漁業権10カイリ）ことが決まりました。

　しかし、法的地位の問題は、イランの反対により合意の見通しは立っていません。五ヵ国合意の見通しがないため、カスピ海北部では、ロシアとカザフスタンの合意による関係2ヵ国が、海底分割と鉱床開発を推進する方針となり、カスピ海南部地区も外資参加プロジェクトが稼働する方向に転換しつつあります。

　カスピ海や、イラン高原地帯が地殻の変動とプレート同士がぶつかり合う高熱によってもたらされる希少金属などの資源にも期待がもてますが、新たな資源が発見されれば、また複雑な国際問題になりそうです。

○カザフスタン共和国（1991年独立〈旧ソ連〉／首都ヌルスルタン／9,750ドル）

　世界第9位で日本の7.2倍の広い国土（2,725千㎢）を有する国家。北はロシア、東は中国、南はウズベキスタン、トルクメニスタン、キルギスと国境を接する。民族はカザフ人63%、ロシア人24%、ウズベク人2.8%、ウクライナ人2.1%、ウイグル人1.4%の構成、人口1千877万人の国家です。宗教はイスラム教70%、キリスト教26%。

　この地は、紀元前3世紀からトルコ系、モンゴル系遊牧民族が氏族共同体を形成、6世紀から8世紀にかけてこの地を支配してきました。その後も、オグズ、キマク、カラハニド、キプチャクなど周辺の民族の流入が続き、15世紀後半に広大なカザフ・ハン国家（ハンとは君主の意味）が成立していきました。1820年頃からロシア帝国の支配が広がり、1860年には全土がロシア帝国支配となっていきました。その後、ソ連邦構成国の一つとなりましたが、1991年のソ連邦崩壊により、独立を宣言しました。

　政治はナザルバエフ大統領の独裁色が強く、上海協力機構のメンバーですが、米国、日本、EUとも良好な関係を築いています。かつては農業大国でしたが、現在は石炭、原油、天然ガス、レ

アメタルの埋蔵量も豊富なことから開発を進め、国内総生産も 4％の成長となっています。

　国旗は、旗地の色に、トルコ石のような青を使うことで、広大な空の色と統一・平穏を表しています。旗の中央には、金色の太陽とそれを支えるように金色の草原鷲が翼を広げて飛んでいます。旗ざお側には、カザフ人の伝統的文様が縦に施されています。

　リオ・オリンピック、金メダル数 21 位（金 3・銀 5・銅 9）参加選手団 104 名。

○キルギス共和国（1991 年独立〈旧ソ連〉/首都ビシュケク/1,323 ドル）

キルギスは中央アジアの天山山脈の北にあり、東側は中国に隣接、国土の 3 分の 2 が標高 3 千メートルにある山岳国家です。1991 年にキルギス人による初めての独立国となりました。

　2020 年の議会選の不正疑惑で無政府状態となりましたが、野党指導者が大統領代行など全権を掌握することになりました。今後の成り行きが注目されます。

　産業は羊毛、綿花など、隣国モンゴルと似ていますが、水銀、タングステン、アンチモンなどの希少金属の開発も見込まれています。国土は 200 千㎢（日本の 53％）。人口 650 万人。民族は、キルギス系（73.6％）、ウズベク系（14.8％）、ロシア系（5.3％）、ドゥンガン系（1.1％）他。

　国旗は、キルギス人の総意によるもので、公募により制定しました。旗色は赤で、中央部には遊牧民特有の移動式テント（ユルト）の天井と黄色い太陽の火炎を図案化したものです。リオ・オリンピック、参加選手団 19 名。

○タジキスタン共和国（1992 年独立〈旧ソ連〉/首都ドゥシャンベ/873 ドル）

タジキスタンの人口は 930 万人。タジク系民族が 85％、ウズベク系民族 12％で、中央アジア唯一のイラン系（ペルシャ系）民族の国家です。他の 4 ヵ国（カザフスタン、ウズベキスタン、トルクメニスタン、タジキスタン）はテュルク（トルコ）系国家になります。（中国の新疆ウイグル自治区は東トルキスタンとも呼ばれてテュルク系です）宗教は、イスラム教スンニ派が最も優勢。

　独立直後から、イスラム勢力を含む、反政府勢力との内戦が発生しました。大統領は独立以来、選挙で選ばれたラフモン（旧姓ラフモノフ）大統領の政権が続いています。政情は、南の隣国、アフガニスタンの情勢が大きく影響し、テロ、武器、麻薬問題と、シリア難民問題など難題が山積みで、経済も停滞しています。

　国土は 143 千㎢（日本の約 39％）。世界の屋根とも呼ばれ、その 9 割が平均高度 3 千メートル級の山岳地帯、綿花栽培に依存していますが、独立後の内戦により、アジアの中では、北朝鮮、アフガニスタン、キルギス、シリア、ネパール、ミャンマーなどと並ぶ、最貧国の一つといわれています。

　紀元前 4 世紀アレキサンドロス大王による制圧以降、土着のイラン系民族が住み続け、この地方の言葉でイラン系民族のことを、「タジク」と呼ばれたことから、タジク人が住む所として「タジキスタン」となりました。

　タジク人が、ペルシャ系である所から、国旗には、イラン国旗の三色を使っています。イラン

国旗が横3分割3色旗（緑1/3・白1/3・赤1/3）に対して、タジキスタン国旗は赤と緑を入れ替え、上から（赤1/4・白2/4・緑1/4）とし、タジキスタンがペルシャ系民族であることを表しています。中央の広い白の部分には、タジクの冠帽と、幸運を呼ぶ七つの星を黄色で描きました。赤は労働者、白は知識人、緑は農民を意味しています。

リオ・オリンピック金メダル種目、57位（男子ハンマー投げ金メダル）参加選手団7名。

○トルクメニスタン（1991年独立〈旧ソ連〉/首都アシガバット/7,724ドル）

建国以来、ニヤゾフ大統領のカルト的独裁が続き、1999年には終身大統領となりました。しかし、2006年に急死、議会の全会一致で新しく、ベルデムハメドフ大統領が選出されました。

ニヤゾフ大統領時代は、個人崇拝、非民主主義政策、人権問題など、世界からの批判がありましたが、新大統領は選挙による民主的政策に転換、カルトイメージを払拭しました。

豊富な天然ガスと綿花生産を基盤に、安定した経済成長を続けています。主要援助国は西側諸国で、米国、ドイツ、英国、日本などですが、天然ガスはロシア、中国などにも供給し、「中立外交」を続けています。国土は488千km²（日本の約1.3倍）。人口590万人。

民族は、トルクメン系（76.7％）、ウズベク系（9.2％）、ロシア系（6.7％）、カザフ系（2.0％）等。宗教は、主としてイスラム教スンニ派。

国旗の旗地はイスラムを示す緑地です。旗ざお側から少しずれて、縦幅に5種の絨毯模様が描かれています。その模様が特に複雑なため、世界で最も複雑な国旗といわれる所以となっています。その右側上部には五つの星とイスラムの三日月が左向きの白ぬきで描かれています。

五つの星と絨毯模様はトルクメン人の主要民族（テケ、エルサル、ヨムド、ギョクレン、サロル）と国を構成する5州を意味しています。

また、1997年に永世中立を宣言したことから、五つの絨毯模様の下に平和の象徴であるオリーブの枝を加え、国旗の比率も国際基準に合わせ、1対2から2対3に変更しました。

リオ・オリンピック、参加選手団9名。

○ウズベキスタン共和国（1991年独立〈旧ソ連〉/首都タシケント/1,742ドル）

ウズベキスタンは、北がカザフスタン、東はキルギス、タジキスタン、南はアフガニスタン、西はトルクメニスタンと接しています。国土は447千km²（日本の約1.2倍）。人口は3千350万人。民族はウズベク系84.3％、タジク系4.8％、カザフ系2.4％、カラカルパク系2.2％、ロシア系2.2％で構成。宗教は、主としてイスラム教スンニ派。

経済は、綿花生産量が世界第6位。鉱産物資源が豊富で、天然ガス、原油、金、ウランを産出します。

ウズベキスタンには日本からの直行便があり、空から、テンシャン山脈を眼下に、シルクロード交易ゆかりの地、サマルカンドやブハラの歴史的文化遺産をしのぶこともできます。

国旗は、ブルー・白・緑の横3分割旗で、ブルーと白、白と緑の境目には赤い線が引かれています。ブルーは、トルコ系民族の伝承色、白は平和を、緑は肥沃な国土を表し、赤い線は国民の生命力をあらわすといわれています。さらに、ブルー地の旗ざお側から、白い三日月と星でイスラム教

国を示し、12 個の星は、上から 3・4・5 に分けて並べられています。

　1370 年モンゴル帝国崩壊後に、ティムールがティムール帝国を築いていました。ティムール帝国時代には高度な天文学が発展した地でもあり、国旗の黄道十二宮を表しています。

　（ＥＵ連合旗も当初は十五星でしたが、加盟国が増加して来たこともあり、この考えを取り入れて連合旗も十二星円状とした旗に替えたといわれています）

　リオ・オリンピック金メダル数、32 位（金 2・銀 2・銅 2）参加選手団 70 名。

⑤ 西アジア 11 ヵ国＋ 1

　西アジアは、イスラエル・イラク・イラン・レバノン・シリア・ヨルダン・トルコ・キプロス・アゼルバイジャン・ジョージア・アルメニアとパレスチナなどの中東地区と、アラビア半島 7 ヵ国が入りますが、本誌の説明は、アラビア半島地区 7 ヵ国を分けて説明します。

○イスラエル国（1948 年独立〈英国〉/首都エルサレム/43,641 ドル）

　イスラエルの全面積は、1967 年の第三次中東戦争で占領した、ゴラン高原を含めると、22,072㎢になります。その国土は日本の国土の約 6 ％に過ぎません。人口 866 万人。民族は、ユダヤ人 76％、アラブ人 20％。宗教は、ユダヤ教 76％、イスラム教 17％、キリスト教 2％。

　イスラエル政府は首都をエルサレムとしていますが、国際的には、テルアビブで、多くの大使館はテルアビブにあります。しかし、2017 年 12 月、米国トランプ前大統領は、「エルサレムに米国大使館を移す」と発言、2018 年 5 月には、ついに移転を実施しました。今迄の米国政権は、エルサレムが首都であると承認はしていましたが、実行した大統領はいませんでした。

　パレスチナとの国境問題でも、トランプ氏はヨルダン川西岸地区（ヨルダン川の源流ガリラヤ湖からヨルダン川、死海までの西岸の地域）、ガザ地区（イスラエルの南西部、地中海に面した地区）の帰属問題を、解決するための提案をしましたが、パレスチナ側及びアラブ諸国などから、猛烈な反対表明がでました。しかし、2020 年 8 月には、米国の仲介により、アラブ首長国連邦と和平の合意が成立、9 月 11 日にバーレーンも合意、イスラエルを巡って、イスラム・シーア派諸国との距離が変わるかも知れません。

　イスラエル国旗は、白地の中央にダビデの星が、その上下に太く青い横帯線が引かれている、非常に分かり易い国旗です。

　このデザインは、シオニズム運動を起こしたダビデ・ウルフゾーンが、独立運動旗として考案したものです。すこしずつ修正しながら現在の国旗となっています。

　産業は金融、情報通信、流通サービスなどが中心。紛争地であるため、軍事費が 125 億ドルと、GDP の 10％を占めています。因みに日本は GDP 1 ％です（最近、少し上がり気味です）。

　気候は、エルサレムは海抜 800 メートルの所にあるため比較的涼しく、テルアビブは地中海沿いの都市なので、湿度が高く蒸し暑い気候です。また、アカバ湾の入り口にあるエラートは、盛夏期には 40 度にもなります。

　リオ・オリンピックでイスラエル選手団は、金 0・銀 0・銅 2 でした。銅メダルは、柔道男子 100kg 超級と柔道女子 63kg 級でした。リオ・オリンピック、参加選手団 48 名。

エルサレムの問題点

　エルサレムの旧市街は大きく四つの地区に分かれ、①イスラム教の聖地、岩のドームとアルアクサのモスクがある、イスラム教地区。②嘆きの壁があるユダヤ教地区。③キリスト教の聖地、聖墳墓教会のある、キリスト教地区。そして④アルメニア教（キリスト教の一部地区）と、四つの地区があります。

　3千年以前はユダヤ人とパレスチナ人が住んでいましたが、ユダヤ人たちはヨーロッパ各地に分散、さらに彼等の一部は新大陸アメリカに渡っていきました。もともと勤勉で商才もあるため、金融業、ホテル、ダイヤモンド、ワイン業等で成功を治め、富める民族となっていきました。

　1967年の第三次中東戦争で、イスラエルは支配地を拡大し、旧市街地を含む東エルサレムを占領支配しました。そして、イスラエルはエルサレムを「他に分けることのない首都」と宣言し、現在でも、国会や、省庁をおいています。

　一方、パレスチナ自治政府は、東エルサレムを将来の首都にする考えを持っています。それは、1993年にオスロで、イスラエル、パレスチナ間の「二ヵ国共存」を目指したオスロ合意が結ばれたのですが、「国境問題、難民問題、イスラエルのヨルダン川西岸問題などの課題が実行できず、二ヵ国の溝が埋まらないままとなっています。

　オスロ合意後、米国大統領はクリントンから、ブッシュ（息子）、オバマと代わっていきました。いずれも選挙公約では、イスラエル寄りの発言が多く、大使館をテルアビブからエルサレムに移す法案は可決済みでした。しかしさすがにこの問題だけは、歴代大統領が署名したにもかかわらず、実施していませんでした。

　しかしながら、前大統領トランプ氏は、パンドラの箱を開けるように「エルサレムに大使館を移す」と内外に宣言し、実施しました。

　これは、「オスロ合意」に限界を感じたトランプ氏が、まず一石を投じて波紋を起こし、良策を見出そうとしたのでしょう。当初はアラブ側だけでなく、先進ヨーロッパ諸国からも「もう米国には調整能力はない」とまでいわれていましたが、少し動き出したような気がします。現在のエルサレム人口は852万人です。

ダビデの星

　ダビデの星は、正三角形と逆正三角形を上下に組み合わせた星で、紀元前10世紀に当地を治めていたダビデ王が、ユダヤ人の保護と安全の守り札として考案したものといわれています。

　イスラエルは、赤いダビデの星を赤十字旗の代わりに使用していますが、国際赤十字は、国際的に、キリストの赤十字旗とイスラムの赤い三日月旗は認めていますが、赤いダビデの星旗は認めていません。

シオニズムとは

　そもそもシオニズムとは「自分たちの国をパレスチナにつくろう」とする、ユダヤ人の民族主義思想の運動でした。

　旧約聖書で「カナンの地」と呼ばれたこの地は、ユダヤ人にとっては「神から約束された土地」であり、1世紀まで住んでいましたが、ローマ帝国によって滅ぼされてしまいました。

　その後、ユダヤ人たちはヨーロッパに移り、ユダヤ教をヨーロッパに持ち込んだため、ヨーロッパのキリスト教徒とは馴染みませんでした。

　そして1882年、当時ウクライナに住んでいたユダヤ人大学生十数名が、本来の地に帰ろうと、オスマン帝国の一部であったパレスチナに移住したのがことの始まりでした。

　第一次世界大戦で、ドイツ、オーストリア、オスマン帝国が敗れ、東アジアのシリア、レバノンはフランスの、ヨルダン、パレスチナは英国の委任統治領となりました。

　1946年にヨルダンが英国の保護下で独立国家となりましたが、パレスチナ地区だけは、委任統治領のままでした。それは、イギリスの思惑と異なり、パレスチナのアラブ人たちは、ヨルダンには移らず、その地に住み続け、彼等の社会を築いていました。そのため、英国が、ユダヤに約束した、シオニズムのスローガンである「土地なき民に民なき土地を」とは、明らかに矛盾した状態となったのです。

　第二次世界大戦中から、パレスチナのアラブ人たちは、武装組織を立上げ、英国に協力をしてきました。ユダヤ人たちも、豊かな財力で協力してきました。英国は、戦勝国とはなりましたが、イスラエルとアラブ諸国（パレスチナ）双方に約束をした矛盾から、自国による解決能力がないため、国際連合決議に付託することになりました。

　その結果、パレスチナ地区はユダヤ民族国家55％、アラブ民族国家45％とし、エルサレムを国際管理下とする議案が提出され、賛成票33（米国、ソ連、フランスなど）、反対票13（主にアラブ諸国）で可決されました。

　英国は、大戦中にアラブ人に対しては連合軍に協力することで独立を約束、ユダヤ人に対しては財力の協力の見返りに、パレスチナの土地を約束したことで、棄権する選択しかなかったのです。しかし、国連主要国に根回し、英国が棄権しても、確実に可決する「したたかな外交」手段をとっていました。しかしながら、アラブ側は、「先祖伝来の土地を半分以上もユダヤ民族に割譲する決議は当然受け入れがたい」として、衝突が現在も続いています。

　トランプ氏が2020年1月、「我々は中東に新しい夜明けをもたらすことができる」とし、「世紀のディール」として世界に向けて発信しました。内容はイスラエルにパレスチナ国家を認めさせる2国家解決案でしたが、パレスチナ自治政府は、パレスチナにとって、「全く受け入れられない問題ばかりで、世紀の屈辱」として拒否しました。世界のパワーバランスが、複雑化している現在、パレスチナ問題は動き始めました。

アカバ湾とペトラ遺跡

　シナイ半島の東側にあるアカバ湾の突当りには二つの都市があります。イスラエルの南端の街、エラートが左に、ヨルダンのアカバが右にあります。ヨルダンのアカバから、バスで2時間程度、世界遺産のペトラ遺跡に到着します。ペトラ遺跡は、紀元前300年から8世紀頃まで独自の文化を持っていたナバテア人商隊都市遺跡です。ペトラとは、ギリシャ語で岩を意味するそうですが、巨大な岩に彫刻を施した数々の遺跡は『インディージョーンズ・最後の聖戦』のロケ地に使われました。

コラム　ユダヤ人の人口

　世界のユダヤ人は 1,343 万人といわれています。その内 43％がイスラエルに住み、残りの 57％はイスラエル以外の国です。米国人のユダヤ人も多く米国とイスラエルを合わせると、約 80％になるそうです。米国の歴代大統領選挙戦で、イスラエルに有利な発言を繰り返す理由が納得できます。

　また、イスラエルの国内には、ユダヤ人だけが住んでいると思われがちですが、そうではなく、ユダヤ人が、75％、アラブ人が 20％、その他の民族が 5％居住しています。

　参考までに、イラン・イラク・トルコ・シリア・アルメニアに住む、自国を持たないクルド人の総人口は 2,000 万人〜 2,500 万人ともいわれています。

○イラク共和国（—／首都バグダッド／5,841 ドル）

　現在、イラクがある地域は、紀元前 6 千年頃シュメール人が、チグリス・ユーフラテス川流域に興した、古代メソポタミア文明の発祥の地でした。766 年にはアッバース王朝がバグダッドを首都とし、1258 年まで続きましたが、オスマントルコの侵略、英国の自治領時代を経て、1932 年に独立を果たしましたが、イランとの国境問題は英仏間で、人為的に決められ、争いの火種でもありました。1979 年、サダム・フセイン政権が誕生すると、シャトルアラブ川河口付近の領有権を巡り、イランとの間で戦争が 8 年間も続きました。1990 年に、突然イラクによるクウェート侵攻が勃発、クウェートを擁護する米国・サウジアラビアなど 35 ヵ国による多国籍軍との間で、湾岸戦争が始まってしまいます。その後、米国との関係が悪化し、イラク戦争に突入します。現在もクルド人問題が再燃し、不安定な状況が続いています。国土は 435 千㎢（日本の 1.15 倍）。人口 4 千 022 万人。民族はアラブ人 65％、クルド人 23％、トルクメン人。宗教はイスラム教 96％（シーア派 62％、スンニ派 34％）。

　公用語はアラビア語とクルド語。宗教はイスラムとキリスト教。主要産業は石油で政府歳入の 8 割強となっています。推定石油埋蔵量世界第 4 位ですが、治安回復が遅れ、インフラ整備や、石油以外の産業開発が課題となっています。

　現在の国旗は、汎アラブ横 3 分割 3 色旗（赤、白、黒）で、中央の白い部分にイスラムを表す緑色のアラビア語で「神は偉大なり（アッラー・アクバル）」と書かれています。赤は勇気、白は寛大さ、黒はイスラムの勝利を表しています。リオ・オリンピック、参加選手団 23 名。

コラム クルド人問題

　クルド人はメディア王国が祖先だといわれ、主にイラク、トルコ、イラン、シリアの国境地帯に住む先住民族で、紀元前8世紀には、イランの北部一帯にあるイラン高原を支配していました。人口推定約2,500万人ともいわれ、ヨーロッパ・アジアを含めると4,600万人近くの「国を持たない最大の民族」といわれています。遊牧民族であったことが、あまり他の民族とは融合しない結果だったかもしれません。

　1960年頃から独立運動の動きがあり、何度も独立の機会がありながら、独立は、「見果てぬ夢」となっています。第一次世界大戦後、セーヴェル条約により、旧オスマン帝国の中にクルド国家をつくることが、認められたのですが、トルコの英雄ケマル・アタチュルクが、イギリスが支援するギリシャ軍を敗走させたことから、クルドに厳しいアタチュルクは、クルドの独立を許しませんでした。

　1990年、イラクのクウェート侵攻に始まる湾岸戦争で、イラク軍が力を失った時期に、クルド人とアメリカ軍を中心とする多国籍軍によりクルド安全地帯が確立され、独立する機会もありました。

　しかし彼等の住む地区は、北はトルコ、南はイラク、東はイラン、西はシリア、他にもアルメニア、アゼルバイジャン、ヨーロッパ大陸にも居住地が広がっていたことから、なかなか纏まりませんでした。2014年からイラク北部のシリア、トルコ、イランとの国境沿いにクルド自治区を確保していましたが、今度はクルド人同士の争いが始まってしまいました。

　バルザーニ率いる政治同盟KDPとタラーバーニの政治同盟PUKが睨みあい、隣国との利害も絡み、複雑な状況となってしまいました。トルコはクルド人の勢力拡大を嫌いシリアに本格攻撃を繰り返しました。一方、米国はクルド人民防衛隊（YPG）を支援していましたが、2019年10月シリアからの撤退を表明。現在では、クルドを絡んで、トルコとシリアの争いが続いています。

コラム イラク戦争

　湾岸戦争で、見つかったとされる大量破壊兵器の抜き打ち検査を巡って、イラク政府は拒否し続け、膠着状態が続いていました。2001年、米国ニューヨークで、アルカイダの指導者ビンラディンによる「同時多発テロ」が発生、一気に「イスラム原理主義者の過激思想」に対する非難が高まりました。米国は報復のために、アフガニスタンに報復侵攻を始めます。さらに、イラクとアフガニスタンを同一視し、イラン、北朝鮮に、イラクを世界3大テロ国家と非難し、2003年3月、米国、英国、オーストラリア主体の有志連合軍が、フセイン政権打倒を目的として、イラク戦争がはじまりました。米軍のパトリオットミサイルがピンポイントで、バグダッド市内を攻撃するテレビ映像が世界に放映され、新たなミサイル戦争を目の当たりに見ることになります。イラクは降伏し、2006年12月30日、フセインは捕らえられ絞首刑が執行されました。

汎アラブ横3分割旗（赤・白・黒）を使用している諸国は、イラクの他にイエメンとシリア、エジプトがあり、中央の白い部分にアラブ文字が書いてあるのがイラク国旗、中央の白い部分に緑の二つ星があるのがシリア国旗、黄色いサラディンの鷲が描かれているのがエジプト国旗、何も書かれていない3色旗がイエメン国旗となっています。

その他に三色の構成はさまざまですが、イスラムの緑色を加えた四色とし、旗ざお側から三角形、長方形、台形をデザインした国旗は、アラブ首長国連邦（長方形）、クウェート（台形）、ヨルダン（三角形）、パレスチナ（三角形）アフリカのスーダン（三角形）があり、汎アラブ色を意識した国旗となっています。

○イラン・イスラム共和国（―/首都テヘラン/4,244ドル）

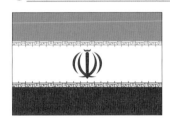

紀元前3千年頃、エラム人がイラン高原南部に、国家と文明を築いていました。エラム人はハタミ人ともいわれ、アラブ人とは異なる遊牧民で、人種的にも、言語的にも異なる系統でした。

ペルシャ人は、紀元前2500年頃、ロシア南部のステップ地帯や中央ヨーロッパの森林地帯から中近東各地に移住してきました。人種的には、アーリア人系の流れをくみ、美形民族といわれています。

人権問題では特に女性に対しては（美人が多い国ともいわれているためなのでしょうか）「ブルカ・ニカブ（ベールのようなもの）」が強制され、男女の自由な恋愛行動は、厳しく制限されています。

国土は1,629千㎢（日本の4.3倍）。人口8千399万人。民族はペルシャ人35％、アゼルバイジャン人16％、クルド人3％。宗教はイスラム教98％（シーア派86％、スンニ派10％）

紀元前550年頃に、キュロス二世が、そしてダレイオス一世がペルシャ帝国の基礎を築いていきました。その後、ペルシャ帝国、ウマイヤ朝、イルハン朝などを経て、パフラビー（パーナビー）朝が1925年から1979年迄統治しました。1978年、亡命中のシーア派宗教指導者ホメイニ氏のイスラム原理主義勢力によるイラン革命が勃発し、1979年モハンマド・レザー・パーナビーは、エジプトに亡命し、王政に終わりをつげ、ホメイニ氏による政教一体の共和制に移っていきます。それ以来、米国とは睨みあいが続いています。

イランはシーア派の雄であり、スンニ派の雄のサウジアラビアとの間でイスラムの覇権争いが続き、「レバノン・シリア」をめぐる対立だけではなく、イエメンでも、現政府を支持するサウジに対し、イランは反政府勢力「フーシ」を支持。カタールでサウジアラビアが国交断絶すると、イランがガス油田の開発援助を行うなど、中東各地でスンニ派とシーア派の対立は深まるばかりです。

正式な国名は「イラン・イスラム共和国」、イスラムを国名に入れた国は、パキスタン、アフガニスタン、イランとアフリカのモーリタニアがあります。

1979年4月、イスラム革命が起こり、現在の国旗に変わりました。帝政時代の国旗も横分割、緑、白、赤の3色旗でしたが、中央の紋章は、王の中の王を意味するライオンの国章が描かれていました。

現在の紋章は、力と不屈の精神を表す剣を中央に、イスラムの発展を祈願する4つの三日月が取り囲む、標章となりました。また、よく見ないとわかりませんが、緑色と赤色、白と赤のつなぎ目部分に、アラビヤ文字で上下に11回ずつ模様のように「神は偉大なり」と書いてあります。つまり「神な偉大なり」と合計22回も書いてある国旗です。

　我が国との関係は、原油の供給国として、サウジアラビア、アラブ首長国連邦に次ぐ3番目の国であり、米国オバマ大統領時代は、核開発問題が解決し、貿易拡大が期待されていました。

　トランプ大統領になりイラン核合意違反問題で6ヵ国（米・英・独・仏・中・ロ）合意から米国が離脱、さらに近年、イラクにある米軍基地攻撃の報復として、イランのスレイマニ司令官を殺害。双方が対立し、緊迫状態が続いています。日本政府も、日本のタンカー保護の観点から、アラビア海に、護衛艦「たかなみ」を派遣、P-3C哨戒機2機とともに、アラビア海における、日本船舶の警戒にあたっています。2020年の米国大統領選挙でバイデン氏が勝利したことで、米国の「イラン核合意復帰」にイラン国内での期待が高まっていますが、その動向が注目されています。

　リオ・オリンピック、23位イラン（金3・銀1・銅4）参加選手団64名。

○レバノン共和国（1943年独立〈フランス〉/首都ベイルート/7,720ドル）

　レバノンの首都、ベイルートは、かつて、中東のパリといわれる程美しい街でしたが、内戦や、イスラエルとの争いにより破壊されてきました。それでも中東にあって、比較的ヨーロッパの雰囲気が感じられる街並みを少し残している街です。

　レバノンは18の宗派が存在し、国内の勢力争いが激しい。さらにこの地域は、北にシリア、南はイスラエルに接し、常に緊張状態が続いています。更に2020年8月、ベイルート湾岸にある硝酸アンモニウムの保管庫が爆発、200人近くの死亡と多くの負傷者が発生し、50％以上の住民が厳しい環境にさらされています。

　日産自動車元CEOのゴーン被告が不法に国外脱出した先が、このレバノンです。

　国土は10千㎢（ほぼ青森県の広さ）。人口653万人。民族は、アラブ人95％、アルメニア人（4％）、その他（1％）。

　レバノン国旗は、横3分割3色旗（赤1/4・白2/4・赤1/4）です。中央白の部分には、旧約聖書に登場するレバノン杉が描かれています。当初、木の幹の部分は茶色でしたが、緑一色のシンプルなカラーに変え、すっきりした国旗となりました。赤は国民の勇気と革命で犠牲となった血の色、白は純潔と平和を意味し、レバノン杉の緑はイスラムカラーです。

　レバノンは、かつて、宗教には鷹揚だったオスマン帝国の自治区であったことから、多くの宗教宗派が今でも混在しています。1920年以降フランスの委任統治区となり、国土が拡大されると、スンニ派とシーア派の割合がさらに高くなりました。スンニ派の盟主サウジアラビアと、シーア派の大国イランが、中東の覇権を争って激しく対立、レバノン国内の両派の対立が激しくなってきました。

　現政権は親サウジアラビアなので西側の支援を受けていますが、反政府勢力「ヒズボラ」は、イラン、ロシア等が強力な支援を行っています。リオ・オリンピック、参加選手団9名

コラム　レバノン杉

　レバノン杉は、ヒマラヤ杉の一種で中近東一帯に自生していました。杉といっても、マツ科に属している樹木なので、高級建材や、フェニキア人の船材として使われていました。今では絶滅種としてわずかに「カディーシャ渓谷と神の杉の森」に生存、世界遺産に登録されています。

○シリア・アラブ共和国（1946 年独立〈フランス〉/首都ダマスカス/793 ドル）

　国名のシリアは、メソポタミア時代に栄えたアッシリア帝国に由来。シリアはアッシリア・ヒッタイト文明の発祥地で、ダマスカス織、彫金細工、ガラス工芸細工などの工芸技術に優れた民族で、ヨーロッパの工芸技術に大きな影響を与えたといわれています。国土は 185 千㎢（日本の約 50%）。人口 1 千 750 万人。民族は、アラブ人 90%、クルド人、アルメニア人。宗教は、イスラム教（スンニ派 74%）

　1970 年以来ハーフェズ・アサド大統領が絶妙なバランスで長期安定政権を維持していましたが、69 才で急死、その長男バーセルが事故死したため、次男のバッシャール・アサドが大統領となって、現在に至っています。

　共和制議会の体制でありながら、実質はバアス党の一党支配であるため、2011 年以降各地で反政府デモが発生、さらに反政府勢力に過激派武装勢力なども参加し、暴力衝突が続きました。その結果、2016 年までに 30 万人近くの死者と、約 650 万人の国内難民、及び、500 万人近くの海外難民が、ヨーロッパなどに流出し、受け入れ国側でも様々な問題が発生しています。

　周辺国との関係は、イスラエルとは対立、イランもイラン・イラク戦争以来対立してきましたが、2016 年にシリア情勢悪化を受けて、イランがシリア難民 25 万人の受け入れを受諾し、クルド問題でも利害が一致するため同一歩調をとる等、歩み寄る気運となっています。

　最近、アサド政権がシリア北部を治めるため、「生物化学兵器（サリン）」を使用していたことが国連で議題となりました。国連決議では、ロシアの拒否権によって否決されましたが、国連における、大国の拒否権については、改善されるべき多くの問題を抱えています。

　シリアとレバノンは、歴史的経緯から特別同胞国関係にあり、レバノンは 105 万人のシリア難民を受け入れています。

　国旗は 1958 年エジプトとともにアラブ連合共和国を結成した時の、横 3 分割 3 色旗（赤・白・黒）をそのまま使用しています。アラブ連合共和国はエジプト州とシリア州に分かれていましたが、首都はカイロとなり、実権もすべてエジプトに握られてしまったため、僅か 3 年で解消しました。解消時には、エジプトの国旗は、エジプトとシリアを意味する 2 つの星をやめてクライシュ族の鷹に変更、さらに 1984 年にはサラディンの鷲に変えましたが、シリア国旗の方は、解釈だけを「美しい大地とアラブ諸国の団結」に読み替え使用しています。

　リオ・オリンピック、参加選手団 7 名。

○ヨルダン

（1947 年独立〈英国〉/首都アンマン/4,247 ドル）

　　　　中東のヨルダンは立憲君主王国で、一人当たりのGDPは 4,618 ドルと、中東諸国では、イエメン、シリアに続き貧しい国となっています。国土は 89 千㎢（日本の約 1/4）。人口 1 千 02 万人。アラブ人 98%（ヨルダン人 32% と、パレスチナ人 32%）。

　　　　ヨルダンという国家を一言で説明することは大変難しく、「宗派のモザイク模様の国家」とでも言えるかもしれません。

　「ヨルダンが、宗教のモザイクの国」といわれる所以は、ナバテア人の寛容な宗教観があったかもしれません。シーア派、スンニ派は当然ですが、ドルーズ派、ロモン派もあり、またギリシャ旧教、ギリシャ正教、プロテスタント、アルメニア正教、アルメニア旧教、ユダヤ教などが正にモザイク模様のようにまとまっていました。

　ヨルダンは、砂漠地帯を「水のコントロールをする知恵」を持った、ナバテア人がペトラ文明を築いていました。彼等はこの地では珍しい多神教の人種でしたが、大震災、ローマ帝国の侵略、水害などにあってきました。8 世紀にアラビア半島がイスラム教一色となり、さらに大洪水に見舞われたことが重なり、この地を去っていったのでした。

　ヨルダンは隣国シリアと深い関係を持ち、パレスチナ系難民が人口の七割を占め、親米・親ヨーロッパ政策をとりながら、他のアラブ諸国とも友好な関係を維持しています。イスラエルとも国交を結んでいます。

　国旗は、オスマントルコ支配からの反乱に使用された反乱旗に基づいています。国旗は横 3 分割 3 色（黒・白・緑）＋デルタ（赤）旗で、デルタ旗の中央に白い七稜星が配置しています。

　それぞれの色は赤が現在の王家ハシミテ（祖先はムハンマド）と黒がアッバース朝、白がウマイヤ朝、緑がファーティマ朝を、白い七稜星は「シャハーダ」を意味しています。

　リオ・オリンピック、53 位（テコンドー男子 68 キロ級金メダル）参加選手団 8 名。

コラム

　シャハーダとは、コーラン第一章イスラム教五行の一つ。「アッラーのほかに神はなく、ムハンマドはアッラーの使徒である」とアラビア古語で唱えること。

○トルコ共和国（一/ 首都アンカラ/9,213 ドル）

　　　　オスマン帝国時代、彼等が支配していた地域は広大で、バルカン半島と中東にまで及んでいました。この地域に共通するのは、言語、宗教、民族も多様性に富み、統一するには大変複雑な地域だということです。

　　　　しかし、オスマン帝国は多言語、多宗教の住民を受け入れる多様性と調和する国家でしたので、政治は政教分離主義を貫き、スルタン三代目の母親がキリスト教

徒のギリシャ人、四代目は祖母も母もキリスト教徒でしたが、こだわることはありませんでした。

　オスマン帝国は、15世紀から16世紀にかけ、コンスタンチノープルからウィーンまで、ヨーロッパに勢力拡大を図っていきました。スルタンの代理人である指揮官たちも、キリスト教徒でした。すなわち、トルコ人はもとより、ギリシャ人だろうが、スラブ人だろうが、人種、宗教にもこだわらず、全てオスマン人として受け入れる政策をとり続けていたのです。

　ボスニア、セルビアを占領し、いよいよオーストリアのウィーンを包囲するまでになり、勝利は目前となっていました。誰が見ても陥落寸前でしたが、ここで、予想外のことが起こります。関ヶ原の小早川軍ならぬ、ポーランド王国の急襲にあい、簡単に敗退してしまいました。数の力が、精鋭に敗れた瞬間でした。

　1829年にはオスマン・エジプト連合艦隊が、ヨーロッパ列強海軍によって粉砕され、ギリシャの自治領も失います。その後、クリミア戦争ではヨーロッパの強国のバックアップもあり、ロシアに打ち勝ちます。しかし、第一次世界大戦、第二次世界大戦を経て、現在、トルコの国土は784千㎢（日本の2倍強）の国と、縮小していったのです。

　キリスト教とイスラム教とは兄弟宗教であっても、女性の社会参加の問題、経済、環境問題を含め、やはり大きな違いがあり、オスマン帝国の指導者たちは、ヨーロッパの近代化に眼を見張り、ヨーロッパに近づこうとしていたのです。

　オスマンは間違いなくヨーロッパの一員になろうとしましたが、全世界のパワーポジションを知らず、ヨーロッパの最強国を目指したことによって、崩壊を余儀なくされたのではないでしょうか。中東世界の中にとどまれば、中東の強国としてパワーバランスを発揮していたのかもしれません。

　トルコの国旗は、以前より赤地（一時は緑地の時もあった）に新月と星（星は一時期なくなった時もあった）の新月旗が長く定着しています。このデザインは新興イスラム諸国の手本となっていきました。

　トルコは、セルジュークトルコ・オスマントルコを名乗った強国としての歴史を持ち、現在のイスタンブール（昔のコンスタンチノープル）は東西文化の懸け橋として、昔から栄えていました。現在でも、イスタンブールは世界で最も人口の多い都市ランキングで、中国、インド、パキスタンの都市を除き6番目（1,466万人）となっています。人口8千434万人。民族は、トルコ人65%、クルド人19%、タタール人7%。宗教は、イスラム教98%（スンニ派83%、シーア派15%）。

　競技種目では昔から、レスリングの強国として有名でリオ・オリンピックでは金メダルは一つだけでしたが、獲得した8個のメダル中、5個が男子レスリングで獲得したものでした。

　リオ・オリンピック、参加選手団103名。

コラム

　トルコは、大変な親日国の一つですが、そのきっかけは、1890年オスマン帝国（現トルコ）の軍艦エルトゥール号が、台風の影響により和歌山海岸で遭難、656名が海に投げ出されましたが、近くの住民たちが必死に69名を救出し、手厚く看護したことが、今でもトルコで語り継がれています。

　2020年10月30日、エーゲ海を震源とするM7のトルコ西部沖地震が、トルコ・ギリシャを襲いました。トルコで3番目の人口を抱えるイズミル市は大きな被害を被りました。地震国である我が国も他人事ではありません。

コラム　**新月と三日月**

　1793年、セリム3世が、赤地に三日月に星を組み合わせた国旗としましたのが、現在の「赤地に新月旗」になりました。厳密にいうと三日月と新月は異なりますが（アルジェリア、チュニジア国旗のように、新月の方が太陽の影の部分が大きく、三日月はモルディブ国旗のような形）、一般的に、イスラムを語るときには、使い分けをせず、どちらも三日月と呼んでいます。トルコの旧都コンスタンティノープルの市章がこの形でした。

コラム　**トルコの国父ケマル・アタチュルク**

　第一次世界大戦中、英国軍が主体となっている連合軍が、ダーダネルス海峡から、トルコ本土に上陸してきました。その時、劣勢を挽回し、激戦のうえ阻止したのが、英雄、ムスタファ・ケマル・アタチュルクでした。当時の英国軍の責任者はチャーチルで、その責任をとって、海軍大臣を辞任した程です。しかし、最終的には連合国が勝利を収め、トルコは「セーヴェル条約によって、占領地の全てを失い、本来の国土まで分割するという屈辱的条約を結ぶことになりました。トルコ国民は激怒し、各地でレジスタンス活動が起きてしまいました。

　ケマルは、彼のカリスマ的指導力により、国民の抵抗勢力を組織化し、英国が支援するギリシャ軍と再び厳しい戦いを挑み、ケマルが勝利しました。

　そのため、セーヴェル条約を破棄し、1923年に「ローザンヌ条約」で、当時のアナトリア本土の分割を阻止したのでした。

　彼は「トルコの国父」として今でも敬愛されて、トルコの首都をイスタンブールから、ケマルの出生地アンカラに移転、飛行場の名前も「アタチュルク空港」とし、彼の名誉を称えています。しかし反面、彼はトルコ民族主義者でもあったため、クルド人迫害に繋がったとも、いわれています。

○キプロス共和国（1960年独立〈英国〉/首都ニコシア/31,000ドル）

　地中海に浮かぶ島国というより、トルコとエジプトの間に浮かぶ島国といった方が、分かり易いかも知れません。国土は9.25千㎢（青森県9.6千㎢に近い）。人口、121万人が住む島国ですが、ギリシャ系民族（南部）とトルコ系民族（北部）が住んでいます。1974年、トルコ軍が北部を実効支配し、北キプロス・トルコ共和国の独立を宣言しました。キプロス共和国の南部にはギリシャ系の住民（85万人）が住み、トルコ系に対抗する手段として、ECに加盟し、「キプロスは一つである」との統一の動きを示しています。現在も合意には至らず国連も「北キプロス共和国」を承認していません。

　国旗は、白地にキプロス島をオレンジ色で描き、その下に平和の象徴のオリーブの枝葉をデザインした、わかりやすい国旗です。

参考までにいうと、北キプロス・トルコ国を国として承認しているのはトルコだけです。
リオ・オリンピック、参加選手団16名。

○アゼルバイジャン共和国（1991年独立〈旧ソ連〉/首都バクー/4,814ドル）

この地には紀元前6世紀から4世紀まで、カフカス・アルバニア王国（バルカン半島のアルバニア共和国とは異なる）がありましたが、その後ペルシャ、アラブ、トルコ、モンゴル、イラン、ロシアなどに支配され、1918年、アゼルバイジャン民主共和国として独立しました。ソ連崩壊後、アゼルバイジャン共和国として、新たに独立しました。バクー油田をめぐるロシアとの争い、隣国アルメニア、ジョージアとの争いにより、国家は疲弊していきます。最近では、アルメニア系住民が実効支配するアゼルバイジャン内の自治州、西部ナゴルノ・カラバフ自治州の独立を巡り、アゼルバイジャンと隣国アルメニアとの大規模な戦闘が始まり、実質的にトルコが支援するアゼルバイジャンの勝利が確定しました。国土は87千㎢（日本の1/4よりやや広い）。人口1千万人。民族は、アゼルバイジャン系92%、レズギン系2%、アルメニア系1%。宗教は、主としてイスラム教シーア派。

　最近、カスピ海油田の開発が始まって経済が活性化、海外からの投資額は、日本がトップとなっています。

　国旗は、1918年〜20年に使用していた、アゼルバイジャン民主共和国の国旗を復活させました。横3分割3色旗（青・赤・緑）ですが、全体に薄い色を使用しています。赤い中央部分には白抜きで、イスラムの三日月と八稜星が描かれ、八稜星は八つの民族（アゼルバイジャン、オスマン、チャガタイ、タタール、カザフ、キプチャク、セルジュク、トルクメン）を表し、旗色の青はトルコ系民族カラー、赤はトルコ国旗を意識し、近代化への決意も同時に示し、緑はイスラムを表した国旗となっています。

　リオ・オリンピック、38位（テコンドー男子80kg以上金メダル）参加選手団56名。

○ジョージア（1991年独立〈旧ソ連〉/首都トビリシ/4,765ドル）

北部はロシア、南部はトルコ、アルメニアと隣接、東はアゼルバイジャン、西部は黒海に面しています。1990年までは、グルジアと呼んでいました。国土は70千㎢（北海道77.9千㎢に近い）。人口400万人。民族は、ジョージア系86.8%、アゼルバイジャン系6.2%。宗教は、ジョージア正教84%、イスラム教10%。

　　　　紀元前6世紀、西グルジアにコルキス王国が成立、4世紀にイベリア王国がキリスト教を国教と定めました。その後、時代の列強国の支配を受け、19世紀にはロシア帝国に併合されましたが、1991年ジョージア共和国として独立しました。

　2015年になって、日本の外務省はロシア語読みの「グルジア」から英語読みの「ジョージア」に国名の読み方をかえました。実は、グルジアという国名も十字軍の守護聖人、聖ゲオルギウスに因んだ名前ですが、聖ゲオルギウスはキリスト教の聖人の一人で、英語名が聖ジョージなのです。聖ジョージは、イングランド、ロシアの守護聖人でもあります。

　経済は、農牧業が主体で、オレンジ、ブドウ、ワイン、茶が特産品。ロシアとの武力衝突もあり、経済は不振。EUとNATO加盟を目指しています。

　ジョージアの国旗は、聖ジョージにあやかった国旗で、白地にセントジョージの赤十字を描き、赤十字で仕切られた４つの白い余白部分にそれぞれ小さいクロスパティー型（十字の端が広がり、中央が狭い十字）の赤十字を描き、「ファイヴ・クロス旗」として親しまれています。この国旗によってキリスト教国であることを強調しています。白は清潔・無垢・清浄を、赤は勇気・正義・愛を表しています。

　1991 年に旧ソ連から独立。旧ソ連の支配が長かったこともあって、独立後、反ソ連側のウクライナ、アゼルバイジャン、モルドバ等と欧州評議会のメンバーとなりました。（尚、大相撲の・栃ノ心、臥牙丸はジョージア出身力士で、ソ連の書記長として権力を振るった、あのスターリンも、ジョージア出身者でした。）

　リオ・オリンピック、37 位（金２・銀１・銅４）参加選手団 39 名。

○アルメニア共和国（1991 年独立〈旧ソ連〉／首都エレバン／4,605 ドル）

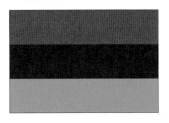

　アルメニアは、北にコーカサス山脈（カフカス山脈）がそびえるジョージアと国境を接し、東側は黒海に接しているアゼルバイジャン、南西側にトルコのアンチタウロス山脈とタウロス山脈に囲まれた内陸国で、平均海抜 1,500 メートルの高原国です。国土は 30 千㎢（関東地方 32.4 千㎢に近い）。人口 290 万人。

　民族は、アルメニア系 98％、ヤズィディ系 1.1％、ロシア系 0.3％。宗教は、キリスト教 78％。

　最高峰は、ノアの箱舟で有名な、アララト山の 5,165 メートル。大きな湖は、塩水湖ウルミア湖と淡水湖のヴァン湖、セヴァン湖があります。

　アルメニア語族は、インド・ヨーロッパ語族に入ります。

　国名は建国時のアラム王に由来するといわれています。人口 300 万人弱の小さな国家ですが、アルメニア人はキリスト教の国家なので、長年、トルコとイランとの争奪戦に巻き込まれていました。1918 年にアルメニア共和国として独立、自国を守る意味もあり、当時の強国ソ連邦に加わりました。現在でも、ロシアとは輸出入を含め、親密関係にあります。

　特に隣国トルコとは、歴史的確執が今でも続いています。オスマン帝国のスルタン・ハミトが、1894 年から 1896 年にかけ、アルメニア人集落を襲い、500 万人の大虐殺（ジェノサイド）があり、この問題は今も未解決状態となっています。

　東の隣国、アゼルバイジャンとは、アゼルバイジャン領内に住むアルメニア系住民、ナゴルノ・カラバフ自治州をめぐる紛争を抱え、近年戦闘が始まってしまいました。この紛争で、アルメニアを支援するロシアが仲介しましたが、トルコが支援するアゼルバイジャンの実質的勝利が確定、国内では現政権への不信が高まっています。主要援助国は、西側の米国、ドイツ、フランスであり、日本も、技術協力援助を行っています。

　国旗は、横３分割３色旗（赤・青・オレンジ）で、赤はアルメニア人の血の色、青は国土と空を、オレンジは小麦とアルメニア人の勇気を表しているそうです。旗色は、アルメニア王国の旗色を参考にしたとの説もありますが、ノアの箱舟の子孫を自認する民族でもあり、「虹の旗色」ともいわれています。

　リオ・オリンピック、41 位（レスリング男子 98kg 金メダル）参加選手団 33 名。

【番外　パレスチナ 1988 年独立宣言】

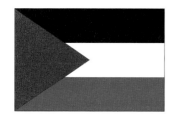

　パレスチナは、イスラエルの項で説明をしていますが、パレスチナ内部にも派閥があり、ヨルダン川西岸を支配しているパレスチナ自治政府主流派のファタハと、自治区ガザを実質的に支配しているハマスとが、分裂状態となっています。人口 505 万人。

　ファタハは 1950 年後半に、故アラファト自治政府議長が創設、現在は、アッバス議長に変わりました。イスラエルとの対話による共存をめざしています。ハマスは 1987 年にパレスチナのハニヤ最高幹部が創設した反イスラエル勢力で、2007 年にガザ地区を武力制圧しています。すなわち、パレスチナ自治政府には、ファタハとハマスがそれぞれの軍事部門を保有しているため、イスラエル側はファタハと対話しても、ガザ地区の戦闘は収まらないので、対話が途絶えています。

　2017 年に入り、自治政府がガザ地区への財政支出を大幅に削減、また、ハマスを支援していたカタール政府も、米国、エジプト、サウジアラビアは国交を断交しました。10 年ぶりにパレスチナ統一政府への兆しが見え始めてきました。

　イスラエルによる封鎖政策が厳しさを増している状況下、「民族内部で争っている場合ではない」とアラブ諸国、特にエジプトが仲介役を果たしていますが、トランプ提案の行方が注視されます。

　パレスチナの旗は、隣国ヨルダン国旗に類似、赤いデルタ旗の中にある「白い星」がない旗です。ヨルダン国旗と類似しているので注意が必要です。リオ・オリンピック、参加選手団 6 名。

⑥ アラビア半島 7 ヵ国（サウジアラビア、クウェート、バーレーン、カタール、アラブ首長国連邦、オマーン、イエメン）

アラビア半島

　アラビア半島はペルシャ湾、紅海、アラビア海に囲まれた世界最大の半島（面積約 320 万 km²）でそのほとんどは砂漠（ナフード砂漠・ダフナー砂漠・ルジアルハリ砂漠・ハジャラ砂漠・シリア砂漠）です。

　昔はアラビア半島を、三つの地域に分けて呼んでいました。一つは、現在のサウジアラビアを中心とする砂漠地帯「砂のアラビア」。二つ目は砂漠の北、現在のイラク、ヨルダンを中心とする、「岩のアラビア」。最後はアラビア半島の南端、現在のイエメンの地の「幸福のアラビア」でした。しかし現在のイエメン幸福どころか、かなり様相が変わってきました。

○サウジアラビア王国（―／ 首都リヤド／22,870 ドル）

　サウジアラビア王国はアラビア半島の 80% 近くを占め、アラビア語、アラブ文化の発祥地です。預言者ムハンマドが誕生した地でもあり、紅海付近にはメッカとメディナの二つの聖地があります。国土は 2,207 千㎢（日本の 5.8 倍）。人口 3 千 481 万人。民族は、アラブ人 90%。宗教は、イスラム教 94%（スンニ派 84%、シーア派 10%）

　世界最大級の石油埋蔵量、生産量、および輸出量を誇るエネルギー大国であるため、世界三大 GDP 国（米国、中国、日本）とは輸出入ともに大きく、親密な関係を保っています。

　サウジアラビア建国の歴史は意外と浅く、この地は長い間オスマントルコの領土でした。砂漠の部族は、略奪を繰り返していたため、定住民からの信頼を失っていましたが、その中から頭角を現わし全域を治めたのが、サウド家でした。国名のサウジアラビアとは「サウド家のアラビア王国」を意味しています。

　サウジアラビアはイスラム原理主義とムハンマドの教えを重んじるスンニ派で、偶像崇拝や神秘主義的なものは一切行わない国家です。外交政策は柔軟で、アラブ世界の穏健派として、欧米の信頼も厚く、反イスラエル強硬派とは一線を画してきました。

　隣国問題では、イスラム教シーア派のイランとは対立関係にあり、イランが支援する、イエメンの反政府勢力サハレ前政権派との争いも抱えています。

　国旗は、イスラムの伝統色である緑地に、白抜きでイスラム教の聖典「コーラン」の一部から「アッラーの他に神はなく、ムハンマド（英語読みはモハメッド）はアッラーの使徒である」とアラビア語で書いた国旗となっています。

　サウジアラビアのオリンピック参加は 1972 年のミュンヘンオリンピックからです。現在までのメダル数は、金 0・銀 1・銅 2 で、いずれも男子の陸上競技と馬術によるものです。女子選手の参加は 2012 年のロンドンオリンピックが初めてでした。サウジでは、女子が公共の場に現れるときは頭からつま先まで覆う「アバヤ」（黒い衣服）を着用しなければなりませんので、リオ・オリンピックで 4 名の女子選手が参加したことは、話題になりました。リオ・オリンピック、参加選手団 12 名。

コラム　ムハンマドとシャリフ

　ムハンマドはサウジアラビアのメッカ（モッカ）の貧しい家に生まれました。40 歳の時に大天使ガブリエルから、「神の啓示」を伝えられ、伝道師となりました。彼の死後はコーランの教えに反する行為が続出しましたが、ワッファーブ（崇拝される賢人の尊称、シャリフと呼ばれている）が再び「イスラム原理主義」の教育に乗り出し、偶像崇拝、魔術、占い、願掛け、墓参りなどを禁止する、「シャリフの教え」を地道に説きまわりました。彼の子孫もイスラム学者となり、イスラム教を世界に広めていきました。サウド家は当初よりイスラム教の健全な原理主義を取り入れ、人心を掌握していったのでした。

コラム　サウド家とサウジアラビア

　当時、アラビア半島の砂漠地帯に住む種族はベドウィンと呼ばれた遊牧民が多く、定住民を襲撃しては略奪を繰り返し、アラブ世界では低い地位に見られていました。

　その頃サウド家は、デルイーヤという定住民のオアシスを支配していました。

　サウド家の首長であるムハンマド・イブン・サウードは、「シャリフ」の理想を受け入れ、他の部族と戦いながらリヤド一帯の民を治めていました。その後も、アラビア半島東部を治め、オスマン帝国に支配されていた地域も奪還する戦果をあげてきました。この時期を第一次サウド朝（1744年〜1818年）と呼び、遊牧民に対抗できる、初めての定住民政治体制を作りあげつつありました。

　再び、エジプト・オスマン帝国により、攻め落とされましたが、また奪還し、第二次サウド朝（1820年〜1889年）を復活させました。

　しかし、サウド家の中で、兄弟間の後継者争いが始まり、急成長してきた、ラシード家に攻撃され、惨敗してしまいます。そして1891年に息子他数名と、リヤドからクウェートのサバーハ家に敗走し、保護を受けていました。

　その後、ムハンマド・ブン・サウードの子孫アブドゥルアズィーズ・イブン・サウードは、サウド朝崩壊の原因を探り、以下三点を改善することを心に誓ったのです。

　①サウド家の後継者争いをしない。

　②遊牧民族を含む他の部族を掌握する。

　③外交政策に優れること。

　生まれながらに武勇に優れ、知恵を持ったアズィーズは、遊牧民（ベドウィン）の掌握と巧みな外交力でリアドを奪還し、1932年サウジアラビアの建国を新たに宣言し、初代国王となりました。（第二次サウド朝）

　さらに第一次大戦では、多くのアラブ諸国がイスラム教のオスマン帝国側に付きましたが、彼は英国と条約を結び、実利外交を展開しました。そのため、多くのイスラム諸国が植民地となりましたが、植民地とならなかったサウジアラビアはイスラムとアラブ社会の中心的存在となっていきました。

　アブドゥル・アズィーズは1953年に他界。次男のサウードが二代国王に（1953〜1964）、三代国王ファイサル（1964〜1975）、四代国王ハリード（1975年〜1982年）、五代国王ファハド（1982〜2005）、六代国王アブドゥッラー（2005〜2015年）、そして現在は七代目のサルマン国王が在位しています。

　初代国王をムハマド・ブン・サウードとせず、アブドゥル・アージスとするのは、現在まで、国王、皇太子、大臣、州知こと、など、ほとんどの要職が、アージスの血族で握られているためでもあります。（一代前まで遡ると、血族者は膨大な数に広がる、一夫多妻制）

　2017年11月、サルマン国王の息子ムハマド皇太子が、11名の王子を、汚職容疑で、拘束しました。また内部抗争が始まるのか、それとも、王族維持のためなのか、中東情勢が厳しい中、注視していかねばなりません。

○クウェート国（1961 年英国自治領から独立／首都クウェート／31,889 ドル）

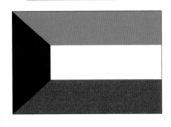

　　クウェートはアラビア半島の付け根にあり、東はペルシャ湾、北はイラク、南はサウジアラビアに接しています。

　　国土は砂漠の中にある、18 千㎢（日本の四国）と同じ位小さい国家ですが、人口は 467 万人、民族は、アラブ人。宗教は、イスラム教 74％（スンニ派 59％、シーア派 15％）。

　　1899 年に英国の保護国となりました。1938 年に世界屈指の油田が発見され、1961 年に英国から独立しました。

　政治体制は一応議会主義をとっていますが、サウド家をかくまったサバーハ家が独立当初から実権を握り、首相、外相などの要職はサバーハ家及び親サバーハで占められています。

　サウジアラビアは王家の独裁ですが、クウェートの国民会議ではしばしば反政府勢力が躍進したり、国会が解散、総選挙が実施されたりしています。現在は、一応平穏な状態が続いています。

　クウェートの国旗の横 3 分割 3 色（緑・白・赤）＋台形付き（黒）の 4 色旗は、汎アラブ 4 色が使われています。（台形のダイとクウェートのクで、ダイクと覚える。）

　黒、緑、白、赤の四色はクウェートの歴代王朝の旗色、アッバース朝（黒）、ファーティマ朝（緑）、ウマイヤ朝（白）、ムハンマド朝（赤）を表しているそうです。

　旗ざお側からの台形デザインはクウェートだけですから、分かり易いと思います。因みに、汎アラブ四色の旗ざおから長方形がアラブ首長国連邦で（首長の長方形）、三角形はヨルダンとパレスチナの国旗（隣国との難しい関係、三角関係）です。リオ・オリンピック不参加。

○バーレーン王国（1971 年独立〈英国〉／首都マナーマ／23,236 ドル）

　　ペルシャ湾西岸の 36 の島々からなる国家。国土は 720㎢（日本の奄美大島とほぼ同じ）。バーレーン王国は立憲君主制国家。ハマド国王の下、ハリーファ首相、サルマン皇太子を中心に国家運営されています。ハリーファ家はサウジアラビアのサウード家やクウェートのサバーハ家と同じアナイザ族の出身です。人口 150 万人。バーレーン人 62％、インド系、パキスタン系。宗教は、イスラム教 82％（シーア派 58％、スンニ派 4％）。

　古代バビロニア時代から貿易の中継地として栄え、中東では珍しい非産油国なので、石油精製、アルミ精錬などの工業化と、中東の金融センターとしての機能を持つ国家に成長していきました。

　バーレーン国旗はもともと、イスラム教シーア派である、ハワーリジュ派伝統色の赤一色国旗でしたが、差別化のため、1920 年に三方を白で縁取った国旗に変更し、1933 年には、赤旗に旗ざお側から白い帯をいれた国旗に変更、その後さらに、その赤と白の境目を、のこぎりの歯のような 9 本のジグザグ模様とした国旗にしました。そして現在は、縦 3・横 5 の割合で、ジグザグ模様を 9 本から 5 本に変更した国旗となりました。5 本のジグザグの意味はイスラム教徒が行う五つの行動（信仰告白をすること、礼拝をすること、喜捨・すなわち貧しい人に施すこと、断食をすること、巡礼をすること）を意味しているそうです。尚この国旗は、カタール国旗（白とえび茶色で、9 本のジグザク模様）と類似していますが、両国の関係は不仲となっています。

　リオ・オリンピック金メダル種目、女子 3,000 m 障がい。参加選手団 35 名。

○カタール国（1971 年独立〈英国〉/首都ドーハ/69,000 ドル）

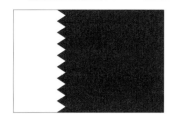

カタールは国家財政の九割以上を石油収入に依存し、人口が 280 万人と少ないため、国民一人当たりのＧＤＰは西欧並みに高い国家です。（労働力は南アジアからの季節労働者に依存しています）。国土は 12 千㎢（秋田県とほぼ同じ）。民族は、アラブ人 40％、インド人 20％、ネパール人 13％、フィリピン人 10％。宗教は、イスラム教 78％。

カタールの政治体制は首長制で、首長が指名するメンバーで立法権のない諮問委員会が構成されています。カタール外交が、イランに友好的であることから、サウジアラビアは国交を断絶、西側諸国も経済的な制裁を開始しています。この国にも、サウジとイランのイスラム覇権争いが、国民生活に不安を与えていました。2021 年に入り、米国の仲介により、サウジとの国交は回復しましたが根本的に解決したわけではなく先の見通しは不透明です。

カタールとバーレーンの国旗は、のこぎり歯のようにギザギザ模様なので分かり易い国旗です。カタールの色はえび茶色、九つのジグザグ模様、横長（11 対 28）に対して、バーレーンは赤色、五つのジグザグ、国旗の比率は（3 対 5）となっています。但し、オリンピックや、国連など国際行事には 2 対 3 の比率で統一されます。

リオ・オリンピック、69 位（銀メダル 1 個）。参加選手団 38 名。

○アラブ首長国連邦（1971 年独立〈英国〉/首都アブダビ/43,103 ドル）

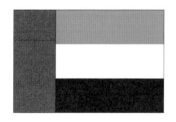

歴史は紀元前 3000 年に遡るといわれ、7 世紀以降はイスラム帝国、オスマン帝国、ポルトガル、オランダの支配を受けていました。17 世紀には英国の保護領となり、インド貿易における中継拠点となりました。その間も、当地に移り住んだアラブ人種族は独立のための努力を続け、1971 年、アブダビ、ドバイを中心とする 6 首長国が参加しアラブ首長国連邦を結成しました。政治体制は現在 7 首長国（アブダビ、ドバイ、シャルジャ、ラスアルハイマ、フジャイラ、アジュマン、ウンムアルカイワイン）による連邦制で、現在の大統領はアブダビ首長、首相はドバイ首長となっています。

アラブ首長国連邦のアブダビは原油産出しますが、ドバイは、産出しません。そこで、ドバイは物流拠点とリゾート開発に注力し、中東最大のショッピングセンターや、高級ホテルの建設を続けています。

2020 年 8 月、米国の仲介により、イスラエルとの平和条約締結に向けて合意しました。イスラエルとアラブ側の国交は、エジプト、ヨルダンに続くものです。

国土は 71 千㎢（北海道とほぼ同じ）。人口 989 万人。民族は、アラブ人 48％、南アジア系 36％、ペルシャ系 5％。宗教は、イスラム教 62％、ヒンドゥー教 21％。

国旗は横 3 分割 3 色（上部から、緑・白・黒）＋長方形（赤）付きの国旗で、いわゆる汎アラブ色＋イスラム色の緑が入る 4 色旗。4 色の意味は、赤は、アラブ諸国との血縁、シーア派一派であるハワーリジュ派の伝統色、そして聖戦で流された血の色。緑は、イスラム王朝のファーティマ朝と肥沃な国土の色。白はウマイヤ朝と清潔を表す色。黒はアッバス朝と石油資源とイスラム勝利の色といわれています。リオ・オリンピック、78 位（銅メダル 1 個）。参加選手団 13 名。

○オマーン国（―/ 首都マスカット／14,160 ドル）

16世紀〜17世紀にはポルトガルの支配をうけていましたが、ポルトガル人を追放し、1650年にイマーム・ヤールビ王朝が誕生しました。その後、1749年にサイード王朝となり、1891年に、英国の保護領、1970年の宮廷革命で、現在のカブース王朝の君主制へと変わっていきました。国土は310千㎢（日本の82%）。人口448万人。民族は、オマーン人48%、インド・パキスタン系32%。

宗教は、イスラム教89%。

オマーンは、シンドバッドが登場する、アラビアンナイトのゆかりの地です。シバの女王がソロモン大王に乳香の貢物をしたとの話がある通り、香料樹脂である乳香の世界的産地（特にオマーン産のライトグリーンは高価）としても有名な地域です。

経済は、国内経済のグローバル化、民営化を促進。石油・ガスに掛かる経済特区の設置など開かれた経済政策を導入、イスラム社会の中では最も開放的な国の一つといわれています。

国旗は白・赤・緑の横3色ですが、真ん中の赤が旗ざお側の縦柄の赤と一体になっているため、アルファベットのTを横に倒したようなデザインとなっています。国章は旗ざお側上部にカンジャルと呼ばれる伝統的短剣二本をクロスさせ、その中央に装飾付き馬具を配したものです。リオ・オリンピック、参加選手団4名。

○イエメン共和国（1918 年独立（―/ 首都サヌア／940 ドル）

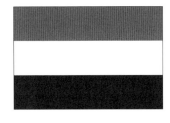

イエメン共和国は紀元前10世紀ごろ、シバ王国を形成していました。その頃は月神を最高神とする、祭政一致の国家体制で、経済的にも、「海のシルクロードの中継地」の地の利を生かして香料を支配、「アラビアのフェリックス（幸福のアラビア）」と呼ばれ、大いに栄えていました。しかし、近年は、サウジ寄りのハディー政権とイラン寄りのサレハ前政権との内戦状態がエスカレートし、イランとサウジアラビアの代理戦争となり最悪の道をたどっています。国土は555千㎢（日本の1.5倍弱）。人口2千892万人。民族は、アラブ人93%、南アジア系、ヨーロッパ系。宗教は、イスラム教（スンニ派58%、シーア派42%）。

昔は「幸福のアラビア」と呼ばれていたイエメンも、今や、幼児たちが、栄養失調で次々と亡くなっていく「地獄のイエメン」に変わりつつあります。

国旗は汎アラブ三色の横3分割3色旗（赤・白・黒）で、白は輝ける未来を、黒は過去の暗黒専制時代、赤は独立への情熱を意味しているそうです。

リオ・オリンピック、参加選手団4名。

　シバ王国の「シバの女王」が貢物をもってエルサレムのソロモン王を訪ね、その地でソロモン王の子を宿します。帰路の途中にエチオピアに寄り、男の子を出産しました。その子がエチオピア建国の祖、メネリク一世だといわれています。

コラム　宗教対立と人種対立

　宗教の対立が、長い期間、これ程までに悲惨な状況を生みだしている事実に対して、地球上で、最も知恵のある人類が「無策」であることは何故なのでしょうか？

　信仰心は薄いものの、90％近くが神仏教徒で、ほぼ単一民族、そして海に囲まれた島国民族の日本人には、考え及ばない問題なのかもしれません。

　しかし今回、中東地区の国旗研究から学んだことは、中東は「イスラエルとパレスチナ」「イスラム国とシリア」「カタールとアラブ諸国」「トルコとアルメニア」「キプロスとトルコ」「クルド人問題」「イランとサウジアラビア」「サウジアラビアとイエメン」「バーレーンとカタール」などの深刻な紛争問題を多く抱えているということでした。

　その原因の多くは人種、宗教問題で、さらにその裏には、大国のパワーが何らかの形で存在しています。現在の大国、ロシアと米国のパワーを比べると、経済力では米国がナンバー1であるのに対してロシアは12番目、軍事力は、米国の軍事費が6,110億ドル、に対してロシアは第3位の692億ドル、因みに2位は中国の2,150億ドルです。（4位サウジアラビア637億ドル、5位インド559億ドル、6位フランス557億ドル、7位はイギリス483億ドル、日本は461億ドルの8位、9位ドイツ、10位韓国と続きます）。

　経済力は、豊かさを生む一方、経済封鎖という圧力でパワーを発揮し、軍事力は抑止力にもなりますが、行使すると破壊につながります。青いことを申し上げますが、宗教は、対立のためにあるのではなく、パワーを行使しないという、むしろ調和を生むためにあるのではないでしょうか。

　しかしながら、国際問題になっているものは、すべて常識では解決できない問題が国際問題になっているので、どのような事態になっても対応できる準備と心構えは必要なのでしょう。

　「今までに経験したことがない大規模な自然災害」「新型コロナウイルス問題」などが多発している現在、政治闘争や覇権争いをしている場合ではなく、世界が一つになって人間の英知を結集し対応することが期待されています。

コラム　何故日本は極東で、イラン、イラク、ヨルダンを中東というのでしょうか

　一般に日本は極東の国といわれます。英語でも Far East といいますが何故でしょうか。
また、イラン、イラク、ヨルダンなどを中東（Middle East）といいます。
はたして、東はどこだったのでしょうか。
　英国が世界を席巻していた大英帝国の時代に、英国にとって、東とはインドでした。
すなわち、インドよりも更に東を極東といい、インドと英国の間を中東といったのです。

コラム　アジアの東地区に多い仏教

　仏教徒の一番多い国は、世界で一番人口の多い中国で、2億4千4百万人。2位が我
が国の8千4百万人、3位はタイの6千4百万人、4位がミャンマーの3千8百万人、
5位がスリランカの1千4百万人、6位がベトナム、7位カンボジア、8位韓国、9位
インド、10位マレーシアとすべてアジア大陸の東にある国です。世界で2番目に人口
の多いインドは、ヒンドゥー教79.8%、イスラム教14.2%で仏教は0.7%にすぎません。
　ちなみに総人口に占める割合では、カンボジアの97%、タイ83%、ミャンマー
74%、ブータン74%、日本69%となっています。

第四章
アフリカ大陸

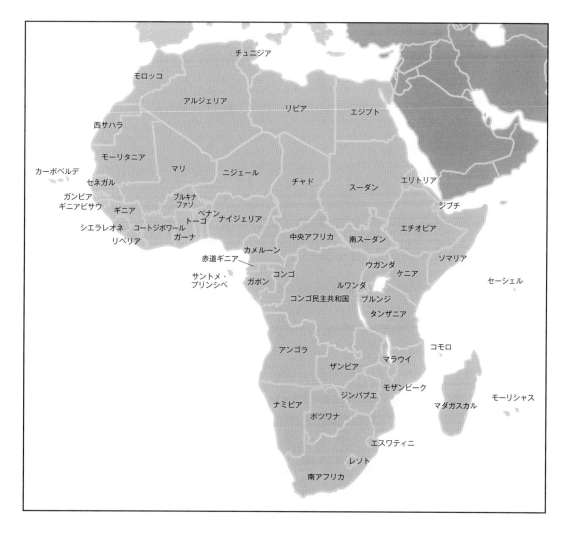

チュニジア
モロッコ
アルジェリア
リビア
エジプト
西サハラ
モーリタニア
カーボベルデ
マリ
ニジェール
チャド
スーダン
エリトリア
セネガル
ガンビア
ブルキナ
ファソ
ジブチ
ギニアビサウ
ギニア
ベナン
ナイジェリア
エチオピア
トーゴ
シエラレオネ
コートジボワール
ガーナ
中央アフリカ
南スーダン
リベリア
カメルーン
ソマリア
赤道ギニア
ウガンダ
サントメ・
プリンシペ
コンゴ
ケニア
ガボン
ルワンダ
セーシェル
コンゴ民主共和国
ブルンジ
タンザニア
コモロ
アンゴラ
マラウイ
ザンビア
モザンビーク
ナミビア
ジンバブエ
マダガスカル
モーリシャス
ボツワナ
エスワティニ
レソト
南アフリカ

〇国名（独立または、国旗制定年度／首都／一人当たりの GDP）

【ちょっと一息：類似国旗】

二つの国旗は、アフリカ大陸の「ギニア」と「マリ」の縦３分割３色旗です。
外側（フライ）の色に注目！「みどり」と「あか」、国名も？同じ字の数で？

解説：この縦３分割３色（赤・黄・緑）は、汎アフリカ色といわれ、多くのアフリカ国旗で
使われています。その中で、ギニアとマリの国旗は、中央の色は同じ黄色ですが、左右の色
を取り違えると別の国になってしまいます。それでヒント、外側（フライ）の色で区別します。
「ギニア」の国名はギニアと三文字、外側の色も「みどり」で三文字です。「マリ」の国名は
マリで二文字、外側の色も「あか」で二文字、それがマリです。

■ 1、アフリカを知るための概要

　日本から遠いアフリカ大陸、今から80年前に次々と独立して54ヵ国となったアフリカ諸国を、
ここで少し整理してみたいと思います。

①ロケーション

　アフリカ諸国とは、アフリカ大陸とその周辺の海域にあるマダガスカル島を含む6つの島国を
含む54カ国をいいます。アフリカ大陸は、ユーラシア大陸とはスエズのシナイ半島と接し陸続き
です。大陸の周辺海域は、東にインド洋、西は大西洋、北は地中海に接し、大陸北部は世界最大
のサハラ砂漠があり、赤道付近は熱帯雨林が広がっています。大陸の東側は南北に大地溝帯が存
在し、将来は地殻変動により東西に分かれる運命にあります。本稿では、国の位置を確認しやす
いように、下記の順に記載していきます。

　　○アフリカ大陸東側、紅海に面している諸国は、北から南に、エジプト、スーダン、エリトリア、
　　　紅海の入り口に位置し、最近、中国海軍基地ができたジプチ、そしてソマリアがあります。

　　○インド洋に面している諸国は、ケニア、タンザニア、モザンビークがあります。

　　○アフリカ西海岸の大西洋に面した諸国は、北から南に、モロッコ、（西サハラ）、モーリタニア、
　　　セネガル、ガンビア、ギニアビサウ、ギニア、シエラレオネ、があります。

　　○ギニア湾に面した諸国は、リベリア、コートジボワール、ガーナ、トーゴ、ベナン、ナイジェ
　　　リア、カメルーン、赤道ギニア、ガボン、コンゴ共和国、コンゴ民主共和国、アンゴラ、ナ
　　　ミビアがあります。

　　○南アフリカ共和国は、東にインド洋、西に大西洋に面し、南アフリカ共和国の中に、エスワティ
　　　ニとレソトがあります。

　　○アフリカ大陸で海を持たない内陸国は、西北から、チャド、ニジェール、マリ、ブルキナファ
　　　ソ、エチオピア、南スーダン、中央アフリカ。ヴィクトリア湖の周辺にウガンダ、その南側
　　　にルワンダ、そしてブルンジがあります。マラウイ湖を囲んでマラウイ、その西側にザンビア、

その南にジンバブエ、ボツワナがあります。

○地中海に面しているアフリカ諸国は、東から西に、エジプトアラブ共和国、リビア、チュニジア、アルジェリア、モロッコがあります。

○島国は、インド洋にマダガスカル、セーシェル、モーリシャス、コモロ連合が、大西洋にカーボベルデ、ギニア湾にサントメプリンシペがあります。

　地図をご覧になると、アフリカ諸国の国境は、直線で仕切られている国が多いことがわかります。これは、1862年から1890年までドイツの宰相を務めた強力な指導者ビスマルクが提唱したベルリン会議で、民族や部族の実状を考えず「経線と緯線」によって国境を決定した結果でした。そのことも原因となり、アフリカ大陸は、争いの絶えない大陸となってしまったのです。

コラム　アフリカ大地溝帯：great rift valley

　アフリカのモザンビークから北にマラウイ湖・ヴィクトリア湖・エチオピア・紅海・アカバ湾、死海までの総延長は7,000kmの巨大地溝帯です。将来は東西に引っ張り合うため、アフリカ大陸は2分する方向にあると言われています。

コラム　ひとくちばなし。

・アフリカ大陸の最高峰キリマンジャロ山頂は、ケニア、またはエチオピアの山岳地帯にあると思っている方が多いようですが、山頂はタンザニアにあります。しかし、キリマンジャロの美しさは、ケニア側からの眺望が最高だといわれています。
・ヴィクトリアの滝はジンバブエとザンビアの国境にあります。
・アフリカ最古の独立国は、クシュ（現在のスーダン）王国とエジプト第一王朝だといわれています。
・現在の私たちの祖先（ホモサピエンス）はアフリカ「ヴィクトリア湖」の東側で発見されました。ホモサピエンスの特徴は、猿の足より長く、アゴと歯が現代人に近く、さらに大きな脳を持っていたといわれています。
・ナイジェリアのラゴス市の近くには「マココ」と呼ばれる地図に載らない不思議な街があります。川と海の入り江にある水上都市で、十万人近くの住民が住むコミュニテイーを形成していますが、地図にも全く載らない空白地帯となっています。

②植民地時代

　アフリカ諸国で、歴史上植民地にならなかった国はエチオピアだけ（ただし、1936年から1942年迄はイタリアに占領されていました）で、他の国家はヨーロッパなどの列強国の植民地になっていた長い歴史があります。

　支配国別ではフランス、イギリス、ポルトガルが多く、スペインは、アフリカ大陸に最も近い位置でしたが、新大陸が主体でした。イタリアは、リビア、エストリア、ソマリアの一部、ドイツは、トーゴ、カメルーン、タンザニア、ナミビアを支配した時期がありました。ベルギーは、コンゴ民主共和国、米国が政策的にリベリアを植民地としていました。

　ある女性から、「ドイツはアフリカに植民地がなかったのですか？」と、質問されました。確かにドイツ程の強国が、全く植民地を持たなかったわけではありません。

　ドイツは、北海に面しているという地域的要因もあり、大航海時代の列強国と比べると、植民地政策は遅れていましたが、それでもかつてはカメルーン、トーゴ、南西アフリカ（現在のナミビア）、東アフリカ（現在のタンザニア、ブルンジ、ルアンダ）などをドイツ領としていました。しかし、第一次、第二次世界大戦での敗戦により全てを失ってしまいました。

コラム　　**独立前のアフリカにおける当時の三大列強国の植民地支配**

○**フランス支配**　モロッコ、アルジェリア、セネガル、マリ、ギニア、コートジボワール、ニジェール、チャド、中央アフリカ、コンゴ、マダガスカル

○**イギリス支配**　エジプト、スーダン、ウガンダ、ケニア、ガンビア、ナイジェリア、ガーナ、シェラネオネ、マラウイ、ザンビア、ジンバブエ、ボツワナ、南アフリカ

○**ポルトガル支配**　アンゴラ、ギニアビサウ、モザンビーク、カーボベルデ、サントメプリンシペ

　最近、かつて米国が、中南米を米国の裏庭にしたように、アフリカを中国の裏庭にしようと中国が桁違いの投資と、中国人を送り込んで来ています。現在、アフリカの日本人は一万人弱住んでいますが、中国人は既に百万人強もの人が住んでいます。中国は百年の計を睨んで、戦略的投資を続けています。日本のOECDも根本的に見直していかなければならないはずです。

　今の世界情勢を語るには、「アフリカを知らなければ、世界を語ることなかれ」といわれているように、アフリカは大変重要な位置づけになって来ていました。

　「アフリカの国々がどこにあるのか」「アフリカ大陸とアラビア半島の境は」「エリトリアはアフリカの国？」、確かにうろ覚えの所が多いと思います。

　そんなアフリカ諸国のことを少しでも記憶に留めていただければと思い、さまざまなエピソードをまじえながらお話を続けていきたいと思っています。

③アフリカの独立運動

　第二次世界大戦により、ヨーロッパの列強国はともに疲弊し、植民地支配に限界を感じていました。特にフランスはインドシナ戦争に敗れ、アフリカ大陸でもアルジェリアの統治に頭を痛めていたのです。

　大統領にドゴールが選出されると、アフリカ諸国の独立を容認する政策に転換、1960年にはフランスから、マリ共和国、モーリタニアイスラム共和国、カメルーン共和国、コートジボワール共和国、コンゴ共和国、セネガル共和国、ブルキナファソ、ベナン共和国、チャド共和国、マダガスカル共和国、中央アフリカ共和国、トーゴ共和国、ニジェール共和国、ガボン共和国の14ヵ国が独立しました。また、ナイジェリア連邦共和国はイギリスから、ソマリア民主共和国がイギリス・イタリアから、コンゴ民主共和国はベルギーから、いずれも1960年に独立しました。

　ベルギーのアントワープに今でも大きなダイヤモンド加工工場があるのは、コンゴ民主共和国がかつてベルギーの植民地であり、原石をアントワープで加工していたことに起因します。

　60年代後半から70年代に入ると、スペインからは68年に赤道ギニア共和国が、ポルトガルからは73年にギニアビサウ共和国が、75年にアンゴラ共和国、カーボベルデ共和国、サントメプリンシペ民主共和国、モザンビーク共和国が次々と独立していきました。

　1960年以前には9ヵ国(エチオピア、エジプト、リビア、チュニジア、モロッコ、南アフリカ、リベリア、スーダン、ガーナ)であった独立国が、現在では54ヵ国に増えていったのでした。

　独立した諸国には宗主国との争い、民族間の争い、部族間の争い、大国の代理戦争など多くの悲しい歴史がありました。

　アフリカ諸国の国旗に独立のために流された血の色を表わす赤や、平和を意味する緑などが使かわれ、新しい国旗が次々と生まれていきました。独立を果たした多くの国々が見本とした国旗が、エチオピア、ガーナで使われていた汎アフリカ色(赤・緑・黄色)の国旗です。

④アフリカのクーデター。

　1950年代から民族、宗教がらみの争いがアフリカ各地で起こっていましたが、1967年から2013年までに起きた主なクーデターを下記しました。

　○ 1967年トーゴ、シエラレオネ。　　　　○ 1968年シエラレオネ、コンゴ共和国、マリ。

　○ 1969年スーダン、リビア、ソマリア、ベナン。○ 1971年ウガンダ。

　○ 1972年ガーナ、ベナン。　　　　　　　○ 1973年ルワンダ。

　○ 1974年エチオピア、ニジェール。　　　○ 1975年チャド。

　○ 1976年ブルンジ。　　　　　　　　　　○ 1978年モーリタニア。

　○ 1,979年赤道ギニア。　　　　　　　　○ 1980年リベリア、ウガンダ。

　○ 1981年ガーナ。　　　　　　　　　　　○ 1983年ナイジェリア。

　○ 1984年ギニア。　　　　　　　　　　　○ 1986年レソト。

　○ 1989年スーダン。　　　　　　　　　　○ 2009年マダガスカル。

　○ 2010年ニジェール。　　　　　　　　　○ 2012年マリ。

　○ 2013年南スーダン。

21 世紀に入り減少したように見えますが、2010 年〜 13 年にかけて「アラブの春」といわれた抗議デモが各国で多発しました。2010 年 12 月に発生したチュニジアのジャスミン革命、エジプト・リビアの政権打倒革命が、アルジェリア、モーリタニア、スーダン、ジブチ、モロッコ、西サハラ、ソマリアなどにも広がっていきました。現在もリビアで戦闘が、マリでクーデターが起きています。

⑤ GDP（一人当たりの GDP 比較）

世界に於ける 1 人当たりのＧＤＰランキングを比較すると、最貧国のワースト 5 は全てアフリカの国で占められています。

①ソマリア（99 ドル）②ブルンジ（280 ドル）③マラウイ（380 ドル）④中央アフリカ（520 ドル）⑤ニジェール（600 ドル）です。

ちなみに、国民一人当たりの所得が多いヨーロッパの国は①リヒテンシュタイン（190,017 ドル）②モナコ（185,829 ドル）③ルクセンブルク（121,000 ドル）④スイス（83,717 ドル）⑤ノルウェー（75,389 ドル）となります。ヨーロッパの豊かな国対アフリカの貧しい国との比較では、一人当たり年間 1 千万円対、年間 5 万円にも満たない国ということになります。これがいわゆる「南北問題」の実情なのです。アフリカでは現在も飢餓問題が深刻です。特に、人口の多いナイジェリアでは飢餓人口が 2,460 万人、アフリカの角と言われるエチオピア 2,150 万人・ソマリア（不明）・ケニア 1,180 万人・タンザニア 1,410 万人、モザンビク 960 万人とマダガスカル 1,100 万人で、アフリカ全体で 2 億 3 千 900 万人とも言われています。原因は干ばつや紛争、それにサバクトビバッタの発生などが挙げられます。（2020 年はプラスコロナ）

アフリカにおける、比較的豊かな国（国民一人当たりの GDP が高い国）を 5 ヵ国あげるとすれば、観光立国のセーシェル（16,870 ドル）とモーリシャス（12,900 ドル）、原油依存の赤道ギニア（6,460 ドル）、ダイヤモンド等の鉱産物のボツワナ（7,660 ドル）、原油依存のガボン（7,210 ドル）などが挙げられます。なかなか工業化の道は遠いようです。

⑥アフリカとオリンピック

オリンピックでは、米国、英国などの先進国がメダルを独占し、貧しい国家はなかなか……と思っている人が多いのではないでしょうか。確かに今のアスリート、特にオリンピアンに至っては才能プラス海外遠征や、高額なコーチを付けないとメダリストにはなれないようです。しかし、「陸上長距離分野ではケニア、エチオピアなどに、メダリストが多い」と思っているのは私だけではないようです。

そこで疑問が生じます。「ケニア、エチオピアは短距離分野も頑張ればもっとメダルが獲れるのではないか？」と、思うはずです。

私の素朴な疑問を、スポーツクラブで親しくさせて頂いている某大手雑誌社の編集長を長年なさっていたメンターに伺ったところ、「アフリカの東海岸のアフリカ系と西海岸のアフリカ系とでは、筋肉の色が違います。東は赤い筋肉で魚に例えればマグロ、西海岸は白い筋肉で、魚はヒラメ」「西海岸のアフリカ系は奴隷としてアメリカ大陸に移住しているので、天性の瞬発力と欧米の技術

と結合して、短距離の優秀な選手を輩出しています。東海岸側はマグロの筋肉なので長距離向きで、マグロのように泳いでいないと死んでしまう筋肉です。だから強いのですよ」と笑いながら話して頂きました。さらに、アフリカ諸国が何故貧しいのかについて話が続きます。「エジプトのナイル川デルタ地区を除いて、北には世界最大のサハラ砂漠があり、高原地区には人間が飼うことのできない猛獣が多いことで、耕作や牧畜が難しく、いつも食糧問題が起きています。部族間の争いが絶えないのは、飢餓が大きな要因の一つなのです」とのお話でした。

　ちなみに、ナイジェリア連邦共和国は2億人を超える人口をかかえ、ハウサ族、ヨルバ族、イボ族、フラニ族など、250以上の部族で構成されている多民族国家です。1999年迄は、確かに内戦続きで疲弊していました。現在、ナイジェリアは世界有数の原油生産国で、人口はアフリカ最大、国土は広く、安定すればヒラメの瞬発力で発展するわけですが、相変わらず内戦状態です。

　これからのアフリカ諸国の活躍と発展に期待したいと思います。

■ 2、国旗の傾向と分類

　アフリカの国旗は、汎アフリカ色の分割旗とデルタ型、たすき分割旗が多い。

○横2分割2色＋柄

ブルキナファソ　アンゴラ

　ブルキナファソはアフリカの西部に位置する内陸国です。国旗は横2分割2色旗（赤・緑）で中央に黄色い星が入り、汎アフリカ色（赤・緑・黄）の国旗です。

　アンゴラはナミビアの北にある国で、大西洋、ギニア湾に面し、旧ソ連の影響力の強い国家でした。そのため、アンゴラの国旗は横2分割2色旗（赤・黒）の中央に、旧ソ連のハンマーと鎌と星を描かれています。旧ソ連のデザインが残る、唯一の国旗で、変わるといわれながら、いまだに変わっていません。

○横3分割3色旗

ガボン　シエラレオネ

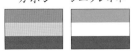

　ヨーロッパ諸国で数多くの横3分割3色旗が使われていましたが、アフリカでは、単純な横3分割3色旗はガボンとシエラレオネの2ヵ国だけです。上下の色はほぼ同色で、上が緑系、大西洋に面した国なので下がブルー系です。両者の違いは、ガボンが赤道直下の国だから中央は黄色（外国では太陽を黄色で示す国が多い）、シエラレオネはキリスト教国で高温多湿の環境から「白人の墓場」と呼ばれた時期もあり、中央の色が白色だということです。一番上の緑色はいずれも豊かな大地を表しています。

○横3分割3色＋柄（7ヵ国）（内リビアはイスラム三日月と星に記載）

エチオピア　ガーナ　エジプト　ニジェール　マラウイ　ルワンダ　レソト

　エチオピア国旗の当初は、横3分割3色旗（緑・黄色・赤）だけでしたが、エチオピア民主共和国となり、1996年にソロモンの封印をいれました。**ガーナ国旗**は（赤・黄色〈黒い星〉・緑）で、

ガーナのエンクルマ初代大統領は、アフリカ諸国のリーダーだったことから、ガーナ国の国旗に使われている緑・黄・赤の３色が汎アフリカ色としてアフリカ西海岸を中心に10ヵ国近くの国旗に使われています。

　又エジプト国旗の３色旗の赤・白・黒は汎アラブ色と言われています。中央の白には、黄色でサラディンの鷲が描かれています。**ニジェール国旗**の横３色旗（オレンジ・白・緑）は、インド国旗に類似、中央白部分にはオレンジ色の太陽（インドは法輪）が置かれています。

　マラウイ国旗の三色（黒・赤・緑）は、一番下、緑の大地から、夜明けの赤く染まった大地を、黒い空に真っ赤な太陽が登る、写実的な国旗です。**ルワンダ国旗**は、ビクトリア湖の西岸にある国で、緑の草原とビクトリア湖に反射した太陽の黄色い光、澄み切った青空に昇る太陽の（青2/4・黄色1/4・緑1/4・上部青の右に黄色い太陽）きれいな国旗です。**レソト**の３色国旗（青・白やや広い・緑）は中央白に黒いバソト帽（ソト人の帽子）が特色です。

○デルタ型（８ヵ国）

スーダン	コモロ連合	サントメ・プリンシペ	モザンビーク

ジブチ	ジンバブエ	南スーダン	赤道ギニア

○デルタ型８ヵ国は、デルタ旗の色とワンポイントでわかります。

　　緑地のデルタ型（２ヵ国）スーダン、コモロ連合（白抜きで月と４つ星）

　　赤地のデルタ旗（２ヵ国）サントメ・プリンシペ、モザンビーク（黄色い星に銃と鍬と書物）

　　白地のデルタ型（２ヵ国）ジブチ（赤い星）、ジンバブエ（赤い星に石のジンバブエ鳥）

　　青地のデルタ型（２ヵ国）赤道ギニア、南スーダン（黄色い星）

　デルタ旗の色はちょうど２ヵ国ずつになります。緑色のみはスーダン。赤色のみはサントメプリンシペ。青色のみは赤道ギニア。緑地に白抜きで月と４つ星はコモロ連合。赤地に黄色い星と銃と鍬と書物がモザンビーク。白地に赤い星がジブチ。白地に赤い星その上に石のジンバブエ鳥がジンバブエの国旗です。青地に黄色い星は南スーダンです。

　以上がアフリカデルタ型の８か国。他は、アジア３ヵ国（フィリピン・東ティモール・ヨルダン）とカリブ２ヵ国（キューバ・バハマ）があります。難しいデルタ型もこの様にすると覚えやすいと思います。尚、アジアのパレスチナ自治区もデルタ型で、赤いデルタ旗に白い星のヨルダン国旗の星がないデルタ旗です。

○**南アフリカ国旗**は、緑色のY字を横に寝かせた（黒・黄・緑・白・赤・青）の６色旗。ラグビー世界大会で、お馴染みになった国旗です。

南アフリカ

○**横V字旗は**

　エリトリア国旗は、横V字旗で竿側から伸びた赤い二等辺デルタ旗が、フライ中央まで延びて、上部が緑の逆直角三角形、下部がブルーの直角三角形を作っています。赤い二等辺三角形には黄

色い紋章が入った4色旗です。（横Ｖ字旗は、エリトリアと南米のガイアナだけです。）

エリトリア

○横6分割＋柄　ウガンダ国旗の中央には国鳥が描かれています。国鳥は鵜でも雁でもなく「カンムリ鶴」です。旗地は6分割3色（黒・黄・赤・黒・黄・赤）です。

ウガンダ

○タスキ分割と縁取りタスキ分割旗

　世界でもタスキ分割（縁取りなし）はコンゴ共和国だけです。

　縁取りタスキ分割旗は、アフリカ3ヵ国（コンゴ民主共和国・ナミビア・タンザニア）とカリブ海の2ヵ国（セントクリストファー・ネービスとトリニダード・トバゴ）とアジアのブルネイだけです。セントクリストファー・ネービスのたすきには二つ星があり、トリニダード・トバゴとブルネイのたすきは右肩下がりです。縁なしタスキはコンゴ共和国だけなので、下記3つの国旗の判別が分かれば、完璧にたすき分割旗は区別できます。

コンゴ共和国　コンゴ民主共和国　ナミビア　　タンザニア

　コンゴ共和国国旗は、タスキに縁なしは、コンゴ共和国だけで、汎アフリカ3色（上部三角緑・黄色・下部赤）を使用している。

　タスキ分割旗のタスキの部分に縁取りがあるのは、「縁付きタスキ」として分類。地図感覚で捉えて下さい。

　コンゴ民主共和国国旗は、ブルー地（左右ともブルーです。左は大西洋・右はコンゴ川とタンガニーカ湖）に赤色タスキです。黄色い星がコンゴ民主共和国。

　ナミビア国旗は大西洋の海岸線に面しているため、たすきの上部は青色（大西洋）下部は緑の大地、白ぶちの赤いタスキ（赤道）が横切ってる国旗。黄色い太陽はナミビアです。

　タンザニア国旗は右にインド洋なので青、左側が大地なので緑、黄色い縁取りされた黒いタスキは国民を表しています。たすきに縁はあるけれど太陽も星もないのがタンザニアです。

○旗ざお長方形横2分割旗：3ヵ国（この形はアフリカ3ヵ国だけです）

ベナン　　　マダガスカル　ギニアビサウ

　ベナン：旗ざお側長方形（緑）フライ側上部（黄）下部（赤）。

　ベナン国旗は横2色（黄色と赤）を外側にすれば、マリの国旗。

　マダガスカル：旗ざお側（白）フライ側上部（赤）下部（緑）。

　分割旗で旗ざお側が白はマダガスカル国旗だけです。

　ギニアビサウ：旗ざお長方形横2分割旗で黒い星があるのはギニアビサウだけです。黒い星を

除いて、ベナンと同じ様に２色を縦にすれば、ギニアの国旗になります。

○**中央分割旗**

　中央アフリカ国旗のように、中央の赤帯が国旗を縦に二分した国旗は、世界唯一中央アフリカだけです。

中央アフリカ共和国

○**横多分割旗＋カントン：トーゴ、リベリア**

トーゴ　　　リベリア

トーゴは、アフリカ西海岸の小国で、国旗は横多分割1/5の、緑・黄のストライプです。緑と黄の５本ストライプは、トーゴだけです。カントン部分の地色は赤に白い星を配置した汎アフリカ色。**リベリア**は、大西洋に面するアフリカの西海岸の国。米国の政策により独立した国、星条旗に似たデザイン旗。（赤白のストライプは、米国の他は、マレーシアとリベリアだけ）

○**イスラムの月と星の旗（５ヵ国）**　アルジェリア・リビア・チュニジア三ヵ国は地中海に面した国。モーリタニアは大西洋に面し、コモロ連合はインド洋に浮かぶ島国です。

アルジェリア　　リビア　　　チュニジア　　モーリタニア　　コモロ連合

○**縦３分割旗（７ヵ国）**　**カメルーン**（緑・赤地に黄色い星・黄）、**ギニア**（赤・黄・緑）、**コートジボワール**（オレンジ・白・緑）、**セネガル**（緑・黄色に緑の星・赤）、**チャド**（青・黄・赤）、**ナイジェリア**（緑・白・緑）、**マリ**（緑・黄・赤）。

カメルーン　　ギニア　　コートジボワール　セネガル　　　チャド　　　ナイジェリア　　マリ

　この７ヵ国の内、五番目の**チャド国旗**はヨーロッパのルーマニア国旗と類似、三番目の**コートジボワールの国旗**（オレンジ・白・緑）もアイルランド（緑・白・オレンジ）の類似国旗で外側緑がコートジボワール旗、オレンジがアイルランドです。また、**ギニア国旗**とマリ国旗も、類似国旗の力試しでコメントました。**セネガル国旗は**、マリの国旗の中央黄色に緑の星を付けた国旗です。**ナイジェリア国旗**は３分割２色旗（緑・白・緑）で区別しやすい国旗です。あとは中央に星のある、**カメルーン**だけになります。縦３分割旗の中央が赤は、アフリカではカメルーンだけ、（他はアジアのアフガニスタンが赤で、他は白か黄色です。）カメルーンはポルトガル語でエビのことをカマロンといいます。エビの色は赤と覚えて下さい。

○**中央に武器を描いた国旗（２ヵ国）**

ケニア　エスワティニ

ケニア国旗：横三分割（黒・白線付き赤・緑）に原始マサイ族の盾と槍

エスワティニ国旗：横３分割（青・黄色線付き赤茶・青）の中央赤茶に盾紋と槍。

○観光地に相応しい綺麗な国旗

セーシェル　モーリシャス

　セーシェル国旗は旗ざお下部から放射5つ放射線5色（青・黄・赤・白・緑）の国旗。白が入る貝殻（シェル）の華やかな国旗がセーシェル、国名もカタカナ5文字です。

　モーリシャスはマダガスカル島の東900キロに浮かぶ「インド洋のコートダジュールと呼ばれる国。横分割4色（赤・青・黄・緑）信号機の4色？（青か緑）のカラフルな国旗。

○旗地色を単色にし、星または封印を配した国旗

ソマリア　モロッコ

　ソマリア：ブルー地に白い星、モロッコ：赤地に緑色のソロモンの封印。

○白縁がある一本の横帯国旗：ガンビア、カーボベルデ、ボツワナ。

ガンビア　カーボベルデ　ボツワナ

　ガンビア国旗は、セネガルに3方を囲まれ、ガンビア川両岸に沿った細長い国家。中央が青いガンビア川、その両岸に白いハイウェイ、上部が太陽の赤、下部が豊かな緑を意味している国旗です。

　カーボベルデは大西洋に浮かぶ島国でセネガル沖の主要10の島から構成される。旗地を大西洋の青、横線は白帯の中に赤線（ポルトガル王朝の色）を入れ、主要な島を表す10の黄色い星を少し左に赤線を囲むラウンドに配しました。

　ボツワナはアフリカ大陸の南、南アフリカの北に位置する、内陸国家。カラハリ砂漠では、水は貴重品、国旗の旗地を水色にしました。横分割の黒帯をアフリカ系とその周りの白い縁取りは白人を意味した国旗です。

○その他の国旗：ザンビア（旧北ローデシア）、ブルンジ

ザンビア　ブルンジ

　ザンビア国旗のデザインは、ユニークで、緑地の中に赤・黒・黄の3色旗がフライ側に置かれ、その上にサンショク海鷲（フィッシング・イーグル）が翼を広げて飛んでいる国旗です。

　ブルンジ国旗は、白いサルタイアー十字の中心に大きな白い円、その中に赤い星を3つ置きました。サルタイアー十字の上下を赤、左右を緑にしたユニークな国旗です。

　以上が最も難しいアフリカ諸国、54ヵ国の国旗です。その理由としては。「54ヵ国と最も多く、しかも新興国が大半を占めるため、国名・位置など分かりづらい」。汎アフリカ色（赤・黄・緑）の国旗が12ヵ国、旗ざお側デルタ型も10ヵ国近くもあり、区別し難い。

　新興国が多いので、むしろ、「絞り込みとダジャレ」で記憶し、国別で、国情を絡めて記憶すれば面白いと思います。

■ 3、アフリカ大陸諸国（５４ヵ国）

①紅海からインド洋８ヵ国

（エジプト、スーダン、エリトリア、ジブチ、ソマリア、ケニア、タンザニア、モザンビーク）

○エジプト・アラブ共和国（―/首都カイロ/2,549 ドル）

アフリカ大陸の北東部に位置し、北は地中海に臨み、東はイスラエル・紅海、南はスーダン、西はリビアに接しています。国土は 1,002 千㎢（日本の 2.7 倍）。人口 1 億 023 万人、アフリカ大陸で、ナイジェリア（2 億人）、エチオピア（1 億 12 百万人）に次ぐ 1 億人以上の国です。

民族はエジプト人（アラブ系）99.6％、ベドウィン人、ベルベル人。

宗教はイスラム教 84.4％、キリスト教 15.1％。

特に名高いのは、紅海と地中海を結ぶスエズ運河があり、アジアとヨーロッパを結ぶ海路の近道となっています。（P186 コラム〈スエズ運河とパナマ運河〉参照）

また、紀元前 32 世紀から、古代王朝の歴史とその遺跡は、エジプトの誇りでもありますが、その間、他民族からの侵略、支配がありました。ペルシャ支配・アレキサンドロス・ローマ帝国・オスマン帝国・ナポレオン・トルコ・英国支配と続き、1922 年エジプト王国として独立しました。1952 年、当時のナセル大佐の自由将校団のクーデターにより、ファルーク国王を追放し、共和国が立ち上がりました。

隣国イスラエルとは、シナイ半島、ガザ地区をめぐり、中東戦争が勃発、1979 年、米国の仲裁により、キャンプデービッドで和平が成立し、平和条約を締結しました。エジプトが、アラブの宿敵イスラエルと国交を結んだことに反発し、1981 年、イスラム過激派によるサダト大統領暗殺事件が発生しました。アラブの春ではムバラク大統領が問われるなど（2017 年に、ムバラク氏は無罪となり釈放されました。）、現在でも政情は安定しません。隣国リビアの内戦、エチオピアのグランドルネッサンスダム建設問題にかかる飲料水問題など、緊迫した外交問題を抱えています。

国旗は、王政を打倒したアラブ解放旗を参考に、横 3 分割 3 色旗（赤・白・黒）の中央に、紋章としてアラブ主義のシンボルとされる金色のサラディンの鷲が、頭を左向きにして描かれています。（以前は、メッカを支配していた部族のクライシュ族の鷹が、頭を右向きで描かれていました）。赤・白・黒の 3 色旗は「汎アラブ色」といわれ、アフリカではエジプト、スーダン（スーダンはさらに緑のデルタ型が入ります）の二ヵ国、アラブではシリア、イエメン、イラクの 3 ヵ国にこの 3 色が使われています。

リオ・オリンピック、75 位（銅メダル 3 個）参加選手団 120 名。

コラム　エジプト、メソポタミア、インダス、中国の古代文明

紀元前に起きた古代文明を比較してみます。

文　明	時期：紀元前	形　態	文　字
メソポタミア文明	3千百年	都市国家	くさび形文字
エジプト文明	3千年	古代エジプト王朝	象形文字
インダス文明	2千5百年	都市国家	インダス文字
中国文明	1千6百年	夏・殷・周	甲骨文字

○スーダン共和国（1956年独立〈英・エジプト〉/首都ハルツーム/590ドル）

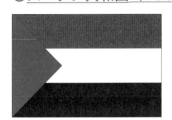

　　　　　　国名は7世紀半ばにエジプトに進出したアラブ人が、アフリカ系の国という意味で「ビラド・エス・スーダン」と呼んだことに由来。
　　　　　　宗教は北部のほとんどが、イスラム教、南部がキリスト教とアニミズム（万物に精霊が宿るという宗教）であったことも要因として2011年、南スーダン共和国が分離独立しました。国土は1,847千㎢（日本の約5倍）。人口4,384万人。民族は、アフリカ系52%、アラブ人39%、ベジャ人6%。宗教イスラム教68.4%、伝統信仰10.8%、キリスト教18.3%。
　スーダンの国土は、南スーダン分離後も日本の約5倍（188万キロ㎢）、アラビア語を公用語とし、スラブ人の他200以上の部族が混在しています。
　2020年の秋にイスラエルとの国交正常化に合意しました。サウジアラビアの動向が注目されます。
　産業は、石油関連製品が主体でしたが、南スーダン分離後激減し厳しい財政状態が続いています。鉱業は、原油、金、クロムなど。
　スーダン国旗は、横3分割（赤・白・黒）＋デルタ型（緑）の4色旗で、汎アラブ色を使うことで、アラブの一員であることを表しています。
　赤は社会主義革命で流された血、白は平和と希望、黒は独立運動で使った黒い旗、そして緑はイスラム色と、それぞれの意味を持っています。リオ・オリンピック、参加選手団6名。

○エリトリア国（1993年独立〈エチオピア〉/首都アスマラ/1,968ドル）

　　　　　　紅海に面し、面積118千㎢、ほぼ北朝鮮と同じ面積。イタリア、イギリス領を経て30年近くエチオピアとの間で独立戦争を展開、1993年に独立しました。宗教はコプト系キリスト教とイスラム教で二分しています。国土は17千㎢（四国18.3㎢よりやや狭い）。人口550万人。ティグリニャ人30%、ティグレ人30%、サフ人クナマ人など9民族。宗教は、イスラム50%、キリスト教48%、伝統信仰2%。
　独立当時からイサイアス大統領の独裁国家で一説によれば、「北朝鮮より自由がなく、憲法も法

律も無関係の人権侵害が当たり前の国家」といわれています。輸出品は魚介類、皮革、サンゴなどで、大幅な輸入超過な国家です。

　国旗は旗ざお側から伸びた赤いデルタ型が、旗地を三等分し、上部の三角部分を緑色（農産物）、下部の三角部分を青色（紅海）、中央は赤色（革命の血）の二等辺三角形、その中央に、平和を願ったオリーブの月桂樹と、オリーブの苗木を黄色（鉱物資源）で描いています。

　リオ・オリンピック、参加選手団12名。

コラム　似たような名前

> 　エリトリア国はアフリカですが、エストニアはバルト3国の一番北にある国家です。また、南アフリカ共和国の首都、プロテリア市も名前が似ています。似たような名前はウガンダとルワンダ、ガンビア（アフリカ西部）とガイアナ（南米北部）、ギニア（アフリカ西部）とギアナ（南米北部のフランス県）も紛らわしい名前です。

○ジブチ共和国（1977年独立〈フランス〉/首都ジブチ/3,540ドル）

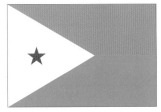

　独立前はフランス領ソマリランドと呼ばれていましたが、1977年にフランスから独立しました。国土は23千㎢(本州の広さ)。人口99万人。
　国名はジブチ港に由来したものでアフリカ紅海の入り口、アフリカ大地溝帯の北端に位置しています。気候は世界に名だたる灼熱地帯で、気候風土に恵まれず、鉱物資源もありません。

　ジブチの外貨収入は、ジブチ港と鉄道の中継貿易国としての収益によるものです。近年は、ソマリア沖の海賊対策で、フランスはじめ、他国の軍事基地による収益も重要な財源になっています。自衛隊の最初の外国基地はジブチでした。最近、中国が海軍基地を大幅に増強したことでニュースとなっています。隣国、エリトリアとは国境紛争があります。

　ソマリア系イッサ族（50％）、エチオピア系アファール族（37％）。宗教はイスラム教94.1％、キリスト教4.5％。

　ジブチには、ソマリ系イッサ族とエチオピア系アファル族が住んでいることを考慮し、国旗はソマリア連邦国旗のブルーと、アルファ族がイスラム教徒なので、緑を使い、白いデルタ旗の白はその融和を意味し、赤い星は、革命で流された血の色を示しているそうです。

　ジブチの最大の利点は、ロケーションにあり紅海の玄関口にあたるため、中継貿易基地として存在価値があります。

　リオ・オリンピック、参加選手団7名。

○ソマリア連邦共和国（1960 年独立〈イタリア・英〉/首都モガディシュ/99 ドル）

アフリカの東、アラビア海と紅海の入り口（アデン湾）に位置しています。国土の大半は砂漠気候で、内陸部は一年中 30 度を超す極暑。部族間の争いが絶えない中で、北部はイギリスが、南部はイタリア、フランス、エチオピア、ケニアなどの他国も入乱れ収拾がつかない状況が続きました。1960 年に国連の調停により、やっと独立となりました。

国旗は国連旗の色ブルーを基調とし、中央に五稜星を白抜きで描いた国旗となっています。最も貧しい国のわけは、収まらない部族間の内戦が続いていることにあります。

国土は 638 千㎢（日本の約 1.7 倍）。人口 1 千 589 万人。ソマリ人 92.4%、アラブ人 2.2%、アファル人 1.3%。宗教は、イスラム教 99%。

「ソマリアの海賊」行為は、皮肉なことに、この国にとって、大きな外貨収入になっています。リオ・オリンピック、参加選手団 2 名。

○ケニア共和国（1963 年独立〈イギリス〉/首都ナイロビ/1,750 ドル）

アフリカ大陸の東側にあり、赤道直下の高原国。国土は 583 千㎢（日本の約 1.5 倍）。人口 5 千 377 万人。バンツー系とナイル系アフリカ系 99%、インド系移民。宗教はキリスト教 83%、イスラム教 11.2%、伝統信仰 1.7%、ヒンドゥー教。

産業は、農業が中心、サファリ観光などの収入は一番の外貨獲得手段となっています（ケニアには、アフリカ第二の標高 5,199m のケニア山、フラミンゴが生息するナクル湖、象やキリマンジャロの展望が楽しめるアンボセリ国立公園などがあります）。しかし、財政は恒久的に赤字です。

私と銀行同期入行の友人が、選抜されてケニア大使館一等書記官として出向、ナイロビの第一印象を手紙で伝えてきたことがありました。「首都ナイロビは、サバンナ気候で、平均 1 千 6 百メートルの高地のため年間を通じさわやかな気候です。ジャカランダの紫の花や赤いブーゲンビリアが咲く美しい街」と書かれていました。私のなかでは、この手紙によってアフリカに対する暗いイメージが好転したことを覚えています。

国旗の特徴は、黒・赤・緑の横 3 分割 3 色旗で、3 色の境界部分が白線になっています。中央部分にはマサイ族の槍と盾が旗の中央に描かれています。原始マサイ族はアフリカの遊牧民のなかで特に戦いに強いことから、国旗にも、戦う槍と守る盾が書かれています。

私が子供の頃、連載雑誌「少年ケニア」という絵本がありました。アフリカを舞台にした物語で、孤児となった日本人のワタル少年を、マサイ族の酋長ゼガや、大蛇ダーナが少年を助け、アフリカを生き抜く物語です。連載雑誌でしたので、次号を心待ちにしていました。

リオ・オリンピックでのメダル獲得で、ベスト 20 に入っている国はアフリカではケニアだけで、多くの長距離ランナーが活躍していました。実は彼らを世界のひのき舞台に引っ張り上げた立役者の一人に、かつて海外青年協力隊でケニアに赴任していた日本の青年がいたそうです。

彼はケニア人が高地で長時間走っても平気な姿を見てこれはイケルと信じ、日本で募金集めを

してマラソンを指導していたと語り継がれています。

　私は、ケニア生まれのエリック・ワイナイナ選手に二度ほど会ったことがあります。彼は1993年日本コニカ・ミノルタ陸上部に入社し1996年のアトランタオリンピックで銅メダルを、2000年のシドニーオリンピックで銀メダルを獲得、2004年のアテネオリンピックでも7位入賞をはたしました。彼は日本を「第二の故郷」として、ケニアと日本の懸け橋となっています。

　リオ・オリンピック、16位（金5・銀6・銅1）参加選手団89名。

○タンザニア連合共和国（1961年独立〈英国〉/首都ドドマ/1,080ドル）

　タンザニアの国名に、連合とあるのは、ザンジバル島にある、ザンジバル人民共和国との連合によるものです。

　タンザニアの本土は北からヴィクトリア湖、タンガニーカ湖、マラウイ湖の三つの大きな湖と、アフリカ最高峰のキリマンジャロ山（5,895m）があります。かつての首都は内陸のドドマでしたが、以前より官庁が多くあり、海に面している、ダルエスサラームに移りました。国土は947千㎢（日本の2.5倍）。人口5千973万人。

　キリマンジャロ山頂は、英国領ケニアに入っていましたが、独領タンガニーカ時代にドイツ皇帝が我が国も高い山が欲しいと言って英国より譲ってもらったそうです。確かに、タンザニアとケニアの国境線がキリマンジャロ山頂付近で曲がっているので確認できます。（ドイツで一番高い山は2,962mのツークシュピッツェ）。その他にアフリカ3大湖、野生動物の楽園としてンゴロンゴロ、セレンゲティなどの国立公園があります。これは大地溝帯によるもので、観光収入は大きな財源になっています。その他にも、金、銅、貴金属類が主な輸出品です。

　民族は、バンツー系民族95％の国家で、ザンジバル島にはアラブ、インド、ヨーロッパ系の民族も住んでいます。宗教はイスラム教35％、キリスト教35％、伝統信仰30％。

　国旗は、アフリカに4ヵ国あるタスキ型の国旗で、黒色に黄色い縁取りのあるタスキ、旗ざお側の逆三角形は緑色、外側三角形は青となっています。

　緑はタンザニアの国土と農業、黒はタンザニアの民衆、青はインド洋の海の色、黒の帯の両端を囲む黄色は、豊かな鉱物資源を表しています。

　リオ・オリンピック、参加選手団7名。

○モザンビーク共和国（1975年独立〈ポルトガル〉/首都マプト/480ドル）

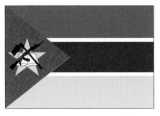

　国名はインド洋のモザンビーク海峡に由来。ポルトガルからの独立に11年間を費やし、1975年、ポルトガルとの武力闘争により、人民共和国として独立。さらに1977年から1992年迄、近隣諸国から支援を受けたモザンビーク民族抵抗運動との内戦が続きました。内戦がなければ、最貧国ではなかった国家です。最近は、イスラム国からのテロ行為が懸念されています。

国土は 799 千㎢（日本の 2.1 倍）。人口 3 千 126 万人。民族はマクアなど 43 民族、ポルトガル人、インド人。宗教は、キリスト教 56.1％、イスラム教 17.9％、伝統信仰。

肥沃な土地と森林資源にも恵まれた農業国、綿花、砂糖、カシューナッツ、漁業ではエビを日本に輸出しています。鉱業は、世界でも最大規模の埋蔵量があると言われる天然ガス、石炭のプラント建設も進んでいます。さらにトルマリン、ルビーの宝石も産出される資源豊かな国家です。

近年は、天然ガスのプラントも建設中で、目覚ましい経済発展が見込まれています。

国旗には社会主義の象徴として、銃、鍬、書物が描かれていますが、社会主義からの転換した後も、いまだにそのデザインは、変わっていません。

現在の国旗も、横 3 分割（緑・白線・黒・白線・黄色）＋デルタ型（赤）の 5 色旗で、デルタ型の中央に大きく黄色の五綾星が描かれ、その上に、開かれた書物を真ん中に、銃と鍬が交差した国旗となっています。緑は国土と農業、黒は国民とアフリカ大陸、黄色は豊かな鉱物資源、白は平和を表し、五綾星と銃、鍬、書物は社会主義時代の連帯、兵士、農民と、知識階級を象徴したものです。（類似国旗に隣国ジンバブエがあります。）国語はポルトガル語なので、ポルトガル語諸国共同体（ポルトガル、ブラジル、カーボ・ベルデ、アンゴラ）の一員ですが、近隣国が英語圏でもあり、イギリス連邦にも加盟しています。リオ・オリンピック、参加選手団 6 名。

②大西洋に面した 20 ヵ国（モロッコ、モーリタニア、セネガル、ガンビア、ギニアビサウ、ギニア、シエラレオネ、リベリア、コートジボワール、ガーナ、トーゴ、ベナン、ナイジェリア、カメルーン、赤道ギニア、ガボン、コンゴ共和国、コンゴ民主共和国、アンゴラ、ナミビア）

○モロッコ王国（1956 年独立〈フランス〉/首都ラバト/3,090 ドル）

アフリカ大陸の北西、ジブラルタル海峡を隔てて対岸はスペインです。首都はラバト（人口 57 万 7 千人）ですが、カサブランカ（335 万人）がモロッコ最大の都市です。首都ラバトには世界遺産に登録されている「ムハンマド 5 世廟」（ムハンマド 5 世は、1956 年、フランスから独立を勝ち取ったモロッコの国民的英雄）があり、モロッコ職人の技を駆使して造られた内装は一見の価値があります。国土は 446 千㎢（日本の約 1.2 倍，西サハラ除く）。人口 3 千 647 万人。民族はアマジク人 45％、アラブ人 44％、モール人 10％。宗教はイスラム教が 99％、他はキリスト教、ユダヤ教。

モロッコは、独立はしたものの今でもスペインやサハラ・アラブ民主共和国（西サハラ）との領有権問題など、複雑な問題を抱えています。

2020 年 12 月モロッコは米国の仲介によりイスラエルとの国交正常化に合意、アラビア半島のバーレーン、ＵＡＥ、アフリカのスーダンに次いで 4 ヵ国目となりました。米国は見返りとして、西サハラ全域の領有権をモロッコに認めると表明、西サハラを支援するアルジェリアなどから非難の声があがっています。

産業面では、リン鉱石の世界的産地として知られていますが、日本は大量のタコとイワシをモロッコから購入しています。また、日本人にとって、モロッコ観光ツアーは、人気ある観光ツアーの一つです。アフリカ旅行の中では比較的安全、白や青の街並み、遺跡、星空、砂漠、買い物など、バラエティーがあり、好評です（コロナ以前の話）。

モロッコ王国の国旗は以前、赤一色でしたが、1631年から中央にソロモンの封印（五角形で星の形をした、神のご加護があるという厄除けの護符）を加えた国旗になり、現在に至ります。

リオ・オリンピック、参加選手団51名。

○モーリタニア・イスラム共和国

（1960年独立〈フランス〉／首都ヌアクショット／1,660ドル）

国名は古代ローマ人がこの地域に住む白人系ベルベル人をモール人（英語ではムーア人）と呼んだことに由来し、モール人の国という意味です。また、国名に「イスラム共和国」と入っている国は、モーリタニアを含め、パキスタン、アフガニスタン、イランの4ヵ国です。国土は1,031千km²（日本の約2.73倍）。人口465万人。

混血モール人40%、モール人30%、アフリカ系30%。宗教はイスラム教99.1%、他は伝統信仰、キリスト教などです。

国旗は、イスラムの緑一色に上下を赤い縁取りをし、中央に黄色でイスラム新月を横に寝かせ、その上に黄色い星を描いた分かりやすい国旗です。（1959年制定の国旗には赤い縁取りはありませんでしたが、赤を入れることで、汎アフリカ3色旗となりました）。

モーリタニアの輸出品目は、鉱物（原油、鉄鉱石、銅）と水産物（タコとイカ）が中心で、輸出先は、中国36%、スイス15%、スペイン12%、日本7.2%、イタリア5.1%となっています。鉄鉱石も外貨獲得に大きな役割をなしていますが、最近では、天然ガスと石油に力を注いでいます。宗教はイスラム教99%

モーリタニアはタコの漁業が有名で、日本に大量のタコを輸出しています。タコ焼きを食べた時は、モーリタニアとモロッコを思い出して下さい。日本のタコの大部分はこの地方からのものです。リオ・オリンピック、参加選手団2名。

○セネガル共和国（1960年独立〈フランス〉／首都ダカール／1,450ドル）

セネガルは、15世紀にポルトガル人が来航する前、この周辺に住むウォロフ族の王国でした。1783年にこの周辺はフランス領になり、ダカールは中心都市になりました。1959年、連邦制を結成したマリとセネガルは連邦制を解体し、1960年8月、セネガル共和国として独立を宣言しました。国土は197千km²（日本の約半分）。人口1千674万人。民族はウォロフ人43.3%、フラ人23.8%、セレール人14.7%。宗教はイスラム教94%、キリスト教5%、伝統信仰など。

国名は、ベルベル系のセナガ族に由来するとか、セネガバという町名に由来するとか言われています。

　世界一過酷なラリーといわれるダカールラリーは、セネガルの首都のダカールが最終到着ポイントであることからダカールラリーと名付けられました。1997年、日本人の篠塚建次郎氏が48歳で日本人初の総合優勝を成し遂げています。

　国旗は、マリ連邦からわずか数か月で分離したため、マリ共和国の国旗（縦3分割の3色旗〈緑・黄色・赤〉）と類似し、マリ国旗の真ん中の黄色の部分に緑の五稜星を描いた国旗になっています。

　五稜星はセネガル進歩同盟の党章で、団結と希望を表し、緑は農産物、黄色は太陽と鉱物資源、赤は勇気と独立時の血の色を意味しています。

　セネガル経済は落花生、栗、綿花などの農産物や、マグロ、エビ、タコの漁業に依存しています。今後は金、チタン、リン鉱石なども輸出品目として期待されています。

　リオ・オリンピック、参加選手団22名。

○ガンビア共和国（1965独立〈英国〉/首都バンジュール/710ドル）

　ガンビア共和国はアフリカの西海岸に位置し、西海岸を除く周りをセネガルに囲まれています。セネガルの旧宗主国はフランス、ガンビアの旧宗主国はイギリスがガンビア川の領域を治めていました。そのまま、イギリスから独立したので、ガンビアは川に沿った細長い国家になりました。1965年に独立と共に国旗を制定しました。国土は11千㎢（約秋田県11.6千㎢の広さ）。人口242万人。民族はマンディンゴ人42％、フラ人18％、ウォロフ人16％、ジョラ人10％、セラフリ人9％。宗教はイスラム教90％。キリスト教9％。

　国旗は、横3分割旗で、上部から（赤1/3・白線・青1/3・白線・緑1/3）の4色旗です。横分割中央の青色はガンビア川を表し、青を囲むような二本の白い帯は、ガンビア川の両岸を走る幹線道路。（国民の平和と団結を象徴するともいわれる）。上部の赤は太陽と友好を、下部の緑は豊かな農業資源と希望を意味したものです。政治色を抑え、ガンビアの自然を表した国旗となっています。多くの野生動物が見られる観光地でしたが、2013年、この周辺でエボラ出血熱が流行したことで、観光客は激減しました。

　しかしながらこの国も政治は混迷し、2016年の大統領選挙で長期独裁政治を敷いていたヤヒヤ・ジュメ大統領が、アダマ・バウロに敗れても辞任を拒否し続けていました。しかし、2017年1月、多額の政府資金を持ち逃げしての退陣となりました。在留日本人6名、リオ・オリンピック、メダルゼロ。参加選手団4名。

○ギニアビサウ共和国（1973年独立〈ポルトガル〉／首都ビザウ／637ドル）

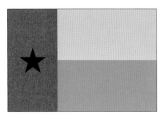

ギニアとセネガルに挟まれた大陸部分と沖合のビジャゴ諸島（88の島）から構成されています。1446年にポルトガルが領有を宣言し、ポルトガルの奴隷貿易中継地として栄えました。1956年に、ギニア・カーボベルデ独立アフリカ党が結成され、闘争に入りました。ギニアビサウは1973年にポルトガルから独立（カーボベルデは1975年に独立）。国名のビザウは首都の名前です。

国土は36千km²（九州36.7千km²の広さ）。人口192万人。民族はバランダ人30％、フラ人20％、マンジャカ人14％、マンディンゴ人13％、バペル人7％。宗教は、伝統信仰49％、イスラム教42％、キリスト教9％。

経済は、農水産業主体ですが、独立時の社会主義政策の失敗と、政界トップの相次ぐ辞任、殺害、などが繰り返され、不安定な政治情勢が続いています。内戦続きのため、世界最貧国の一つとなっています。

国旗は汎アフリカ色に黒い星を描いたガーナ国旗を意識して作成されました。

リオ・オリンピック、参加選手団5名。

○ギニア共和国（1958年〈フランス〉／首都コナクリ／950ドル）

ギニアと名前がつく3ヵ国のなかでは、一番先に独立した国です。アフリカ西端近くに位置し、大西洋に面しています。ギニアビサウ、セネガル、マリ、コートジボアール、リベリア、シエラレオネの6ヵ国に接しています。国土は246千km²（日本の本州とほぼ同じ）。人口1千313万人。民族は、フラ人38.3％、マリンケ人25.6％、スース人12.2％、クペレ人5.2％、キッシ人4.8％。宗教は、イスラム教、85％、キリスト教8％。

2014年にエボラ出血熱がこの地域で流行し、ギニアでも2,500人の死者をだしました。経済は、ボーキサイト、ダイヤモンド、金などの鉱産資源は豊富ですが、インフラ整備の遅れから停滞していました。

しかし、2019年、中国との間で「戦略的パートナーシップの一環」として、中国三一集団とボーキサイト事業の開発に調印、年間2,000～3,000万トンの生産量が見込まれています。

国旗は、フランスから独立したため、フランスの縦3分割3色旗を参考にして縦分割にし、そして、一年前（1957年）に独立したガーナ共和国と同じ色（赤・黄・緑）を使用することにより、将来ガーナとの国家統合を考えて汎アフリカ色にしたと、いわれています。

リオ・オリンピック、参加選手団5名。

○シエラレオネ共和国（1961年独立〈英国〉／首都フリータウン／540ドル）

シェラ・レオネの国名の由来はポルトガル語で、シェラが山脈で、レオネがライオン、すなわちライオンの山脈（米国にあるシェラネバダ山脈も、ネバダ州の山脈という意味）という名前が国名となっています。15世紀にポルトガル人が上陸し、16世紀以降、奴隷狩りがおこなわれていました。1808年、イギリスの植民地となり、1961年、英連邦内の一員として独立。1971年に共和国になりました。国土は72千㎢（北海道77.9千㎢よりやや狭い）。人口781万人。テムネ人35％、メンデ人31％、リンバ人8％、コノ人5％など約20近くのアフリカ系民族からなっています。宗教は、イスラム教、65％、キリスト教25％。

経済は、コーヒー豆、カカオ豆などを主とする農業国で、最大の産業はダイヤモンドの生産です。他に金、鉄鉱石、ボーキサイトを産出します。

国旗に国章は入っていませんが、国章は三頭のライオンが描かれています。

国旗は特にアフリカらしさはなく、横3分割（緑：白：ブルー）の3色旗で、緑は農業と豊かな丘陵地を、白は正義と統一、ブルーは大西洋と首都フリータウン港の繁栄を期待したものとなっています。

首都のフリータウンからは、ダイヤモンド、ボーキサイト、コーヒー、カカオ、ショウガなどが輸出されています。独立後のダイヤモンド鉱山を巡る内戦で経済は疲弊し、2014年のエボラウイルスで、GDP成長率はマイナス21.1％と再び低迷しました。2015年には終息しGDP成長率も2017年3.8％、2018年は3.7％と上昇しています。

リオ・オリンピック、参加選手団2名。

○リベリア共和国（―／首都モンロビア／610ドル）

リベリアの国旗は他のアフリカ国旗とまるで異なり、「米国の星条旗」に良く似ています。1816年、米国で設立されたアメリカ植民地協会が、解放奴隷のアフリカ帰還計画の一環としてリベリア建国運動を推進していました。独立も1847年と、アフリカでは、エチオピアの次に早い独立です。独立はしたものの、アフリカ特有の内戦、クーデターなどが頻発し、厳しい状況が続いていました。やっと2003年に停戦合意し、大統領選挙で、米国が推すエレン・ジョンソン・サーリーフ女史が大統領となりました（2011年にサーリーフ大統領は「平和と女性の地位向上に貢献した」ことが評価され、ノーベル平和賞を受賞したことは有名な話です）。

リベリアの経済は14年もの長い内戦により、インフラ面を含め疲弊しましたが、鉄鉱石、パームオイル、ゴム産業などの成長分野もあり、日本も2007年に二国間経済協力を再開し、支援を続けています。

国旗はカントン部分をブルー地にし、白抜きの一つ星を描いています。11本の赤白の縞模様は、独立に署名した11人を表しています。白い五稜星は、アフリカ大陸のアフリカ系の人たちに光と自由を、赤は情熱と忍耐、青は自由と正義と友愛、白は平和と清廉を意味しています。国土は111千㎢（本州228千㎢の1/2）。人口505万人。民族は、アフリカ系先住民96.7％、アメリカ解放奴

隷の子孫。宗教はキリスト教 85.6 ％、イスラム教 12.2 ％、伝統信仰。

リオ・オリンピック、参加選手団 2 名。

コラム　リンカーン大統領の苦悩とリベリア

1865 年、第 16 代大統領リンカーンのゲティスバーグにおける演説はあまりにも有名です。「全ての人は平等につくられている」として奴隷制度廃止をなしとげた偉人の言葉です。アメリカ政府は南北戦争で、多くのアフリカ系南軍捕虜を捉えましたが、その処置に頭を痛めていました。解放したアフリカ系の人たちを南部に戻しても、また同じように奴隷にされてしまうと思ったからです。そこでリンカーンは、解放された人たちをリベリアに入植させることにしたのです。

○コートジボワール共和国（1960 年独立〈フランス〉／首都ヤムスクロ／2,290 ドル）

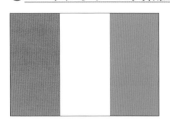

アフリカのギニア湾に臨む熱帯の国で、北はマリ、ブルキナファソ、東はガーナ、西はギニア、リベリアに囲まれています。

アフリカの西海岸に位置する国で、国名のコートジボアールは、フランス語で象牙海岸を意味しています。ガーナとリベリアに挟まれ、1,960 年にフランスから独立しました。国土は 322 千k㎡（日本 378 千k㎡から九州 36.7 千k㎡、四国 18.3 千k㎡を除いた広さ）。人口 2 千 637 万人。アカン人 42.1 ％、マンデ人 26.5 ％、ボルタ人 17.6 ％。宗教は、イスラム教 38.6 ％、キリスト教 32.8 ％、伝統信仰 11.9 ％。

国旗は、フランス 3 色旗にならって旗ざおから縦 3 分割でオレンジ・白・緑となっています（緑とオレンジを入れ替えるとアイルランドの国旗になる）。この国はチョコレートの原料であるカカオ生産が世界一の国ですが、1993 年より石油の生産が始まり、カカオを凌ぐ金額となりました。しかし、内戦や 2010 年以降の経済の低迷により、GDP 成長率も落ち込んでいます。

リオ・オリンピック、51 位（テコンドー男子 80 キロ級金メダル）参加選手団 12 名。

○ガーナ共和国（1957 年独立〈イギリス〉／首都アクラ／2,220 ドル）

ガーナ国旗は、エチオピア国旗の汎アフリカ三色（横 3 分割、赤・黄・緑）を採用、中央に黒の五稜星を配した国旗にしました。この 3 色が、ギニア、セネガル、マリだけでなく、その後に独立したアフリカの国旗に大きな影響を与え、汎アフリカ 3 色といわれるようになりました。ガーナのイギリス領時代は、黄金海岸と名付けられたように、豊かな国家でした。アフリカのリーダーであったエンクルマ初代大統領が、「アフリカの自由と統一」のために、国力の限界を超えた支援を他のアフリカ国に行ったことが、ガーナを疲弊させてしまいました。現在はアフリカにおける民主主義の模範的な国家となっています。国民一人当た

りのＧＤＰは 2,130 ドルですが、貧困率は 30％を割り、比較的国民の生活は安定しています。近年の経済推進力は原油の商業生産によるもので、経済成長率も 10％以上を続けています。その他に、ボーキサイト、マンガン、金、ダイヤモンドなどの鉱業、カカオ、コーヒーなどの輸出品があります。国土は 239 千㎢（約本州＋四国）。人口 3 千 042 万人。民族は、アカン人 47.5％、モレダバニ人 16.6％、エウェ人 13.9％、ガダンメ人 7.4％。宗教は、キリスト教 68.8％、イスラム教 15.9％、伝統信仰 5％。

リオ・オリンピック、参加選手団 14 名。

日本の野口英世が「黄熱病」の研究をしたことでも有名です。

○トーゴ共和国（1960 年独立〈フランス〉／首都ロメ／690 ドル）

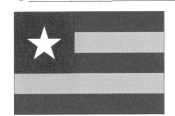

国名は、ドイツの開拓者が沿岸の村を、トーゴランドと命名したことに由来。宗教は伝統的なアニミズムが 50％、キリスト教 35％、イスラム 15％。国土は 57 千㎢（約九州 36.7 千㎢＋四国 18.3 千㎢の広さ）。人口 828 万人。

民族は、エヴェ（約 35％）をはじめ約 40 のグループからなる。

かつてはドイツ領でしたが、第一次世界大戦の結果、東半分がフランス領、西半分がイギリス領に二分されました。その後、西側部分のガーナゴールドコーストはガーナと併合されたため、南北に細長い国土になりました。

国旗は横 5 分割 2 色旗＋赤いカントンで、赤いカントンの中央に白抜きの五稜星を描きました。国旗全体のカラーは汎アフリカ色で、デザインはリベリア国旗に類似しています。

ストライプの緑は希望と大地を、黄色は勤勉と鉱物資源を、そして五本のストライプは国内の五つの行政地方を意味しています。カントン部分の赤は解放闘争で流された血の色、白い五稜星は最も重要な自由と純潔と永遠を表しているそうです。

主要産業は、綿花、コーヒー、カカオ、などの農産物とリン鉱石。日本はフランスに次ぐ主要援助国となっています。リオ・オリンピック、参加選手団 5 名。

○ベナン共和国（1960 年独立〈フランス〉／首都ポルトノボ／1,200 ドル）

旧王国にちなんで、ダオメ共和国の名前で独立。1975 年には社会主義体制をとり、国名もベナン人民共和国に変更しましたが、1990 年に開放経済に移行し、現在のベナン共和国となりました。国土は 115 千㎢（北海道 77.9 千㎢＋九州 36.7 千㎢）。人口 1 千 212 万人。民族はフォン人 39.2％、アジャ人 15.2％、ヨルバ人 12.3％、バリバ人 9.2％、フラ人 6.9％、ソンバ人 6.1％。宗教はキリスト教 42.8％、イスラム教 24.4％、伝統信仰 23.3％。

社会主義体制時の国旗は、緑一色に旗ざお側上部に赤い五稜星のある国旗でしたが、現在の国旗は独立当初の、汎アフリカ色縦横 3 分割旗で、旗ざお側を緑、右側を上下に二分し、上を黄色、下を赤としたシンプルな国旗に戻りました。

ギニア湾に臨む南北に細長い国家で、国旗の緑は南部の豊かな森林と再生を、黄色は北部のサバンナと富、赤は愛国者の血と先祖の勇気を意味しているそうです。

2016年以降、ナイジェリアから受ける経済的影響もあって経済成長は加速し、6.7%の高い成長率になってきました。財政面では、赤字や他国からの債務も比較的少なく、油脈に恵まれないなかで健闘しています。

リオ・オリンピック、参加選手団6名。

○ナイジェリア連邦共和国（1960年独立〈英国〉／首都アブジャ／2,030ドル）

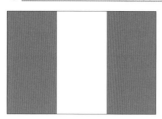

国名はニジェール川に由来。2億6百万人の人口を擁するアフリカ最大の国。国土は924千㎢（日本の2.44倍）。民族は、ヨルパ人17.5%、ハウサ人17.2%、イボ人13.3%、フラ人10.7%など250以上の民族。宗教はイスラム教50.5%、キリスト教48.2%、伝統信仰など。

アフリカ中西部のリーダー的大国ですが、民族対立により、政情は安定していません。ハウサ、ヨルバ、イボ族など250の民族から構成されている多民族国家です。公用語は英語ですが、識字率は190位と他のアフリカ諸国並みに低い国です。

宗教は、全域に各部族独自のアニミズムですが、北部がイスラム、南部がキリスト教と分けることができます。11世紀頃から、カネム、ボルノ、オヨ王国などが治めていた土地でしたが、1900年に英国の保護領となり、1960年、英国から独立しました。

軍事クーデターと内戦を繰り返し、現在は、大統領制の連邦共和制となりました。

輸出額の8割を、原油、天然ガスに依存しているため、国際相場によって大きく経済が左右されます。GDPはアフリカ諸国最大で、人口も最大で貧富の差は激しく、先進国の援助が不可欠となっています。

主要援助国は西側先進国の米国、英国、フランス、ドイツ、日本の5ヵ国となっています。

国旗は公募により決定したデザインで、縦3分割2色旗、グリーン・白・グリーンのシンプルな国旗となっています。緑は豊かな森林資源と農地、白は平和と統一を象徴したものです。リオ・オリンピック、参加選手団75名。

○カメルーン共和国（1960年独立〈フランス〉／首都ヤウンデ／1,500ドル）

国名は、ポルトガル語でエビを表す「カマロン」に由来します。入り江にエビが群がっていたため、ポルトガルの船長がそう名付けたということです。

1960年にフランス領カメルーンが独立、翌年に英領カメルーンの南部が南カメルーンとして独立しましたが、1972年、連邦制を廃止してカメルーン共和国となりました。国土は476千㎢（日本の1.26倍）。人口2千587万人。民族は、西部高地系38%（バミレケ人11.5%）、南部熱帯林系18%（エウォンド人8%）、中央高地と北部系18%（モファ人2.5%）、イスラム系14%（フラ8.5%）、海岸熱帯林系10%（バッサ2.5%）など250以上の民族が暮らす多民族国家です。宗教は、キリスト教47.6%、伝統信仰22.2%、イスラム教20.0%など。

国旗はフランスの縦3分割を取り入れ（緑・赤・黄色）の汎アフリカ3色旗とし、中央赤色に、

黄色い五稜星を入れた国旗です。連合共和国時代の国旗は、緑色の上部に小さな五稜星二つを黄色で配置していましたが、現在は、二つの星を大きな一つ星にして中央に配置した国旗に変わりました。

天然資源と肥沃な大地にも恵まれているにもかかわらず、重債務貧困国であり、低成長高インフレが続き貧困問題の解決につながっていません。

カメルーンといえば、日本でサッカーの世界選手権が行われた際、大分県の小さな村・中津江村が練習合宿地を提供したことで話題となりました。リオ・オリンピック、参加選手団24名。

○赤道ギニア共和国（1968年独立〈スペイン〉／首都マラボ／6,460ドル）

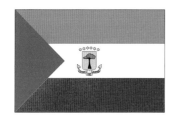

アフリカ大陸には、ギニアと名前がつく国家が3つあります。「ギニアビサウ共和国」（197万人）、「ギニア共和国」（1,313万人）、そしてこの「赤道ギニア共和国」（140万人）です。

国土は28千㎢（四国＋青森県）。民族は、ファン人56.6％、ブビ人10％、ヨルバ人5％、イボ人4％。宗教はキリスト教86.8％、イスラム教4.1％。

ギニア共和国が1958年に独立し、赤道ギニアがその10年後の1968年、さらに5年後の1973年にギニアビサウが独立しました。

赤道ギニアの位置は、北側は、カメルーン共和国、南と東側はガボン共和国、西側はギニア湾に面しています。人口135万人の小さな国なので、一人当たりのGDPは6,650ドルと高くなる訳です（国土は日本の0.07倍）。

英語では赤道のことを「イクエイター（equator）」と言いますが、スペイン語では「エクアドル」と発音致します。南米大陸にある「エクアドル」の国名も赤道ギニア同様、赤道から由来したものです。

ギニアの意味は、サハラ砂漠に住むベルベル人の言葉で、「黒い人の土地」という意味のようです（オーストラリアの北に位置するパプアニューギニアも、発見したスペイン人が、アフリカギニアに似ているところから、名付けられたそうです）。

もっとも、赤道ギニア共和国は名前に反して赤道は通っていません。お隣のガボン共和国に赤道が通っています。

ご参考までに、アフリカ大陸で赤道直下の国々は、東からソマリア連邦共和国、ケニア共和国、ウガンダ共和国、コンゴ民主共和国、コンゴ共和国、ガボン共和国、サントメ・プリンシペ民主共和国です。

主な産業は天然ガスや石油で、輸出額が140億ドル、輸入額は70億ドルとなっています。1996年から海底油田の採掘がはじまり、国家財政は一変し、高成長を遂げている国家に変貌しました。

首都はビオコ島にあるマラボです。大陸にも国土を持ちながら島に首都がある国は、世界でも珍しく、赤道ギニアとデンマーク（シェラン島に首都コペンハーゲンがある）だけです。

赤道ギニアの国旗は、途中標章の変化がありましたが、現在は独立当時の、国旗に戻りました。横3分割3色旗（黄緑・白・赤）標章入り＋デルタ旗（ブルー）付きの4色旗となっています。青は島々と海を、黄緑は豊かな農産物を、白は平和、赤は戦士たちの流した血を表しているそうです。中央の白の部分には、標章としてスペイン語でUNIDAD（統一）PAZ（平和）JUSTICIA（正義）とかかれ、その上に盾型の青枠の中に国の神木といわれるパンヤの木が一本描かれています。さ

らにその上部に六つの黄色い小さな星（五つの島と大陸部）を配しています。尚、民用旗の場合は標章を省いて使用されています。リオ・オリンピック、参加選手団2名。

○ガボン共和国（1960年独立〈フランス〉／首都リーブルビル／7,210ドル）

アフリカ中部、ギニア湾に面した赤道直下の国。1960年フランスから独立。二代目大統領であったオマール・ボンゴが善政を敷き、アフリカで、最も豊かな国の一つになっています。現在は息子のアリ・ボンゴが大統領に選ばれています。

森林資源やレアメタルも豊富で、経済は安定していますが、石油生産の減少に伴い、貧困対策、対外債務の返済という大きな課題に直面しています。主要援助国は、フランス、日本、ドイツですが、最近は急速に中国が接近しています。国土は268千km²（本州＋九州）。人口222万人。民族は、バンツー系47.7％、その他40民族、フランス系6.7％。宗教は、キリスト教、伝統的信仰、イスラム教等。

国旗は、アルベルト・シュバイツァー博士（ガボンで医療活動に半生を捧げた）の著書『水と原生林のはざまで』のタイトルから発想して作成され、水の青と原生林の緑の中央に赤道が通っているデザインです。横3分割（緑〈原生林〉・黄色〈赤道〉・青〈豊かな水量と大西洋〉）の3色旗となっています。（独立当時は、現在の国旗のカントン部分にフランス国旗が配置されていた）。リオ・オリンピック、参加選手団6名。

○コンゴ共和国（1960年8月〈フランス〉／ブラザビル／1,750ドル）

コンゴという国名の意味は15世紀に栄えた「コンゴ王国」に由来するといわれています。

歴史が古いこともありますが、伝統的に勤勉な国民性から、識字率は90％程度と、アフリカではトップクラスの高さです。

1960年にフランスから独立し、多くのアフリカ諸国が社会主義路線を選んだように、コンゴも、1970年に社会主義となり、国名をコンゴ人民共和国と変えました。同時に国旗も、社会主義の赤をベースに、ハンマーと鍬をクロスした国旗になりましたが、1991年に社会主義から撤退し、自治領時代に使用していた、以前の国旗に戻りました。国土は342千km²（日本378千km²－九州36.7千km²）。人口は538万人。民族は、コンゴ人48％、サンガ人20％、テケ人17％、ンボチ人12％、他はヨーロッパ系など。宗教は、キリスト教73％、イスラム25％，伝統信仰など。

石油が基幹産業でGDPの40％を占め、金、ダイヤモンドも産出します。輸出が47億ドル、輸入が77億ドルで、対外債務が42億ドルと厳しい状況が続いています。

国旗は汎アフリカ3色旗のタスキ型で、タスキの色は黄色、上部の逆三角形は緑、下部の三角形は赤の3色旗となっています。

いわゆる汎アフリカ色を使用し、縁取りなしのタスキ掛け国旗はコンゴ共和国だけです。緑は平和と豊かな森林、黄色は天然資源と希望、赤は独立と人間の尊厳を表しています。

リオ・オリンピック、参加選手団10名。

○コンゴ民主共和国（1960年独立〈ベルギー〉／首都キンシャサ／520ドル）

アフリカにはコンゴと呼ばれる国が2つあります。コンゴ民主共和国とコンゴ共和国です。コンゴ民主共和国は、1960年ベルギーから独立しましたが、1965年にクーデターが発生し、モブツ政権が誕生、1971年にザイール共和国と改称しました。1997年、ローランカビラが大統領になると、国名を再びコンゴ民主共和国に戻し現在に至ります。

コンゴ川の東岸にアフリカ第2位（234万㎢）の広大な国土を持ち（日本の約6倍）、人口は8千956万人の大きな国家です。民族はルバ人18%、コンゴ人16.1%、モンゴ人13.5%など、200以上のアフリカ系民族。宗教は、キリスト教80%、イスラム教10%、その他伝統宗教10%。

コンゴ民主共和国は、ダイヤモンドなどの豊富な天然資源に恵まれていましたが、内戦による混乱により国名、国旗ともたびたび変わってきました。

現在の国旗は以前（1963年〜1971年迄）使用していた国旗を復活しました。ブルーの旗地を黄色で縁取りした赤いタスキで2分、旗ざお側上部には黄色の五稜星を置いた、すっきりした国旗です。旗地の青は平和と希望を、黄色は天然資源を、黄色い五稜星は民族と国家の統合を、タスキの赤は国家統一で流された民衆の血を意味しています。

内戦が絶えないため、一人当たりのGDPは極めて低く、最貧国の一つです。

在留日本人72名、 リオ・オリンピック参加選手団4名。

コラム　　**エボラ出血熱**

エボラ出血熱は、エボラウイルスによる感染症です。出血を伴わないこともあり、現在はエボラウイルス病といわれています。1976年エボラ川付近の村で発生したので（同時にスーダンでも発生）、川の名前が付けられました。2014年には、ギニアで集団感染が発生し、リベリア、シエラレオネなど、西アフリカ地域に広がりました。新型コロナと同じく、ウイルスによって感染しますが、血液、体液（尿、汗、唾液など）の直接接触で感染します。症状は、突然40度近くの高熱を発し、2〜3日で急速に悪化します。致死率も高く、感染者は明らかに分かります。現在でも、特別な治療法もなく、ワクチンもありません。

○アンゴラ共和国（1975年独立〈ポルトガル〉／首都ルアンダ／2,973ドル）

アフリカ南西部の大西洋に面し、日本の3.3倍の面積を持つ国家。1975年にポルトガルから独立しました。

公用語はブラジル同様、ポルトガル語です。

国土は1,247千㎢（日本の3.3倍）。人口3千080万人。民族は、オビンブンドゥ人37%、キンブンドゥ人25%、コンゴ人13%、ヨーロッパ系とアフリカ系との混血2%。宗教はキリスト教75%、イスラム教、伝統信仰など。

アンゴラの国土の一部には、コンゴ共和国とコンゴ民主共和国に挟まれた、飛び地（カビンダ州）があります。2010年に同地でアフリカサッカー選手権が行われ、トーゴ代表チームが襲われて3名が死亡した事件がありました。カビンダ州はコンゴ民主共和国に近く地下資源が豊かなこともあり、紛争の温床となっていました。

独立後も、米ソの代理戦争ともいわれる程、内戦は続き、独立27年後の2002年にようやく内戦に終止符を打ちました。しかし、負の遺産として、世界一の地雷（数百万発といわれる）が埋まっている国といわれ、故ダイアナ妃や日本、イギリスが地雷撤去に協力しています。最近の地雷はプラスチック製もあるため、金属探知機には反応せず、永久に残る可能性があるようです。

国旗は、横2分割2色旗（真紅と黒）で、その中央に歯車の一部と農民の武装集団である刀が黄色で配されています。赤はアンゴラ人の血、黒はアフリカ大陸を意味するそうです。さらにこのデザインは、旧ソ連国旗を連想させる、歯車と鉈の図柄を使用しています。製作時は、旧ベトナム国旗（ベトコンの旗は、横2分割〈赤・ブルー〉に黄色の一つ星）、の赤をそのままに下半分はブルーではなくアフリカを意味する黒にしました。

旧ソ連国旗もベトナム国旗も変わりましたので、アンゴラの国旗も変わるといわれ続けていますが、いまだ変わる様子がありません。

アンゴラは、ダイヤモンドの産出国でもありますが、現在でも石油生産に依存しています。その石油資源の大半は問題の飛び地、カビンダ州に埋蔵されています。中国からの借財が20億ドルもあり、物価も世界で最も高い水準といわれています。アフリカ特有の貧富格差が大きな影を落としています。リオ・オリンピック、参加選手団25名。

○ナミビア共和国（1990年〈南アフリカ〉／首都ウィントフック／5,250ドル）

アフリカ南西部にある国で、北はアンゴラ、南は南アフリカ、西は大西洋に面した共和国です。1990年に南アフリカ共和国（イギリス）から独立しました。国土は824千㎢（日本の2.18倍）。人口249万人。オバンボ人34.4％、混血14.5％、カバンゴ人9.1％、その他アフリカ民族、ドイツ系2.8％。宗教はキリスト教、伝統信仰など。

国名は、世界最古の砂漠といわれる「ナミブ砂漠」に由来しています。ナミブの現地語の意味ですが、「何もない」なので……良い国名なのかどうかはわかりません。経済は牧畜、ダイヤモンド、ウラン、亜鉛など鉱業が主。人口が254万人と少ない関係から、一人当たりのGDPは高くなっています。

しかしながら、最も貧富の差が激しい国（ジニ係数の高い国）のひとつであり、白人層（6％）の生活と農村部で暮らす貧しいアフリカ系の人たちとの格差は、問題となっています。

その様な環境ですが、アフリカの中では比較的治安が良く、ナミブ砂漠ツアーなどもあり、観光客には人気があります。日本でも有名となった映画『ブッシュマン』のニカウ氏もナミビア出身です。

国旗は、近隣国、コンゴ民主共和国に類似しています。旗地は、白い縁取りの赤いタスキで二分され、上の逆三角形をブルー、下の三角形を緑にし、上部の青地には、12本の光線を放つ黄色の太陽を描いた国旗となっています。

青は大西洋と空、赤は血と国家建設への決意、緑は農産物と天然資源、白は平和と統一、12本の光線は12の民族を表しています。

アフリカで、斜め横にタスキ帯を描いている国旗のデザインはコンゴ民主共和国、コンゴ共和国、タンザニア連合共和国とナミビア共和国の4ヵ国が使用しています。

リオ・オリンピック、参加選手団10名。

③南アフリカ3ヵ国（南アフリカ共和国、エスワティニ王国、レソト王国）

南アフリカの領土内に、エスワティニ王国（旧スワジランド）とレソト王国という2つの小さな王国があります。この二ヵ国は南アフリカの通貨が通用し、入国ビザも不要。民族間の争いから、イギリスに保護を求め、イギリスの保護区から独立した国です。

エスワティニ王国とレソト王国は、いずれも立憲君主制王国です。エスワティニはスワジ族のドレミニ家の世襲制で、現在はムスワティ第八代国王に絶対的権力が集中しています。

レソト王国はバントゥー系ソト族の国で、国王はセーイソ家の世襲。

○南アフリカ共和国（一／首都プレトリア／5,720ドル）

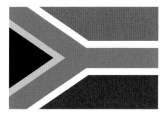

アフリカ大陸の最南端に位置する共和国で、一時南アフリカ連邦といわれていましたが、現在は共和国です。2019年、日本で行われた世界ラグビー選手権の優勝国として記憶に新しいと思います。人口5千931万人。首都プレトリア（292万人）。

国土は1,221千km²（日本の3.23倍）。民族は、アフリカ系79.4%、ヨーロッパ系白人9.2%、混血（カラード）8.8%。宗教は、キリスト教70%、伝統信仰8.9%、イスラム教2.5%、ヒンドゥー教2.4%。

その他主要都市は、ヨハネスブルグ（443万人）ケープタウン（374万人）があります。英連邦加盟国（一時脱退しましたが、復帰しました）。

10世紀頃からバンツー系民族が定住していましたが、1652年、オランダ移民がケープタウン近辺で植民地を形成。1795年にイギリスがケープを占領し、19世紀にはイギリス領となります。オランダ系移民たちはケープから北に追いやられ、1854年、オレンジ自由国を建設しました。そこで大規模なダイヤモンド鉱脈が発見され、オランダとイギリスによるボーア戦争が勃発します。

イギリス勝利のもとに、1910年、イギリスの自治領として、南アフリカ連邦（ケープ州、ナタール州、トランスヴァール州、オレンジ州）が成立しました。1948年、オランダ系アフリカ人の政党・国民党による、「アパルトヘイト」が法制化され、白人優越政策を推進していきます。

南アフリカは長年の間、アパルトヘイト（人種隔離政策）を推進していましたが、その間、内外から人種差別に対する批判は高まるばかりでした。27年間獄中で解放運動を指導してきたネルソン・マンデラ氏が、1994年、国民による議会選挙に勝利し、アフリカ系として初めて大統領に選出され、人種隔離政策は大きく転換しました。340年以上にわたる少数派の白人単独支配に幕を閉じ、本来の共和制国家に生まれ変わっていきました。

2013年12月、マンデラ氏は95才の波乱万丈で人生を閉じましたが、ボクシングやラグビーを愛し、ユーモアにも長けていたため、人種を超えて多くの人々に愛されてきました。何よりも、

世界の世論を味方にした、無血によるアパルトヘイトの崩壊が、みごとな成果と認められ、1993年、ノーベル平和賞を受賞しました。

　南アフリカの人種隔離政策はマンデラ大統領の時代に崩壊し、産業構造も第一次産業10％、第二次産業21％、第三次産業69％と先進国並みの産業構造となり、現在は、新興大国の代名詞ともいわれています。「BRICS」の最後のSは南アフリカを指したものです。

　とはいうものの、経済大国を目指し、他のアフリカ諸国とは異なる点は多々ありますが、世界的金融危機を迎え、低成長の物価高、20％を超える失業率、アフリカ系と白人の所得格差、対外債務問題、コロナ問題など、多くの問題を抱えています。

　国旗は6色のデルタ型多色旗で、デルタ旗を黒、横に倒したY字を緑、上部を赤、下部を青とし、黒三角の枠取りを黄、Y字の枠取りを白にした国旗です。

　赤は解放闘争で流された血、青は海と空、緑は森林資源と農業、黄は豊富な鉱物資源、黒はアフリカ系、白は白人を表しています。

　リオ・オリンピック、27位（金2・銀6・銅2）参加選手団137名。

【注】英連邦加盟国とは、イギリスと旧イギリス領植民地から独立した国々が、対等な立場で友好・協力関係を築いているゆるやかな国家連合体で、現在、カナダ、オーストラリア、ニュージーランドなど、52ヵ国が加盟しています。

○エスワティニ王国（1968年独立〈イギリス〉／首都ムババーネ／3,850ドル）

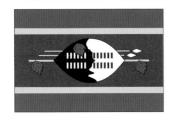

　2019年、国名をスワジランドからエスワティニに変更しました。スワジ族の国で、森林資源や鉱山資源に恵まれ、国家財政は豊かなのですが、歴代国王の乱費により、国民生活は必ずしも豊かではありません。ドレミ家の世襲による王政国家で、絶対的権力がムスワティ国王に、集中しています。

　国土は17千㎢（四国18.3千㎢よりやや小さい）。人口116万人。民族はスワティ人82.3％、ズールー人9.6％、ツォンガ人2.3％、アフリカーナ（ヨーロッパ系）1.4％。宗教はキリスト教90％、イスラム教など。

　経済は、南アフリカで「アパルトヘイト問題」が持ち上がり、白人企業家たちが、経済制裁を潜り抜けるために旧スワジランドに移動、それなりに多角化された経済体制が確立されました。国民一人当たりのGDPは3,600ドルですが、住民の1％の白人が経済の実権を握り、私有地の大半を所有しているなど貧富格差が激しく、アフリカ系の人たちの生活は厳しい状況となっています。

　国旗は横3分割旗で、上部からほぼ（青1/4・黄色で縁取りした茶色2/4・青1/4）の3色と、中央茶色部分に、黒と白の盾と、黄色い槍を横に寝かせた、5色旗となっています。盾と槍には、ケニアと同じく「主権を守るためには断固として戦う」との意思がこめられています。リオ・オリンピック、参加選手団2名。

○レソト王国（1966年独立〈イギリス〉／首都マセル／1,390ドル）

レソト王国は、周囲を南アフリカに囲まれた標高1,600メートルにある日本の九州の七割あまりの小さな国家です。高地でスキーも楽しめる所から「アフリカのスイス」「天空の王国」ともいわれています。

経済は、慢性的食糧不足で、南アフリカへの出稼ぎに頼っています。輸出は衣料品、食料品と僅かのダイヤモンド。同国は、南アフリカ、ボツアナ、ナミビア、エスワティニと「南アフリカ関税同盟」（SACU）を形成し、SACUからの交付金で財政の5割を賄っています。人口214万人。民族は、ソト人80.3%、ズールー人14.4%。宗教は、大部分がキリスト教。

国旗は横3色3分割旗（上から青・白・緑）で、やや広い白い部分の中央に黒いバソト帽（ソト人の帽子）が描かれています。レソトも南アフリカ共和国経済とは密接な関係を保っています。リオ・オリンピック、参加選手団8名。

④中部内陸14ヵ国（チャド、マリ、ブルキナファソ、ニジェール、中央アフリカ、南スーダン、エチオピア、ウガンダ、ルワンダ、ブルンジ、ザンビア、マラウイ、ジンバブエ、ボツワナ）

アフリカの内陸国は16ヵ国ですが、既に南アフリカ共和国の中で記載済みの、エスワティニ、レソトは除きます。チャド、マリ、ニジェールは砂漠気候。ブルキナファソ、中央アフリカ、南スーダンはサバナ気候とステップ気候。エチオピアは高地が温帯冬季少雨区分、周辺がサバナ気候と西岸海洋性気候です。亜熱帯地区のウガンダ、ルワンダ、ブルンジ、ザンビア、マラウイ、ジンバブエは、ステップ気候・サバナ気候・温帯冬季小雨気候が入り混じっています。ボツワナはステップ気候と砂漠気候です。

○チャド共和国（1960年〈フランス〉／首都ンジャメナ／670ドル）

国名はチャド湖に由来しますが、チャドとは「豊かな」という意味をもっています。

実状は、国名とは異なり、国も国民も豊かではありません。

チャドはアフリカの内陸国で、北部はサハラ砂漠の一部であるティベスティ高原（3,415mのエミクシ山を持つ）、南部はサバンナが広がり、西側には中央アフリカ最大の湖、チャド湖があります。そのチャド湖も、水が年々減り、面積が縮小し、今や塩湖となっています。国土は1,284千㎢（日本の3.4倍）。人口1千642万人。民族は、サラ人27.7%、アラブ人12.3%、ケッビ人11.5%、ボルヌ人9%など200以上の民族から構成されています。宗教はイスラム教57%、キリスト教10.5%、伝統信仰18.8%など。

北部のイスラム系と南部のスーダン系との対立が国の統一を妨げていましたが、1990年のクーデターで、デビ・イトゥノ大統領が就任してからは以前ほどの対立はなくなりました。2021年4月、

隣国リビアを拠点とする反政府武装勢力（FACT）との戦闘視察中に負傷し死亡しました。

　産業は、南部の石油資源が70％、それに畜産物、綿花などですが、依然として開発は遅れています。

　首都のンジャメナは、しりとりゲームで有名な都市で、最後が「ン」で終わっても、「ンジャメナ」があるというユーモアな話があります。

　国旗は、フランスとの結びつきから縦3分割旗とし、旗ざお側から青（空とチャド湖）・黄色（太陽と砂漠）・赤（国民の決意）の3色旗です。しかし、この国旗は、ヨーロッパのルーマニア国旗とそっくりで、違いがあるといえば、ルーマニアの青が、やや薄いブルーに見えるといった違いだけです。オリンピックの時には注意が必要です。

　チャド国旗は1959年制定で、ルーマニア国旗が1989年に制定なので、チャド側に分があるように思われます。しかしルーマニア国旗の経緯を辿ると、ルーマニアは、1866年から1947年まで現在の国旗を使用し、社会主義体制の一時期に国章を入れ、1989年に社会主義体制をやめたために元に戻したので、問題は複雑です。

　チャドとしては国旗問題より、大統領の死亡に伴うFACTとの戦闘状態をかかえ、旧宗主国フランスなどの支援体制の構築が喫緊の課題となってきました。200近くの部族と120近くの現地語があり、安定的統一をする方が悩みの種となっています。リオ・オリンピック、参加選手団2名。

○マリ共和国（1960年独立／〈フランス〉／首都バマコ／880ドル）

　アフリカの西側地域で、11世紀から13世紀に栄えたマリ王国に由来。マリとはバンバラ語で動物の「カバ」を意味します。

　国旗も隣国のチャド同様、フランスとの結び付きから、縦3分割3色旗となっています。

　もちろん旗色は、緑（農産物）・黄色（太陽と鉱物資源）・赤（勇気と国民の血）の汎アフリカ3色旗です。赤と緑を入れ替えるとギニアの国旗になってしまいますので、注意が必要です。

　日本の約3倍強の広さを持ちますが、北部は砂漠気候で、中部はステップ気候、そして南部は雨季と乾季を持つサバナ気候です。国土は1,240千㎢（日本の3.28倍）。人口1千966万人。民族は、バンバラ人30.6％、セヌフォ人10.5％、フラ人9.6％、ソニンケ人7.4％、トゥアレグ人7％。宗教は、イスラム教（80％）、伝統的宗教、キリスト教。

　産業は、ニジェール川流域の農業と金の輸出が中心となっています。リン鉱石やウランなども産出しています。

　輸出入の港はセネガルのダカール経由でしたが、連合国解消後は、輸出入の70％をコートジボアールのアビジャン経由に変わりました。北部は未だ、イスラム過激派（ジハーディスト）との小競り合いが続き、2020年8月には、北部イスラム過激派によるテロ問題と生活苦に対する不満から、上級司令官と軍部若手によるクーデターが発生しました。当初軍部は民政移管を進める方向でしたが、野党勢力との対立が続いています。サヘル地域（モーリタニア、セネガル、マリ、ブルキナファソ、ニジェール、チャド、ナイジェリア、カメルーンの8ヵ国に広がる砂漠地帯）はテロの拡散、それによる難民問題など、第二のアフガン化が懸念されています。

　リオ・オリンピック、参加選手団6名。

○ブルキナファソ（1960 年独立〈フランス〉／首都ワガドゥグ／790 ドル）

　　　ブルキナとはモシ語で高潔な人の意味で、ファソとはデイウラ語で祖国を意味しているので「高潔な人の国」という意味です。国土は 273 千㎢（日本の約 72%）。人口 2 千 090 万人。民族は、モシ人 48%、フラ人 10%、ボボ人 7%、ロビ人 7%、マンデ人 7%。イスラム教 60.5%、キリスト教 23.2%。

　公用語はフランス語ですが、モシ語、デイウラ語、グルマンチェ語が使われています。

　11 世紀から 13 世紀まではモシ王国でしたが、独立後 5 回の軍事クーデターを繰り返し、1984 年に国名をオートボルタから、ブルキナファソに改称しました。

　また、共和制をとっていますが、国名には「リパブリック」共和国を付けていません。

　国旗も国名改称と同時に変えました。オートボルタ時代は、ドイツ帝国の船舶旗の横 3 分割、黒、白、赤の 3 色旗でしたが、現在は横 2 分割 2 色旗（上部赤・下部緑）で、中央に黄色で五稜星を描いた汎アフリカ 3 色の国旗となりました。赤と五綾星は社会主義と革命のシンボル、黄色は天然資源、緑は希望と豊かな未来を表しています。ボルタ川の流域で昔ながらの農業と遊牧を主としていますが、経済改革が政治の安定と共にうまく進みつつあります。リオ・オリンピック、参加選手団 5 名。

○ニジェール共和国（1960 年独立〈フランス〉／首都ニアメ／600 ドル）

　　　北はアルジェリア、南はナイジェリア、東側はチャド、西側はマリに囲まれたサハラ砂漠の共和制国家。1960 年フランスから共和国として独立しました。国土は 1,267 千㎢（日本の 3.35 倍）。人口 2 千 420 万人。民族は、ハウサ人 55.4%、ジェルマ人 21%、トゥアレグ人 9.3%、フラ人 8.5%。宗教はイスラム教 90%、伝統信仰 9%。

　国旗はインドの横 3 分割旗（オレンジ・白・緑）とほぼ同じで、相違点は、緑色がやや薄く、中央の法輪がオレンジ色の太陽になっているぐらいです。国旗の縦横の長さはインドの 2：3 に対して 6：7 と異なりますが、オリンピックでは国旗の規格は同じなので、類似国旗として注意が必要です。

　ニジェール国旗の色の意味は、オレンジは砂漠の色、白は国内を流れるニジェール川の色、緑は南部の草原の色で、中央の円はサハラ砂漠の太陽を意味しているそうです。

　1999 年には国家経済が事実上の破産状態となりましたが、IMF の貧困国救済策により明るい兆しも出てきています。ウラン鉱石の埋蔵量は世界第 3 位。在留日本人 11 名。

　リオ・オリンピックではテコンドーで銀メダル一つ獲得しています。リオ・オリンピック参加選手団 6 名。

【一口話】アフリカ大陸には世界最大を誇るナイル川（6,695km）がありますが、その他にも 4,000km 級の大河が二つあります。コンゴ川（4,695km）とニジェール川（4,184km）です。この二つの大河には共通点があります。コンゴ共和国とコンゴ民主共和国の国名は、コンゴ川の名前に由来、ニジェール（フランス語読み）とナイジェリア（英語読み）の国名はニジェール川の名前に由来しています。アフリカに、川の名前に由来する、同じ名前の二つの国家が存在するということです。

○中央アフリカ共和国（1960年独立〈フランス〉／首都バンギ／520ドル）

国旗の中央を赤いベルトで2分割している図柄は、中央アフリカ共和国の国旗だけです。国土は623千㎢（日本の約1.7倍）。人口475万人。民族は、バヤ人33%、バンダ人27%、マンジャ人13%、サラ人10%。宗教はキリスト教80%、イスラム教10%、伝統信仰10%。

国旗は、旧フランス領であったことからフランスの3色旗（青・白・赤）の三色と、汎アフリカ三色（赤・黄・緑）を取り入れ、青・白・緑・黄色を、横4分割4色とし、汎アフリカ色とフランス国旗に共通する赤色を中央にして左右に分割しています。更に一番上部の青の左端に黄色い五稜星を配置しました。

中央の赤は「情熱」、青はフランスとの「友好と自由」、白は「純潔と理想」、緑は「農業」、黄色は「鉱物資源」を表しています。

1960年独立後、ボカサ独裁体制が確立され、20世紀最後の帝国を立ち上げました。度重なるクーデターと乱費により国力は低下、1979年のクーデターにより帝国は崩壊し、中央アフリカ共和国となりました。綿花、林業に加えダイヤモンド等の鉱物産出国でありながら、最貧国の一つ（人口の90%は一日2ドル以下の生活）となり、失敗国家ともいわれています。在留日本人4名、リオ・オリンピック、参加選手団6名。

○南スーダン共和国（2011年独立〈スーダン〉／首都ジュバ／769ドル）

アフリカ大陸の中央部に位置する内陸国。北はスーダン、西は中央アフリカ、南はコンゴ民主共和国・ウガンダ・ケニア、東部はエチオピアと国境を接しています。南スーダンは、2011年にアフリカ大陸54番目の独立国としてスーダンから独立しました。アラブ系イスラム教徒が多いスーダンに比べて、南スーダンはアフリカ系のキリスト教徒が多い国です。国土は659千㎢（日本の1.74倍）。人口1千258万人。民族は、ディンカ人38%、ヌエル人17%、ザンデ人10%、バリ人10%、シルク人10%、アラブ人4%。宗教はキリスト教60%、伝統信仰その他。

南スーダンは、我が国の自衛隊が、2012年から2017年の5年間、国連平和維持活動に加わり復興支援をしていました。また、東京オリンピックで、南スーダンのホストタウンとなった群馬県前橋市は、内戦が続く劣悪な環境のオリンピック選手たちを招待し、一年延期となった今でも、前橋の地での事前合宿を受け入れています。

一人当たりのGDPは769ドルとなっていますが、エチオピアより、農業に適した大地を持ち、しかもアフリカ屈指の産油国でもあるため、GDPはかなり高いはずですが、国家予算の60%が軍事費に使われ、2018年度GDP成長率も△1.2%と低迷。

国旗はスーダンの国旗と形状は類似しています。スーダンの国旗は横3分割3色旗（赤・白・黒）

＋デルタ型（緑）ですが、南スーダン国旗は、上部から（黒・白線付き赤・緑）で、ブルーのデルタ旗の中に黄色い五稜星を入れた6色旗となっています。黒は南スーダン人、白は平和、赤は革命の血の色、緑は国土、青はナイルの水、黄色の星はベ

ツレヘムのキリストを象徴しています。参考までに言うと、アフリカのキリスト教は、聖母マリア信仰が強いのが特色といわれています。

リオ・オリンピック、参加選手団3名。

○エチオピア連邦民主共和国（―／首都アディスアベバ／800ドル）

1964年の東京オリンピック最終日、マラソン競技でエチオピアの裸足のアベベ選手が優勝し、金メダルを獲得しました。日本の円谷選手も銅メダルを獲得し、日本中に大歓声が沸き上がりました。

エチオピアの首都アディスアベバ（人口310万人）は海抜2,324メートルにあり、国土は日本の3倍広く、民族も80近くからなる多民族国家です。国土は1,104千km²（日本の2.92倍）。人口1億1,207万人。民族は、オロモ人34.5%、アムハラ人26.9%、ソマリ人6.2%、ティグライ人6.1%、など80以上の民族。宗教は、キリスト教（エチオピア正教43.5%・プロテスタント18.6%）、イスラム教33.9%など。

しかし、アフリカを代表する国の一つであるエチオピアがまさかの最貧国である理由は、農作には向かない国土を多く抱えていることが要因の一つになっています。内陸国なのに、海抜マイナス115mの塩湖がある灼熱の土地や、切り立った高山地、農作に向かない猛獣地帯などの不毛の地に、1億1千万人以上の人口を抱え、慢性的な食糧不足とインフレが貧困の最大の理由となっています。

紀元前1世紀に遡る永い歴史を持ち、アフリカ大陸最古の独立国です。アフリカ大陸の植民地時代、エチオピアも1936年～1941年にイタリア軍の侵攻を受けましたが降伏せずハイレセラシエ皇帝はイギリスに亡命。第2次世界大戦で、枢軸国のイタリアが敗れたため、イギリス軍によって開放され、一度も植民地になりませんでした。

しかし永年続いた王政も、ハイレセラシエ1世の封建的絶対王政に国民の怒りが爆発、1974年に永年の不正が発覚したことでカリスマ性は一気に崩壊。若手軍部の反乱により王政が廃止されました。その後、労働党（WPE）などが社会主義を掲げ革命を推進しますが、1991年に労働党打倒に立ち上がったエチオピア人民民主戦線がアディスアベバに侵入、1995年にエチオピア連邦民主共和国となり、民主化と経済再建の道を進むことになります。

2019年、隣国エリトリアとの和平を実現しノーベル平和賞を受賞したアビー・モハメド首相でしたが、2020年エチオピア北部ディグレ州での内戦で多くの難民を発生させてしまいました。攻撃を発令したアビー首相は、ミャンマーのスー・チー氏と同じ様な構図となっています。

国旗は横3分割3色旗（緑・黄・赤）でしたが、1996年2月には、国旗の中央に、ソロモンの封印の紋章といわれた、五つの光線を放つ星の形を描いた封印（黄色）を入れました（ソロモンの封印とは、魔除けの護符で、イスラエルの六芒星や、モロッコの国旗にも使われています）。なお、エチオピア国旗の緑色・黄色・赤色の三色は、第二次世界大戦以降に独立したアフリカ新興国国旗の手本となっています。アフリカにおける、キリスト教徒の多い国家です。

援助国のベストスリーには、米国、英国、そして日本でしたが、最近は中国から巨額の支援を受け、中国寄りの国家といわれるようになりました。

エチオピアの元保健・外務大臣を歴任したWHOの事務局長のテドロス氏は、2019年12月に中国の武漢で発生した「新型コロナウイルス」について、一ヵ月以上が経ち爆発的に感染が広まっ

た2020年1月30日時点でも、「渡航や貿易の制限を推奨しない」と繰り返したことから、中国を擁護した政治的発言だとして辞任要求の署名運動まで起きてしまいました。現在は、新型コロナウイルスは世界中に蔓延し、世界大戦に匹敵する惨事だとまで言われています。

　さらに、テドロス氏は、各国の医療機関の収容状況なども考慮せず、中国、韓国の検査体制を見本として「検査、検査、検査を徹底しろ」と世界に向かって発言、トランプ前大統領の「中国からの入国拒否」についても、「適切ではない」と発言するなど、「WHOのトップとしては相応しくない」といわれ、トランプ氏はWHOからの脱退まで表明する事態となりました。（その後バイデン政権で復帰します）。

　リオ・オリンピック、44位（金1・銀2・銅5）陸上女子1万㍍金メダル獲得。参加選手団34名。

○ウガンダ共和国（1962年独立〈英国〉／首都カンパラ／620ドル）

　国名は、独立時まで存続していたブガンダ王国に由来しています。

　ウガンダ国旗は、ドイツの国旗の黒・赤・黄の横3色旗の黄色と赤を入れ替え、上から上下に二つ並べて、ウガンダの国鳥「ホオジロカンムリヅル」を中央に描いた、カラフルな国旗として目を引きます。

　黒は国民、黄色は太陽、赤はアフリカ人民の同胞愛を表しています。カンムリヅルは、ウガンダの王朝時代を通して、一度も国旗に使われなかったという理由で「中立性」の証しとして採用されたことになっています（民用旗では、この国鳥は省かれる）。

　国土はヴィクトリア湖を含め242千㎢（本州＋福島県13.7千㎢）。人口は4千574万人。民族は、バガンダ人17.3%、バニャンコレ人8.6%、バギガ人7%、イテソ人6.6%。

　宗教はキリスト教60%、アニミズム30%（全てに霊が宿るという考え方）。言語は英語、スワヒリ語、ルガンダ語が使われています。

　かつて英国のウィンストン・チャーチルが首都カンパラを訪れたとき、緑滴る木々やカラフルな花を見て、その美しさに感動し「ここはアフリカの真珠だ！」と言ったことが語り草になっているそうです。

　しかし、独立以来、クーデター、内乱、そして、近隣国、南スーダンからの100万人近い難民など混乱が続き、真珠の美しさが失われた感がありました。近年、米国の支援を背景に、北部の治安も回復しつつあります。人口4,427万人。リオ・オリンピック、参加選手団21名。

○ルワンダ共和国（1962年独立〈ベルギー〉／首都キガリ／820ドル）

　ルワンダでは、1994年4月6日から、僅か3ヵ月間で80万人が命を失った大虐殺がありました。そもそも、人口構成がフツ族85%、ツチ族15%の国で、独立を勝ち取ったルワンダ愛国戦線はツチ族で構成されていましたが、大統領（ハビャリマナ）は、多数派フツ族の出身でした。その専用機がロシア製のミサイルで撃ち落とされた事件が内乱の引き金となりました。当初は多数派のフツ族がツチ族撲滅を意図して起きた事件でしたが、最終的には、ツチ族のルワンダ愛国戦線が、フツ族主体のルワンダ軍を撃破し終結しました。この内戦は、わずか3か月に80万人の死者が出たことで、ルワンダ大量虐殺事件と

して、アフリカ史に記憶されています。また女性の国会議員が6割を占め「男女平等先進国」として世界の上位国にランキングされていますが、現実には北欧諸国と違って一般女性の生活は非常に厳しいようです。国土は26千㎢（岩手県15千㎢＋秋田県11千㎢）。人口1千263万人。キリスト教93.4％、イスラム1.8％。

　輸出品は、コーヒーや茶などの農産物と希少金属が主体。

　国旗は、横3分割3色旗（青2/4・黄1/4・緑1/4）で、国民融和を目的として2001年に制定されました。青色の右側には金色に輝く太陽が配置されています。デザインは、緑の大地に澄み切った青空に輝く太陽が、森の緑を半分黄色に染めている写実的国旗です。青空の青は幸福と平和を、黄色は経済と国力を、緑は未来の繁栄を表し、金色の太陽は、透明性、団結、国民の未来を表しています。リオ・オリンピック、参加選手団8名。

○ブルンジ共和国（1962年独立〈ベルギー〉／首都ブジュンブラ／280ドル）

　北部をルワンダ、南東側をタンザニア、西側をコンゴ民主共和国に面し、タンガニーカ湖の北東部に位置する高原国。国土は28千㎢（四国＋青森県）。人口1千189万人。民族は、フツ人85％、ツチ人14％、ツワ人1％。宗教はキリスト教93.4％、イスラム教2.5％。そのため、国旗にはキリスト教国を表す白いサルタイアー×十字と、その真ん中に平和と融和を願う白い丸を描き、その中に、フツ族、トワ族、ツチ族の主要三部族を意味する赤い6稜星を入れました。3部族が協力し「団結・進歩・努力」をすることを国旗に誓っているのです。旗地の上下の赤は、独立闘争と革命を、左右の緑は、希望と発展を意味しています。

　2020年の大統領選挙では、与党「民主防衛国民会議」の党首エバリエステ氏が新大統領に選ばれました。

　標高800〜1,000メートルの高地なので、良質なコーヒーや、茶などを生産しています。在留日本人は10名程度。リオ・オリンピックでは陸上中距離女子800メートルで銀メダルを一つ獲得しています。リオ・オリンピック、69位銀メダル1個。参加選手団9名。

○ザンビア共和国（1964年独立〈イギリス〉／首都ルサカ／1,450ドル）

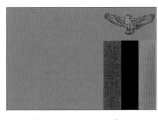

　1964年、東京オリンピックの閉会式の時に独立しました。以前、英領北ローデシアと呼ばれていましたが、国名はザンベジ川に由来します。アフリカ諸国の中では対外債務が著しく少ない、安定した国家となっています。国土は753千㎢（日本の2倍）。人口1千786万人。

　民族はアフリカ系99.5％、他はアジア系、ヨーロッパ系など。宗教は、キリスト教82.4％、伝統信仰14.3％、イスラム1.1％。

　日本の約2倍の国土（752㎢）には、アフリカを代表する多くの野生動物が住み、世界三大瀑布の一つヴィクトリアの滝もあり、観光産業が大きな財源の一つになっています。

　主要産業は、北部のカッパーベルト地帯で銅、コバルトなどの鉱物が産出され、特に銅は、世

界第5位の輸出国です。農産物は、トウモロコシ、砂糖、タバコなどがあります。

　国旗は、緑の旗地の右端に、3色旗（赤・黒・オレンジ）を立てたように並べ、その上部に国鳥の3色海鷲が飛翔するさまを描いた、珍しい国旗となっています。

　地色の緑は熱帯林と農産物を、縦3分割3色長方形の赤は愛国者が流した血、黒はザンビア国民、オレンジは銅を中心とした鉱物資源を表しています。また、三色海鷲は自由への憧れと困難を乗り越えるパワーを象徴したものです。この国旗は1964年の東京オリンピック閉会式に、全世界に向かってお披露目した国旗です。リオ・オリンピック、参加選手団7名。

○マラウイ共和国（1964年独立〈イギリス〉／首都リロングウェ／380ドル）

　マラウイ共和国は、マラウイ湖の西側を囲むように位置する11万8千㎢の国です（日本の1/3弱）。東側はモザンビーク、西側は、ザンビア共和国です。主な産業はたばこ、茶、コーヒー、綿花、砂糖などの農産物。内陸性気候のため、風が強く乾燥し、さらに朝夕の寒暖差が激しい国です。近隣国のブルンジ、ザンビアの2ヵ国には在日大使館を置いていませんが、マラウイは在日日本人が163名と多く、大使館を設置しています。人口1千913万人。民族は、バンツー系5民族。宗教はキリスト教82.7％・イスラム教13％。最貧国の一つです。

　現在の国旗は1964年の独立時に制定され、一時他のデザインにかわりましたが、2012年から以前の国旗に戻りました。写実的なもので、マラウイ湖から昇る日の出の時、マラウイ湖が真っ赤に染まる様子と、豊かな緑の森林をイメージした国旗です。そもそも、マラウイとはバンツー語で「揺らめく炎、明るいモヤ」を意味しています。黒は国民、赤は革命の血、緑は豊かな森林国土を表しています。上部の黒の部分には、夜明けを示す31本の赤い線光を放す太陽が描かれています。

　リオ・オリンピック、参加選手団5名。

○ジンバブエ共和国（1980年独立〈英国〉／首都ハラレ／1,790ドル）

　ザンビアはかつて、英領北ローデシアと呼ばれていましたが、ジンバブエは英領南ローデシアと呼ばれていました。1965年、勝手に白人政権が独立を宣言し「ローデシア共和国」としましたが、国際的には認められず、アフリカ先住民の反発と武力闘争を経て、1980年にジンバブエ共和国として独立しました。国土は391千㎢（日本の1.03倍）。人口1千486万人。民族は、ショナ人71％、ンデベレ人16％。宗教はキリスト教60％、伝統信仰25％、イスラム教1％。

　国名は、11世紀から15世紀までこの地を治めていたジンバブエ王国の名に由来。「ジンバブエ」の意味は、ショナ語で「石の館」を意味しています。公用語は英語とショナ語、ンデベレ語で、ショナ族とンデベレ族の国家です。

　産業は、農業（たばこ、綿花）鉱業（プラチナ、クロム、金、ダイヤモンド）と観光資源となっています。大統領選挙における不正や政治の横暴でヨーロッパ諸国との関係悪化を招き、慢性的

貿易赤字と巨額の対外債務で、経済は疲弊しています。（100兆ジンバブエドルが 0.3 円というハイパーインフレを起こしたことで有名になりましたが、現在ジンバブエドルは廃止）。

　国旗は独立と同時に制定された、横 7 分割 4 色＋デルタ型（白）の国旗です。まず、横 7 分割は中心線を黒にして上下にシンメトリーで、内側から赤、黄と続き一番外側が緑です。デルタ（白）の図柄には、ソープストーン彫刻の大ジンバブエ鳥が描かれ、その背後には自由と平和を勝ちとったことを表す赤い五稜星が配置されています。緑は農産物、黄は鉱物資源、赤は革命で流された血、黒は国民、白いデルタは平和と未来、赤い五稜星は国家の普遍性を意味しています。黄色いジンバブエ鳥はグレートジンバブエ遺跡に刻んである、古代国家の栄光のシンボル「ジンバブエ鳥」を描いたものです。

　リオ・オリンピック、参加選手団 31 名。

コラム　ローデシアの由来

　南アフリカのケープ植民地の首相であった、セシル・ローズが、1889 年にイギリス南アフリカ会社を設立、銅鉱山開発権を取得し「ローズの家」と命名しました。それが、ローデシアと呼ばれる所以です。白人主導であったローデシアの独立は、アフリカ系の人たちを中心として内戦を引き起こし、ソ連、中国の支援が加わり激しいゲリラ戦となりました。途中いろいろありましたが、1964 年に北ローデシアがザンビアとして独立、その 16 年後の 1980 年、南ローデシアはジンバブエとして独立を果たしました。

○ボツワナ共和国（1966 年〈英国〉／首都ハボローネ／7,660 ドル）

　1966 年の独立前は英領ベチュアナランドと呼ばれていました。アフリカ南部にある内陸国で、南は南アフリカ、西はナミビア、東はジンバブエに接しています。我が国の国土と比較すると、1.5 倍もの広大な国土を持ちますが、国土の南半分はカラハリ砂漠です。国土は 582 千㎢（日本の 1.54 倍）。人口 235 万人。首都のハボロネが 23
万人、人口分布が最もバラバラな国家といわれています。民族は、ツワナ人 66.8％、カランガ人 14.8％、ンデベレ人 1.7％。キリスト教と伝統信仰 71.6％、イスラム教若干。

　政治は、ボツワナ民主党が長期安定政権を築いています。現在のカーマ大統領は、初代大統領の息子で、四代目ですが、決して世襲ではなく、民意によって選ばれた結果です。

　ボツワナ経済は当初、牧畜を基幹産業とし、牛肉の輸出に依存していましたが、1967 年にダイヤモンドが発見され、経済は一変しました。ダイヤモンド産出量は、ロシア、コンゴ民主共和国とともに、ベスト 3 に入ります。尚、アフリカ大陸はダイヤモンドが多く産出され、コンゴ民主共和国、ボツワナの他に、ジンバブエ、アンゴラ、南アフリカ共和国、ナミビア、シエラレオネの 7 ヵ国が常にベスト 10 に入っています。また、観光資源として、ボツワナ国立公園オカバンゴ・デルタは、究極のサファリといわれ、多くの観光客が訪れています。

　ボツワナは、一人当たりのGDPは 7,660 ドルとアフリカでベスト 3 に入りますが、アフリカ諸国の特質でもある、貧富格差が最大の課題となっています。

国旗は汎アフリカ色ではなくライトブルー地に白で縁取りされた黒い帯が横一本引かれた、シンプルで美しい国旗です。ライトブルーは水を表し、黒い帯はアフリカ系を、白い縁取りは少数派の白人を表し、双方の団結と融和の決意を示しています。リオ・オリンピック、参加選手団12名。

⑤地中海に面した国5ヵ国（エジプト、リビア、チュニジア、アルジェリア、モロッコ）

○エジプトは紅海・インド洋欄（126ページ）記載。

○リビア（1951年独立〈イタリア〉／首都トリポリ／6,330ドル）

　リビアは、1951年イタリアよりリビア連合王国として独立しました。アフリカ第一の原油埋蔵量を誇る資源大国でもあります。国土は1,760千㎢（日本の約4.6倍）。人口668万人。民族は、アラブ人87.1％、ベルベル人6.8％。宗教はイスラム96.1％、キリスト教1.8％。

　始めに、カダフィー政権時のリビア国旗について興味深い話がありますのでご紹介します。

　1972年、エジプト、シリア、リビアの3ヵ国は、アラブ共和国連邦を形成し、その際、国旗も汎アラブ色（赤・白・黒）に統一していました。

　1977年11月、同盟国のエジプトが、アラブの宿敵イスラエルと単独で和平交渉を結んだことから、カダフィー大佐は激怒し、エジプトとの関係を即遮断、さらに、カダフィーは「国旗も直ちに変更せよ」との指令を出したそうです。

　側近たちは、独裁者ムアマル・カダフィーの指令なので、「直ぐに作成しないと大変なことになる」「しかし、デザイナーに頼むと何時になるか分からない」と困ってしまいました。そして一日中悩んだ結果、ただのグリーン一色旗（イスラムの色）という国旗になったそうです。

　42年間続いたカダフィー独裁政権も、2011年欧米の支援を受け蜂起した部隊により殺害され、国旗も変わりました。

　しかしながら、昨年2016年10月にもハリーファ・アルが率いる国民議会派がクーデターを起こし、政治は再び混迷。現在でも国を二分し、収まる様相がありません。

　トルコの支援を受けたシラージュ暫定政権と、リビア国民軍（LNA）の内戦に、隣国のエジプトを巻き込み、代理戦争の様相をきたしています。

　現在の国旗は1951年から1969年まで使用していた王政時代の国旗を復活させたもので、横3分割（赤1/4・黒2/4・緑1/4）の3色旗で、中央にイスラムの新月と五稜星を白く描いたものとなっています。

　リオ・オリンピック、参加選手団7名。

○チュニジア共和国（1956年独立〈フランス〉／首都チュニス／3,360ドル）

アフリカ北部の地中海に臨む国ですから、ヨーロッパの影響を強く受け、観光リゾート開発、工場誘致などが進み、イスラム教の国家の中では、比較的穏やかな戒律の国家です。しかし、近年アラブの春のきっかけとなったジャスミン革命や隣国リビアの混乱の波及を受け、アルカイダによるテロ事件もあり、観光収入は激減し、失業問題が表面化しています。国土は164千㎢（日本の43%）。人口は1千182万人、民族は、アラブ系チュニジア人67%・アラブ系ベドウィン人27%アラブ系アルジェリア人2.4%。宗教はイスラム教スンニ派97%です。

チュニジア国旗とトルコの国旗は類似しているので、注意が必要です。

18世紀末からこの地はオスマントルコの支配下であったため、形は三日月・星、色は赤色・白と、トルコと同じです。赤地の中央に白い円が描かれ、その中に赤い三日月と星があるのがチュニジアの国旗です。

由来は、フェニキア人、カルタゴまでさかのぼりますが、白円は太陽、三日月は美の女神、五稜星はイスラム教徒の五行（五つの行い）を意味しています。

リオ・オリンピック、75位銅メダル3個。参加選手団61名。

コラム

日本に来ているアフリカ人には出身国を知っているだけで、親近感を持って頂けるものです。先日私は、家の近くで、二人の日本人学生と一緒の外国人とすれ違いました。

外国人はチュニジア人でチェニス大学の講師でした。私がチュニジアのロケーション、国旗、悲しいテロ事件について話したところ、「日本に来て、初めて我が国のことを良く知っている日本人に会いましたよ」と喜んでいただきました。日本人は文京区にある某大学の学生で、チュニジア人は、政情不安から一時日本に来ているとのことでした。

○アルジェリア民主人民共和国（1962年独立〈フランス〉／首都アルジェ／4,450ドル）

アフリカ北西部の地中海に面し、東はチェニジア、リビア、西はモロッコに挟まれた国家。アフリカでは最も広大な大地(238万K㎡)を持つ国家ですが、その90%はサハラ砂漠によって覆われています。国土は2,382千㎢（日本の6.3倍）。人口は約4千385万人。民族はアラブ系アルジェリア人59.1%、ベルベル人26.2%、アラブ系ベドウィン人14.5%。宗教は、イスラム教（スンニ派）。

アルジェリアは、アフリカ連合、アラブ連合、そして地中海連合、アラブ・マグレブ連合（アルジェリア、リビア、モーリタニア、モロッコ、チュニジア）に加盟し、バランス外交を進めています。輸出は原油、天然ガスが全体の97%を占め、社会主義経済から市場経済体制に移行しました。

イスラム過激派（アルカイダ）との対立により各地でテロが続きましたが、2013年に起きた、

日本のプラント建設企業「日揮」の社員が10名殺害された事件は、両国にとって悲しい出来事でした。

アルジェリア国旗は、旗地を縦2分割2色旗（左側を緑：右側を白）とし、中央にイスラムのシンボル新月と星を赤で描いたものです。緑色はイスラム教と勇気と繁栄を、白は純潔と平和を、そして赤は革命で流された血と自由を意味しています。リオ・オリンピック、参加選手団67名。

○モロッコ王国（1956年独立〈フランス〉／首都ラバト／3,090ドル）

アフリカ大西洋に面した国（131ページ）に記載。

⑥アフリカの島国6ヵ国（コモロ連合、マダガスカル、モーリシャス・セーシェル、カーボベルデ、サントメプリンシペ）

アフリカ東海岸のインド洋には、コモロ連合、マダガスカル、モーリシャス、セーシェルの島国があり、アフリカ西海岸のギニア湾にカーボベルデ、大西洋にサントメプリンシペの島国があります。

○コモロ連合（1975年独立〈フランス〉／首都モロニ／1,420ドル）

コモロ連合は、マダガスカル島とモザンビークの間、インド洋に浮かぶ島国。グランドコモロ島（ンジャジジャ島）、アンジュアン島（ムズワニ島）、モヘリ島（ムワリ島）の3島と、現在フランスと領有権を争っているフランス領マヨット島の4島で構成されています。国土は2.24千㎢（沖縄県2.27千㎢とほぼ同じ）。人口87万人。民族は、コモロ人97.1%。宗教は、イスラム教98.4%、キリスト教。

元来、仏領コモロ諸島は主要4島から構成され、それぞれ4島の自治制でした。1958年、仏領コモロの首都をマヨット島のザウジから、グランドコモロ島のモロニに移転することが決議されてから、両島の対立が表面化、首都を移されたマヨット島は独立反対を掲げ、それを支援するフランスの意向で、1975年マヨット島を除く3島での独立となりました。しかし国旗には4つ星が並び、ストライプも4島を表す4本となっています。独立後直ぐにクーデターが勃発、政情不安定の状況の中で、国旗が既に五回も変わっています。

言語はフランス語、アラビア語が公用語とされ、スワヒリ語の方言に近いコモロ語が一般語として使われています。現在は、政治の安定をはかるため、三つの島による、持ち回り大統領制を導入しました。産業は、バニラなどの香辛料ぐらいで、シーラカンスの生息地として有名です。

国旗は3つの島の旗に使用されていた、モヘリ島の黄色とアンジュアン島の赤、グランドコモロ島のブルーの3色と、マヨット島の白を使い、上から横4分割4色旗（黄色・白・赤・ブルー）とし、旗ざお側の緑のデルタ旗に三日月と4島を意味する4つの星を白抜きで縦に並べた、5色国旗としています。三日月と星はイスラム教国を表しています。

リオ・オリンピック、参加選手団4名。

○マダガスカル共和国（1960年独立〈フランス〉／首都アンタナナリボ／520ドル）

　　　　マダガスカルは、アフリカ東海岸から400ｋｍの所にある島国です。マダガスカル島は、世界で4番目に大きな島で、広さは594,200㎢、日本の1.6倍の面積を持つ島です。人口2千769万人。民族は、ポリネシア系マダガスカル人95.9％。

　　　　宗教は、伝統信仰52％、キリスト教41％、イスラム教7％。

　バオバブの木やワオキツネ猿、カメレオンなど豊富な固有種が生存し、研究者の間では大陸移動に関する諸説が論じられています。産業はバニラやエビなどの農水産が主体です。

　しかし、マダガスカルも天然資源に恵まれて、サファイアの鉱脈や、世界最大の埋蔵量を持つチタン鉱脈などがみつかり、巨大な重質油鉱床の開発も期待されています。

　国旗は縦横3分割3色旗で、旗ざお側に白い長方形を縦に置き、その右側に上部を赤、下部を緑にした3色旗です（この形の縦横3分割旗は、世界でもマダガスカルとギニアビサウ、ベナンの3ヵ国しかありません）。赤と白はマレー系民族のメリナ族を意味する色、緑は東海岸に定住しているベツィミサラカ族の色を使用し、主権、純潔、希望を表しています。日本とマダガスカルは、政治家同士の交流もあり、対日感情も良好です。リオ・オリンピック、参加選手団6名。

コラム　島面積の世界ランキング

　①グリーンランド島（デンマーク領）②ニューギニア島（インドネシアとパプアニューギニア）③ボルネオ島（インドネシアとマレーシアとブルネイ）④マダガスカル島⑤バフィン島（カナダ）。

○モーリシャス共和国（1968年〈イギリス〉／首都ポートルイス／12,900ドル）

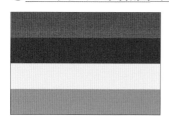

　　　　アフリカ大陸の南東、マダガスカル島の東側のインド洋に浮かぶ、火山島からなる島国。16世紀の初めにポルトガル人が上陸。1598年オランダが植民を開始、オランダ総督のマウリッツにちなんで「モーリシャス」と命名したそうです。その後フランス領、イギリス領となり1968年英連邦内の王国として独立しました。先住民はなく、イ

ンド、東アフリカ、中国、フランスなどからの移住者による多民族国家。

　経済は、独立後、観光業や繊維産業に力を注ぎ、輸出型工業を推進してきました。その結果、完全雇用体制が確立され、国民の生活水準もアフリカ全体の5位にランクされるまでになってきました。国土は1.98千㎢（大阪府1.89千㎢とほぼ同じ）。人口127万人。民族はインド系、中国系、アフリカ系、ヨーロッパ系等ですが、混血が多く民族間の争いは余りありません。宗教はヒンドゥー教49.6％、キリスト教32.2％、イスラム教16.6％。

　国旗は、美しい横4分割4色旗（上から赤・青・黄色・緑）で、汎アフリカ色にインド洋の青色を取り入れています。赤は独立解放で流された血、青はインド洋、黄色は太陽と輝ける未来、

緑は島の植生と緑の生産物を表しています。

　2020年7月に日本の大型貨物船（船長はインド人）がモーリシャス沖で座礁し、8月6日から1千トンの重油が流出、周辺のサンゴ礁や、海洋資源、観光産業への影響が懸念されています。

　モーリシャスの国旗も、次に述べるセーシェル同様、主要四民族の色を取り入れ「融和」を表わした国旗となっています。参加選手団12名。

○セーシェル共和国（1976年独立〈イギリス〉／首都ビクトリア／16,870ドル）

　セーシェルの人口は約9.8万人、アフリカで最も人口の少ない国家です。民族は、クレオール（アジア系、ヨーロッパ系、アフリカ系混血）93.2％。宗教はキリスト教93.2％、ヒンドゥー教2.1％、イスラム教1.1％。国土は0.46千km²（鹿児島県種子島0.44千km²とほぼ同じ）。

　日本では、美しいハーモニーを持った男女のグループ「カズン」がセーシェルを美しいハーモニーで歌い、セーシェルの国が美しい楽園観光地だとして有名になりました。現在、「カズン」はアフリカ、ウガンダの親善大使にもなっているようです。インド洋の真珠と称されるセーシェル諸島は92の島々から構成され、マヘ島、プララン島やラ・ディーグ島は特にリゾート地として知られています。歌手グループ名の「カズン」も、グループが「いとこ同士」ということもありますが、セーシェル諸島のカズン島の名前から付けたとも言われています。

　産業は観光業とマグロ漁で成り立ち、国旗も観光地にふさわしく、カラフルなデザインとなっています。1756年フランス領、1815年パリ条約によりイギリス領、1976年英国から独立し、無血クーデターはあったものの、共和制が機能している国家です。

　現在の国旗は1996年に制定したもので、旗ざお左下の部分から5色（青・黄色・赤・白・緑）が放射状に広がり、中央の赤部分だけが矢じりの形になりますが、後の4つは三角形を形づくり、華やかな国旗となっています。「赤、白、緑」が与党セーシェル人民進歩党の党旗色、「青、黄」が野党セーシェル国民党の党旗色、国旗にも両党の「融和」を表しています。内戦続きのアフリカ諸国の中で、醜い争いもなく、一人当たりのGDPもアフリカではトップクラスです。リオ・オリンピック、参加選手団10名。

○カーボベルデ共和国（1975年独立（ポルトガル）／首都プライア／3,630ドル）

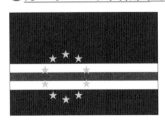

　国名は、ポルトガルの船長が「緑の岬」と命名したことに由来。ポルトガル語のカーボは岬、ベルデは緑の意味です。

　国土は4.03千km²（滋賀県4,017千km²とほぼ同じ）。人口55万人。民族はムラート（アフリカ系とポルトガル人との混血）70％、フラ人12％、バランダ人10％、ポルトガル人。宗教キリスト教95％、イスラム教2.8％。

　独立当初の国名はギニア・カーボベルデでした。国旗もギニアビサウとの将来の統合を考慮して、同様の汎アフリカ色でしたが、両国の関係が悪化したことにより、1992年に全く新しい国旗を制定しました。

　新しい国旗は汎アフリカ色ではなく、旧宗主国のポルトガル王国時代の国旗を参考とし、斬新

な国旗となりました。

国旗は青地の下部を横二分割し、上部1/2を白にし、その中央に赤線を入れました。やや左寄りに、十個の黄色い五稜星で円を描いた現代絵画的な国旗です。

ブルーは大西洋と空、白は平和、赤は独立で流した血、十個の黄色の星と円は国土を構成する島と統一を表した国旗となりました。

産業としては、他のアフリカ諸国とは異なり、商業、運輸業、公共サービス業の比重が70%と高く、マグロやロブスターの加工など加工産業も順調で、最近の国民一人当たりのGDPも3千ドル近くに跳ね上がってきています。しかしながら、最貧国から脱却したものの、貧富格差の問題は残っています。人口55万人。リオ・オリンピック、参加選手団5名。

○サントメ・プリンシペ民主共和国（1975年独立〈ポルトガル〉／首都サントメ／1,930ドル）

サントメ島と、プリンシペ島を中心とした、ギニア湾東部に浮かぶ、四つの島から構成されます。

サントメ島の名は、聖トマス（ポルトガル語で「サントメ」）の聖日である7月4日に発見されたことに由来します。プリンシペ島の方は、ポルトガルの海洋国家の基礎を築いたエンリケ航海王子に敬意を表して「王子」のポルトガル語、「プリンシペ」から、「プリンシペ」島と名付けました。

国土は0.96千km²（佐渡島0.854千km²より大きい）。人口22万人です。民族は、ムラート（ポルトガル人と現地人の混血）79.5%、ファン人10%、アンゴラーレ（アンゴラ人奴隷の子孫）7.6%、ポルトガル人1.9%。

宗教は、カトリック80%、プロテスタント15%、イスラム3%となっています。

産業はカカオ、コブラなどの農産品と水産物で、輸出の大半がカカオに頼っています。ギニア湾の排他的経済水域内の石油発掘に期待がもてますが、深海部なので、発掘は難航しています。

国旗は、解放運動時の党旗をそのまま使用したデルタ型旗で、横3分割（緑1/4・黄色2/4・緑1/4）＋デルタ（赤）の4色旗、中央の黄色に黒い2つ星を置いています。

配色は、赤、黄色、緑、黒の汎アフリカ色を使用、黒い五稜星は主要二島を表しています。色彩の意味は、赤が愛国者の流した血、黄色は肥沃な国土、緑はカカオ栽培を含む豊かな植物、黒はガーナ同様アフリカの一員であることを表明しています。リオ・オリンピック、参加選手団3名。

コラム　米国の裏庭が南米なら、アフリカを狙う中国

　コロナ禍の昨今、発展途上国、なかでもアフリカ諸国に対する中国の積極的なワクチン供与が世界の注目を集めています。実は中国がアフリカ大陸で展開している積極外交は今に始まったことではありません。約半世紀前の１９７０年に着工されその５年後に完成したタンザン鉄道をご存じでしょうか？それはザンビアが産出する銅をタンザニアのダルエスサラーム港まで運ぶ、全長１８６０kmの鉄道を中国が主導して施設したものです。全長の約半分はタンザニア国内にあり同国の地域開発にも役立っており両国の経済発展に大きく寄与したのでしたが、最近ではザンビア、マラウイなどで不良債権問題が発生し、経済成長と多大な債務返済の問題は今後のアフリカ経済に大きな課題を残しています。

【参考】　中国の対アフリカ政府向け貸し出し
　１位アンゴラ（428億ドル）、２位エチオピア（17億ドル）、３位ケニア（98億ドル）、４位コンゴ共和国（74億ドル）、５位スーダン（65億ドル）、６位ザンビア（64億ドル）、７位カメルーン（56億ドル）、８位ナイジェリア（48億ドル）、９位南アフリカ（38億ドル）
　　　　　中国企業の対アフリカ投資（建設・請負）
　１位ナイジェリア（500億ドル）、２位エジプト（244億ドル）、３位アンゴラ（241億ドル）、４位エチオピア（239億ドル）、５位アルジェリア（230億ドル）、７位ザンビア（166億ドル）、８位南アフリカ（142億ドル）、９位コンゴ民主共和国（140億ドル）、10位カメルーン（133億ドル）
　中国による開発援助・投資は、総じて中国企業のためのビジネス獲得を目的とし、運輸32％、電力24％、採掘10％と多くは権益の確保のため、資源や中国人労働者の集中投入などのインフラ関連分野が多いことが特徴となっています。

コラム　ジニ係数

　所得再分配や可処分所得などの格差をします係数としてジニ係数が使われています。
　「ジニ」とは、統計学概念で、考案したイタリアの数理統計学者、コンラッド・ジニに由来します。
　ジニ係数の見方は、０と１の間の数値で表し、１に近いほど格差が大きく、数値が０に近いほど格差が小さいことを表しています。
　ジニ係数が高い国は、南アフリカ、ナミビアナイジェリアなど多くのアフリカ諸国が含まれますが、最近は米国、中国のジニ係数が0.4を超えるなど不公平感が強まっています。（一般的には 0.25 ～ 0.35 程度）

第五章

オセアニア

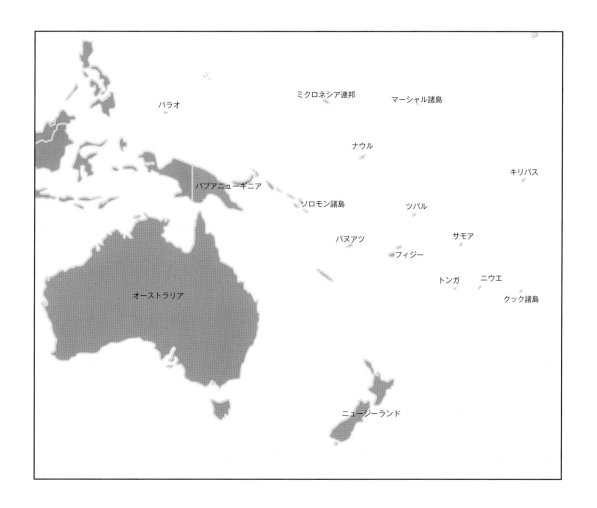

○国名（独立または、国旗制定年度／首都／一人当たりの GDP）

【ちょっと一息：類似国旗】

オーストラリアとニュージーランドの国旗です。

解説：左側のオーストラリア国旗はユニオンフラッグの下に大きな星と5つ星の南十字星が、右側のニュージーランド国旗は、同じ南十字星ですが、フライ部分に赤い4つ星の南十字星となっています。

■ 1、オセアニア 16 ヵ国の概要

ときどき「世界の大陸は五大陸ですか？又は六大陸ですか？」と質問されることがあります。

オリンピックの五つの輪は左から、青・黄・黒・緑・赤で5大陸（ヨーロッパ大陸、南北アメリカ大陸、アフリカ大陸、アジア大陸、オセアニア）をあらわしています（色は特定の大陸を意味しない）ですから、答は「5大陸」なのかなと思いがちです。

しかし、地理学のプレートテクトニクスから見た地球は、ユーラシアプレート上にあるユーラシア、アフリカプレート上のアフリカ、北アメリカプレート上にある北アメリカ、南アメリカプレート上の南アメリカ、南極プレートの南極、インド・オーストラリアプレートのオーストラリアの6大陸ということになります。

その他海底にあるプレートは、太平洋プレート、フィリピン海プレート、イランプレート、アラビアプレート、エーゲ海アナトリアプレート、南米のナスカプレート、中米のココスプレート、そしてカリブプレートに包まれていることが分かりました。そのプレートとプレートの間が、広がったり、沈み込んだり、横ずれしたりして、地震や津波が発生するわけです。

2011年2月22日にニュージーランドで起こったカンタベリー地震で日本人28人を含む185人の死者がでましたが、この地震もプレートの横ずれによるものでした。半面、オーストラリアは安定陸塊で、基本的には、地震が起こらない大陸となっています。地球を六大陸に分けたとき、太平洋の島々は大陸ではないので、オーストラリア大陸を含めて「オセアニア（大洋州）」と区分しています。

オセアニアとは、英語では [Oceania] と書くように、オーシャンの州なので、日本語では大洋州となっています。

① オセアニア地区

オセアニア地区は、オーストラリアとニュージーランドのヨーロッパ系人種が住む地域を除くと、先住民たちの小さな国家14ヵ国が集まり、その他に、主権国家の属領が二つ（北マリアナ諸島・クック諸島）あります。また、サモア、グアム、北マリアナ（米国領）、イースター島、ファン、フェルナンデス島（チリ領）、ポリネシア、ニューカレドニア、ウオリス、フツナ（フランス領）、ピトケアン諸島（英国領）などもあります。

地域区分は海上なので分かりにくいですが、一応、赤道以北に位置するのが、ミクロネシア。赤道以南で日付変更線以西がメラネシア、以東で、ハワイ諸島からニュージーランド迄がポリネシアに区分されています。

　人種的には、ミクロネシアとポリネシアは東アジア人の褐色の肌と蒙古斑をもって出生する人種、メラネシアは濃い褐色または黒に近い南方系アジア人の傾向を持った人種。また、オーストラリアでは、アボリジニと呼ばれる先住民と主にイギリスからの白人種、ニュージーランドもマオリ族の先住民とイギリスからの白人種が居住しています。

② オセアニアの分類

　広い太平洋を、何故三つに分けて呼ぶのでしょうか？

　そもそも「ネシア」とは、ギリシャ語で島という意味なのです。ポリは「ポリリズム」（多くのリズム）や、「ポリエチレン」（多くのエチレン分子）から分かるように「多くの島々」という意味です。メラネシアは、「メラ」が「黒い」という意味なので「黒い肌の人の島」ということです。ミクロネシアは、ご存じの通り「小さな島々」といった意味です。

　本書ではオセアニア諸国を4分割して進めていきます。①オーストラリア、ニュージーランド（2ヵ国）②ミクロネシア（4ヵ国）＝ナウル、パラオ、ミクロネシア連邦、マーシャル諸島 ③メラネシア（4ヵ国）＝パプアニューギア、フィジー、ソロモン諸島、バヌアツ ④ポリネシア（6ヵ国）＝キリバス、ツバル、サモア、トンガ、クック諸島、ニウエに分類します。

　ポリネシア諸国は上記の6ヵ国ですが、ニュージーランドと米国領のハワイ諸島や、フランス領のタヒチ島、ソシエテ諸島も、この地域に含まれています。

　オセアニア諸国の歴史は、オーストラリアの独立が1901年、ニュージーランドが1907年、その他諸国は1962年以降独立の新しい国家です。しかし、独立以前には、それぞれに歴史があり、日本が委託統治した国々もありました。

③ オーストラリアとニュージーランドの存在

　オセアニア地域の存在が、ヨーロッパ諸国に伝わったのは、ジェームズ・クック（英国）やウイレム・ジャズ（オランダ）が活躍した17世紀から18世紀頃です。大航海時代が15〜16世紀ですから、その後ということになります。

　オーストラリアはオセアニアの総陸地面積の86％を占め、ニュージーランドとニューギニアを含めると98％近くになります。

　経済力も、オーストラリア・ニュージーランドと、他の14ヵ国とは比較になりません。

　オーストラリアのＧＤＰが13,304億ドル、ニュージーランドが、1,990億ドル、他の14ヵ国の合計が、パプアニューギニアの221億ドルを含め328億ドルですから、経済力の差は歴然としています。また、この地域には2万5千の島々があり、そのうち住民が住んでいる島は3千程度だといわれ、それぞれに平穏な生活を送っています。しかし、なかには水没の危機にあるツバルや、世界一小さな共和国のナウル共和国（英国から1968年独立）のように、天然資源が枯渇し、厳しい状況になっている国もあります。

■ 2、国旗の傾向と分類

オセアニアの国旗の特徴は、カントン部分に英国旗がある国旗が多いこと。

南十字星を含む星や鳥の図柄（極楽鳥とグンカン鳥）があることです。

オセアニア諸国の国旗は次の16ヵ国です。

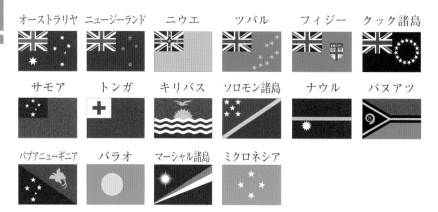

○カントンに英国旗がある国旗（6ヵ国）

オーストラリア・ニュージーランド・クック諸島（ジェームス・クックに由来）3ヵ国の旗地は濃紺です。**ツバルとフィジー**の旗地は太平洋のブルーです。**ニウエ**だけが黄色です。次に紺地の3ヵ国の区別です。**オーストラリア**は、大きな白い一つ星が左（ユニオンフラッグの下）に、右に白い5つの南十字星があります。**ニュージーランド**の南十字星は赤い四つ星です。**クック諸島**はキャプテンクックがいろいろな地を廻ったので、星もラウンドに並んでいます。ブルー地のツバルは、スバル自動車のマークのように星が置かれ、**フィジー**は、リオ・オリンピックラグビー、金メダルだから紋章付きと覚えましょう。最後は、黄色い旗地で英国旗にも手が加えられている**ニウエ**国旗です。ニウエの場所を覚えるには、ニュージーランドの上、（北北東）で、「ニウエ」です。

○その他、南十字星の国旗（3ヵ国）

パプアニューギニアの国旗は左上と右下の対角線で2分し、下の黒三角形にはオーストラリア南十字星の五つ星、上の赤三角形には国鳥の極楽鳥を描いています。**サモア**国旗はカントン部分青地に、五つ星の南十字星。（尚、米国領サモアが日付変更線をはさんだ東にあります）。

ソロモン諸島の国旗は、黄色の対角線で二分され、上はブルー地に南十字星で、ガダルカナル島を含む主要の5つの島を表し、下は緑で大地を表しています。黄色い対角線（太陽）が特徴。

○赤道と自国のロケーション（2ヵ国）ナウル・マーシャル諸島

ナウル　　マーシャル諸島

　ナウル国旗の星は国の位置を示していますが、赤道の南なのにミクロネシアに分類されています。**マーシャル諸島**は、赤道の北なのでミクロネシアの国です。ナウルと同様大きな星で、国の位置が分かります。太平洋のビキニ環礁の核爆発と覚えれば如何でしょう。

○その他（5ヵ国）キリバス、バヌアツ、パラオ、ミクロネシア連邦、トンガ王国

　キリバス　　　バヌアツ　　　パラオ　　　ミクロネシア　トンガ王国

　キリバスは太陽と軍艦鳥、**バヌアツ**は黒い三角の中にイノシシ（野生の豚)の牙と2枚のシダの葉、**パラオ**は満月がデザインされています。**ミクロネシア連邦**は、旗地が国連色のブルーに白い4つ星で十字と4島を表し、**トンガ王国**も、カントンに赤十字で、キリスト教国を表しています。

　オセアニア16ヵ国では、「ユニオンフラッグ」をカントンに入れた国旗が目立ちます。以前は、ソロモン諸島、ナウルも「ユニオンフラッグ」が入っていました。パプアニューギニアはオーストラリアから独立したため、オーストラリアの南十字星（5っ星）を入れました。ミクロネシア3国の**パラオ**、マーシャル諸島、**ミクロネシア連邦**は日本の自治領を経て米国から独立した国々なので、英国色はありません。**キリバス**は英国・米国と関係が深いのですが、両国の核実験場になったことが、独自の国旗にした原因かもしれません。理由はともかく、**キリバス**は世界で一番早く朝日が昇ることから朝日が昇るデザインになりました。**バヌアツ**は英国とフランスの共同統治領であったことから、宗主国ではなく、独立を先導したバヌア・アク党の党旗に基づいたデザインで、他のミクロネシア諸国とは少し色合いが違います。**パラオ**は国連信託自治領であったのでブルーを使っていますが、日の丸のイメージもあったかも知れません。

■ 3、オセアニア諸国 16ヵ国

①オーストラリアとニュージーランド（2ヵ国）

○オーストラリア連邦（―〈イギリス〉/首都キャンベラ/54,348 ドル）

オーストラリア大陸は、六大陸の中で一番小さい面積ですが、全てがオーストラリアの国土(7692千㎢)で、日本の20.3倍の広さです。
　まわりは、東は太平洋、西と南はインド洋、北はアラフラ海に囲まれています。人口2千550万人。民族は、ヨーロッパ系90.2%、アジア系7.3%、先住民（アボリジニ）2.5%。

宗教はキリスト教63.9%、仏教2.1%、イスラム教1.7%、ヒンドゥー教0.7%。

白亜紀に東ゴンドワナ大陸から分かれた南極大陸が、新世紀になり、さらにオーストラリア大陸に分かれ、北上し始めました。

現在のオーストラリア大陸は、グレート・デイヴァイデング山脈（Dividingの名前の通り分水嶺山脈）により、東側と西側の気候が大きく異なります。広い西側には盆地に続きグレート・サンディー砂漠、グレート・ヴィクトリア砂漠など砂漠地帯が広がり、乾燥気候の割合が高いこともあり、「乾燥大陸」とも呼ばれています。夏になると大規模な森林火災が発生し、2020年1月の森林火災では、オーストラリア固有動物のコアラ・ワラビーが大量に死滅し、日本の自衛隊が消火活動に参加しました。東側は温帯気候で住みやすく、シドニー（452万人）・メルボルン（435万人）・ブリスベン（221万人）などの大都市が集まっています。その他の百万都市は、南西のパース（196万人）、南のアデレード（129万人）ぐらいです。

オーストラリアの国名は、ラテン語の「テラ・アウストラリス・インコグニタ」（未知の南方の土地）の「アウストラリス（南方）」に由来します（注：ヨーロッパのオーストリアは、ドイツ語で「東の王国」の意味なので、直接関係はありません）。

また、この地は、5万年以上前に古代インド人が渡り、アボリジニ人と混血していたと、近年の研究資料にあります。ヨーロッパ人の最初の上陸は、1606年、オランダ東インド会社のウィレム・ヤンスゾーンが、オーストラリア大陸北東の半島、ケープヨーク半島に上陸した記録があります。同じ年に、今度はスペイン人のルイス・トーレスがニューギニアとケープヨーク半島間にある海域を航海したという記録もあり、それにちなんでその海域はトレス海峡と命名されました。英国人のジェームス・クックは、1770年にオーストラリアの東海岸に到達し、この一帯を「ニュー・サウス・ウエールズ」と命名し、英国領であることを宣言しました。その地域は、現在のニューサウスウエールズ州、ビクトリア州、クイーンズランド州などですがそれらの地名には英国本土の面影が窺えます。

私が、学生時代の親友岡田夫妻と4人で訪れたポートダグラス（ケアンズの北にある）は、熱帯気候に属します。ちょうど7月の冬なので快適なゴルフが楽しめました。しかし、南に下がりシドニーではジャケットを着用し、さらに南下し、名物の生ガキを食べていますと、日本の初冬を感じます。南へ20度近く移動したことになり、同じ国でも、さまざまな気候の違いを肌で感じました。オーストラリアの気候図は、大学のセンター試験地理Bでも良く出題されています。ケッペンの気候図分類によれば、ケープヨーク半島は熱帯気候のAw（サバナ気候）で、南下するとAm（熱帯モンスーン気候）、Cw（温帯冬季少雨気候）、Cfa（温暖湿潤気候）、Cfb（西岸海洋性気候）と変わっていきます。もちろん内陸部はBW（砂漠気候）ですから、冷帯・寒帯を除いた多くの気候区分を持つのが、オーストラリアです。

オーストラリアの国旗について話を加えますと、東京のホテルで英語を教えているオーストラリア人のナタリーさんと国旗の話をしていたとき、彼女のジャケットについているオーストラリアの国旗バッジを指さし「この大きな星の7つの光は何を意味していますか」と質問されました。

そこで、オーストラリア連邦の国旗を詳しく調べたところ、オーストラリアは1901年の1月1日の独立を契機に、それまでの「英国国旗」を改めて新国旗作成の準備を始め、全世界からコンペを集い、32,823通の中から5名の作品が選ばれ、その作品に手を加え、2年がかりの1903年2月に現在の国旗が誕生したことが分かりました。

この国旗の意味するところは、先ず、英国との歴史的な結びつきとして旗地を青にして、左上のカントン部分にユニオンフラッグを入れました。その下に白い七つの光を放つ大きな七稜星を一つ連邦星として描き、旗の右側には4個の白い七稜星と1個の小さい白い五稜星で南十字星を描いています。南十字星はオーストラリアが南半球の国家であることを示し、大きな連邦星は、6つの州と一つの特別区（オーストラリア首都特別地区と北部準州）を表しています。

リオ・オリンピック、第9位（金8・銀11・銅10）。参加選手団421名。

○ニュージーランド（―〈イギリス〉/首都ウェリントン/40,256ドル）

ニュージーランドは、古期造山帯のオーストラリアプレートと、太平洋プレート間の活断層が走っている新期造山帯の上に国土があるため、地震が多く発生しています。国土は北島（首都ウェリントン）と、南島（主要都市クライストチャーチ）とその周辺の島々から構成されています。

この国の国鳥は「KIWI」（キーウイ）で、雄の鳴き声が「キューイ」と聞こえることから、キューイと名付けられました。キューイは、ニュージーランド固有の鳥で、鶏と同じように、飛ぶことはできません。体形がまるく、茶色をしているので、ニュージーランドでとれる果実も「キューイフルーツ」となりました。ニュージーランド人を「キーウイ」の愛称で呼ぶこともあります。ニュージーランド・ドルを、国際取引では、KIWIドルとも呼びます。

気候は、夏は涼しく冬も住みやすい西岸海洋性気候なので、海外からの移住者や、日本の語学研修生も多い国です。何より、ラグビーのオールブラックスはあまりにも有名です。

総人口は約504万人で、羊の数は一人に5頭と、人より羊の数の方が多いといわれています。30年前は一人あたり20頭はいたそうです。ご参考までに、現在の羊の数世界ランキングは、①中国②オーストラリア③インドで、ニュージーランドはベスト10にも入らなくなりました。国土は268千㎢（日本の本州228千㎢＋九州36.7千㎢とほぼ同じです）。民族はヨーロッパ系67.6%、先住民マオリ人14%、アジア系9.2%、太平洋系6.9%。

宗教は、キリスト教36.5%、無宗教48.2%。

2011年2月22日に南島のカンタベリー地震で、クライストチャーチの日本人留学生28名を含む185名が命を落としたことは記憶に新しいと思います。

さらに2019年、同じクライストチャーチで50人が死亡する銃乱射事件が起きてしまいました。犯人はオーストラリア人（28才）、イスラム教徒に対するテロ行為でした。

ニュージーランド政府は、国旗がオーストラリア国旗に似ていることから、変更しようとした時期があり、カナダが国旗を「メイプルフラッグ」に変えたように、英国カラーをやめ、伝統的ポリネシア系マオリ族の図柄を、国民に提案しました。しかし、2015年の国民投票で否決され、1902年制定の国旗を現在も使っています。

国旗は、青い旗地で、カントン部分にユニオンフラッグを入れ、フライ部分には白く縁取りされた赤い4つの南十字星が、描かれています。赤い南十字星の4つの星は、少しずつ大きさが違うデザインになっています。近くで見ないと同じように見えます。

リオ・オリンピック、19位（金4・銀9・銅5）。参加選手団199名。

② メラネシア4ヵ国（パプアニューギア独立国、フィジー共和国、ソロモン諸島、バヌアツ共和国）

○パプアニューギニア独立国（1975年独立〈オーストラリア〉/首都ポートモレスビー/2,570ドル）

パプアニューギニアは、世界第2の面積を持つニューギニア島の東半分（西半分はインドネシアのパプア州）と、周辺のニューブリテン島、ブーゲンビル島などからなる国家。国名はパプアとニューギニアが一つの独立国になったことで、パプアニューギニアとなりました。ニューギニアは、スペインの探検家が「この島の人たちはアフリカのギニア人に似ている」といったことから、名づけられたそうです。国土は463千㎢（日本の1.22倍）。人口894万7千人。民族は、メラネシア系。宗教は、主にキリスト教。祖先崇拝等伝統的信仰も根強い。。

主要産業は、金（35％）、石油（21％）、銅（15％）などの鉱業が7割を占めていますが、精錬・精製技術が未熟なため、他国依存となっています。

国旗は、旗ざお上部からフライ下部に対角線を引き、上部赤の部分に黄色で極楽鳥を、下部黒の部分に白で南十字星を描いた分かり易い国旗です。黒はメラネシア系国民、赤は太陽と国民の活力、黄色は豊かさを表しています。国鳥の極楽鳥は自由に向けて飛び立つ姿、白い南十字星は南半球の国を示しています。オセアニアの国旗で鳥を描いている国は、キリバス（軍艦鳥）、パプアニューギニア（極楽鳥）2ヵ国です。リオ・オリンピック、参加選手団8名。

○フィジー共和国（1970年独立〈イギリス〉/首都スバ/5,860ドル）

フィジーは、南太平洋の中央部に散在するビティレブ島、バヌアレブ島など、大小332の島々から構成される国です。気候は、全島が熱帯雨林（Af）で年中高温多雨。

国土は18千㎢（ほぼ四国18.3千㎢の広さ）。人口は89万人。人種は、フィジー系57％、インド系移民38％となっています。

宗教は、フィジー系はほぼ100％キリスト教、インド系はヒンドゥ教、イスラム教。

フィジーの国名は、ポリネシア語と英語の発音混合だそうで、ビティレブ島（Viti levu）を宣教師がフィジーと発音したことが、国名の由来になったといわれています。

ポリネシアの島国のGDPでは、パプアニューギニアの216億ドルがダントツで、フィジーの43億ドルが続きます。他の島国は全て一桁（数億ドル）の規模なので、オセアニアの島国では、リーダー的存在となっています。

1970年にフィジー共和国として独立、1998年にはフィジー諸島共和国と国名を変更、2011年に

再びフィジー共和国にもどりました。

　約8,000年前にポリネシア系パプア人が住み、トンガ人が移り住んでポリネシア文化の影響を受けていたことが、ビテイレブ島から発掘された土器で証明されました。フィジーは、オーストラリアやニュージーランドとの関係が深かったのですが、軍事政権の時以来、対立する関係となってきました。現政権は中国と親密な関係にあり、膨大な援助の見返りに、漁業権を与えてしまいました。既にフィジー最大の水産企業は、中国国営企業3社となっています。

　国旗は、ブルー地に英国のユニオンフラッグと国章が描かれたものです。

　現在の国章は、英国領時代に使用していた盾紋章のライオンとセントジョージ十字だけを残し、赤い十字の間に、サトウキビ、ココナツやバナナ等の特産物と、平和を示す白いハトを入れた国章に変えました。リオ・オリンピックでは、男子ラグビーで金メダルを獲得しています。リオ・オリンピック、参加選手団51名。

○ソロモン諸島（1978年独立〈イギリス〉/首都ホニアラ/2,020ドル）

　国名のソロモンは、この島の発見者の一言からつけられたようです。この島の発見者がガダルカナル島で砂金を発見、スペインに帰り「ソロモン王の島を発見した」と報告したことで、旧約聖書に登場する古代イスラエルソロモン王の島と誤解されて、そのまま国の名前になりました。

　英国領時代は、国旗のカントン部分にユニオンフラッグが描かれていましたが、現在は五つの星に変わりました。五つ星は、ガダルカナル、サンクリストバル、マラタイ、サンタイサベル、ショアズールの主要5島をサイコロの目の様に並べましたが南十字星を意味しています。旗ざお下部から対角線状に伸びた黄色の帯は太陽を、上部の青い逆三角形の青は太平洋と河川、下部の緑の三角形は国土を表しています。

　ソロモン諸島の島々は、火山島で、平地が少なく、木材、漁業などの第一次産業が主体です。

　今では、ガダルカナル島が日米の激戦地であったことを知る人も少なくなってきましたが、亀井宏氏の著書「ガダルカナル戦記1巻～4巻」では、戦端から混沌、死地、苦闘、撤退とソロモン諸島のガダルカナル島であった悲惨な戦争の状況を客観的に書き綴っています。

　国土は29千k㎡（関東地方32.4千k㎡より少し少ない）。人口は68万人。民族は、メラネシア系（約94％）、その他ポリネシア系、ミクロネシア系、ヨーロッパ系、中国系。宗教は、キリスト教（95％以上）。

　リオ・オリンピック、参加選手団3名。

○バヌアツ共和国（1980年独立〈英・仏〉/首都ポートビラ/3,130ドル）

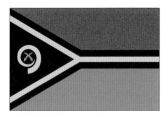

　バヌアツは、フランス領ニューカレドニアの北に位置し、独立以前はフランス・英国の共同統治領でした。また、バンジージャンプのルーツの国ともいわれています。

　この国は、南北800kmにわたるニューヘブリデイーズ諸島から構成され、領土争いでフランスと英国がしのぎを削ってきた歴史があります。また、地層はオーストラリアプレートと太平洋プレートの間にあるため、大きな地震が度々

おき、活火山も頻繁に爆発します。

　国土は 12 千㎢（ほぼ秋田県 11.6 千㎢の広さ）。人口 30 万人。民族は、メラネシア系（93%）、その他中国系、ベトナム系及び英仏人が居住。宗教は、主にキリスト教 82%、伝統信仰 4%。

　オセアニア諸国の国旗の中では、一番アフリカ国旗に近い配色で、英国色、太平洋色もなく、形は南アフリカ共和国の国旗に類似した横 Y 字型となっています。色彩の赤は神事に使われるノブタの血の色、緑は森林、黒は肥沃な大地とメラネシア系国民、黄色は太陽光線とキリスト教精神を表しています。リオ・オリンピック、参加選手団 4 名。

③ ミクロネシア 4 ヵ国（ナウル、パラオ、ミクロネシア連邦、マーシャル諸島）

○ナウル共和国（1968 年独立〈イギリス〉/首都ヤレン/12,060 ドル）

　1942 年まではオーストラリアの国旗を使用していましたが、独立を機に、全く新しい国旗に替わりました。ブルー（太平洋）を旗地とし、その中央に赤道を意味する黄色のボーダーを書き、その左下に大きな白い星で自国の位置を示しています。12 本の光を放つ白い星は、12 部族を表しています。民族は、ミクロネシア系（ポリネシア、メラネシアの影響あり）。宗教は、主にキリスト教。

　国土は、バチカン、モナコに次ぐ、世界で 3 番目（21㎢：東京都港区）に狭い国です。共和国の形態では、一番小さな国です。人口は 1 万 1 千人。国名ナウルの由来は、ナウル語で「砂浜に行く」という意味だそうです。

　1943 年 7 月、旧日本軍の警備艇部隊が、現地のハンセン病患者 39 人を海上に連れ出し虐殺、いかに戦時中の異常心理とはいえ患者への偏見と民間人の虐殺は、あってはならない行為がこの地で起きてしまいました。また、1995 年、フランス領ポリネシアで核実験を再開したことから、フランスとの外交を停止しています。

　産業は、アホウ鳥の糞の堆積でリン鉱石が採れ、その輸出による収入で国民は無税、社会福祉も充実した国でした。しかし資源は無限ではありません。掘り尽くした今は、海外（特にオーストラリア）の援助に頼っています。失業率は最高水準ですが、国民の気質が穏やかなため、暴動などは起きていません。リオ・オリンピック、参加選手団 2 名。

○パラオ共和国（1994 年独立〈アメリカ〉/首都マルキョク/17,280 ドル）

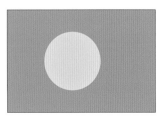

　パラオはマレー語で島を意味します。植民地の歴史は、16 世紀スペイン支配、ドイツの植民地、そして第一次世界大戦後、日本の委託統治時代、第二次世界大戦後、米国の信託統治時代を経て 1975 年に独立を果たしました。

　国土は 0.46 千㎢（ほぼ種子島の広さ）。人口 18 千人。民族は、ミクロネシア系。宗教は、キリスト教。

パラオの島は 200 程度といわれていますが、人が住む島は 10 程度、主要な島は、バベルダオブ島（首都と国際空港がある）とコロール島（日本統治時代の旧首都）。その二つの島を結ぶ、全長412 m の連絡橋（JP ブリッジ）は、日本とパラオ友好橋（Japan-Palau friendship bridge）として日本の無償援助により作られました。

経済は農業・観光業が主体ですが、歳入の大部分は米国の無償援助で賄われています。

パラオの国旗は、「日本の国旗にそっくり」といわれていますが、太陽ではなく満月です。また、日の丸は旗地の中央ですが、パラオの黄色の円は、やや旗ざお側となっています。パラオの満月は愛と平和を意味し、旗地のブルーは太平洋の海と主権を意味しているそうです。リオ・オリンピック、参加選手団 5 名。

○ミクロネシア連邦（1986 年独立〈米国〉/首都パリキール/3,400 ドル）

ミクロネシア連邦はもともと、1962 年から 1978 年まで国連統治下であったマーシャル諸島、北マリアナ諸島、パラオ、ポンペイ、チューク、ヤップによって構成されていたため、最初の国旗は国連旗の色（ライトブルー）を旗地とし、そこに白抜きで、五稜星を六つ描いた国旗でした。しかし、サイパンなどのマリアナ諸島北部、パラオ、マーシャル諸島が連邦を離脱したため、現在の国旗は、4 つの州（コスラエ州、チューク州、ポンペイ州、ヤップ州）を意味する 4 つの五稜星に替えています。ライトブルーは太平洋の色と自由を、白は平和を表しています。

現在のミクロネシア連邦は、東西に長いカロリン諸島に属する 607 の島々から構成され、4 州に 11 万 5 千人が住んでいます。しかし、地球温暖化による、海水上昇問題を抱えています。経済、軍事とも米国に依存しています。

国土は 700㎢（対馬 695㎢の広さ）。民族は、ミクロネシア系。宗教は、キリスト教（プロテスタント及びカトリック）。

歴史的には、ポンペイ島を中心に 12 世紀から 16 世紀頃まで、シャウテレウル王朝が支配していました。その後、スペイン領、ドイツ領、となり、1914 年からは、国際連盟の委任統治後として日本が赤道以北のドイツ領ミクロネシアを治めていました。第二次世界大戦の敗戦により日本統治は終了しました。リオ・オリンピック、参加選手団 5 名。

○マーシャル諸島共和国（1986 年〈米国〉/マジュロ/4,740 ドル）

マーシャル諸島共和国は、西太平洋上の、ラクタ列島とラリック列島の 29 余りの環礁からなる島国です。熱帯雨林気候（Af）ですが、朝夕は貿易風の影響で比較的過ごしやすい国です。

国名のマーシャルは、イギリス東インド会社のスカーボロー号の船長マーシャルに由来します。ちなみに、マーシャル諸島の南のギルバート諸島も、同行したシャーロット号の船長トーマス・ギルバートに由来して付けられました。

タックスヘイブンの国であり、パナマと並ぶ、有数の船籍保有国となっています。この水域は日本の委任統治領でもありました。

マーシャル諸島の国旗はナウル共和国と類似していて、太平洋を表す（青地）にマーシャル語で日の出を表す「ラタック」を（白）、日没を表す「ラリック」を（オレンジ色）の二本の光線が旗ざお側（ホイスト）の下から上部に広がるように伸びています。旗ざお側のカントン部分に、白抜きで24本の光線を持つ太陽が描かれています。オレンジ（勇気と富）と白（平和と栄光）の帯は赤道を表し、帯が右肩上がりに斜めなのは国の発展と進歩を期待したものです。旗ざお側の白い星の十字星はキリスト教（プロテスタントが多い）と24の行政区を意味しています。

国土は180㎢（伊豆大島91㎢の2倍）。人口は5万9千人。民族は、ミクロネシア系。宗教は、キリスト教（主にプロテスタント）。

リオ・オリンピック、参加選手団5名。

北マリアナ諸島（米国自治領）

1995年に制定した自治州旗で、旗地をブルー（太平洋）に、中央には古代の石造タガストーンを配置、さらにその上に自治政府を示す星、回りを「マワア」と呼ばれる花輪で囲った自治州旗です。

北太平洋の西に位置し、主な都市は、サイパン島にあるススペです。サイパン島は、日本軍が玉砕した島として、日本の慰問団がたびたび訪れています。

④ ポリネシア6ヵ国（キリバス、ツバル、サモア、トンガ、クック諸島、ニウエ）

○キリバス共和国（1979年独立〈イギリス〉/首都タラワ/3,140ドル）

キリバスは中部太平洋上の赤道をはさんで日付変更線と交わる海域に、バナバ島、ギルバート諸島、フェニックス諸島、ライン諸島の33環礁からなる島国です。世界で一番早く朝を迎える国の一つとしても知られています。通貨はオーストラリアドル、英連邦の加盟国の一つです。国土は730㎢（奄美大島712㎢より少し大きい）。人口は、11万9千人。民族は、ミクロネシア系98％。宗教はキリスト教。

1956年から1962年にかけて、クリスマス島が英米の核実験場にされたことから、エリス諸島が分離独立し、現在のツバル国となりました。

国名は、島の発見者トーマス・ギルバートに由来し、ギルバートの現地語読みの「キリバス」となりました。

キリバスの国旗は、上部は赤で、下部には白と青のウエーブが各3本あります。世界で一番早く日の出を見られることから、太平洋の浪間から昇り上がる、17本の太陽光線を放つ黄色の太陽を波の上に配置、その上に太平洋を支配する軍艦鳥が描かれています。

青い波は太平洋、白い3本のウエーブはギルバート諸島、フェニックス諸島、ライン諸島を、軍艦鳥は力と自由を、17本の太陽光線は、ギルバート諸島の16の島とバナバ島を意味しています。

33のサンゴ礁からなる島国ですが、344万㎢にもおよぶ世界13位の排他的経済水域をもち、漁業と入漁料収入が経済の中心となっています。リオ・オリンピック、参加選手団3名。

排他的経済水域（ＥＥＺ）ランキング

基線（干潮時に海面上に出てくる低潮高地）から12カイリが領海、24カイリが接続水域。
排他的経済水域は、自国の基線から200カイリ（370.4㎞）の範囲をいいます。大洋州から
は、ベストテンに、オーストラリアとニュージーランドが入ります。領有権の問題もあり、
各国の数字は目安程度です。
　①米国（1,135万㎢）②フランス（1,103万㎢）③オーストラリア（850万㎢）④ロシア（756
　　万㎢）⑤英国（680万㎢）⑥インドネシア（616万㎢）⑦カナダ（560万㎢）⑧日本（447
　　万㎢）⑨ニュージーランド（408万㎢）⑩中国（388万㎢）

○ツバル（1978年独立〈イギリス〉/首都フナフティ/5,430ドル）

　　　　　　　　　　　国名のツバルとは、現地語でtuは立ち上がる、valuは八で、ツ
バルと言う名前には八つの島の人たちが協力して国造りをするとい
う願いが込められています。（国を構成する8つの島と1つの無人島）。
人種はサモア系ポリネシア人が90％を占めています。国土は世界で
4番目（26㎢：品川区）に小さい国です。人口は、1万2千人。宗
教は、主にキリスト教（プロテスタント）、殆んどの国民がツバル教会（キリスト教プロテスタン
ト系）に属する。

　地域区分では、ツバルはポリネシア区分で、ミクロネシア区分のキリバスとメラネシア区分の
フィジーにはさまれたエリス諸島にある島国です。

　サンゴ礁大地で固められた島々は、地球温暖化による海水上昇により、国土存亡の危機に立た
されています。

　英領時代のギルバート島、エリス島から、エリス諸島が分離し、1978年に独立しましたが、人
口わずか1万2千人は、バチカン市国につぐ少なさです。

　資源もなく、観光業に期待していましたが、思うようにはいかず、実状はODA（Official
Development Assistance）とニュージーランドの支援に頼らざるを得ません。

　国旗の旗地は太平洋を表すブルーで、カントン部分はユニオンフラッグを、フライ部分には、
国を構成する9つの島を表す黄色の五稜星を9つ配列した国旗です。9つの星の配置は、実際の島
の位置を東西反転した鏡像図となっています。リオ・オリンピック、参加選手団1名。

○サモア独立国（1962年独立〈ニュージーランド〉/首都アピア/4,020ドル）

　　国名はポリネシア語で、サは接頭語、モアは創造神タンガロアの息子モアに由来します。

　　サモア国は、サモア諸島の西経171度線より西側のウポル島、サバイイ島（サモア最大の島）、及び7つの小さな島から構成された人口19万8千人程度の島国。以前は旧ドイツ領の西サモアでした。東サモアは現在も米国の支配下にあります。一番早く朝を迎える国の一つです。

　　国土は2.84千㎢（佐賀県2.4千㎢よりやや大きい）。民族は、サモア人（ポリネシア系）90％、その他。宗教は、キリスト教（カトリック、メソジスト、モルモン教等）。

　　この国の経済は、基本的には自給自足（80％）ですが、国内人口を上回るサモア人の海外（米国、ニュージーランド等）出稼ぎにより、バランスを保っています。

　　国旗は赤地、カントン部分は青地にし、白抜きで4つ星の南十字星を描きましたが、1948年には、パプア・ニューギニアとも親しいことから、パプア・ニューギニア国旗の南十字星と同じ、小さな星を一つ加え5つ星の南十字星にしました。白い星は国民の純粋性を、青は海と自由、赤は伝統色で勇気を表しています。

　　リオ・オリンピック、参加選手団8名。

○トンガ王国（1970年独立〈イギリス〉/首都ヌクアロファ/3,400ドル）

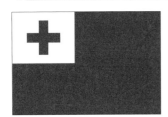

　　トンガ王国は、南太平洋の170余りの島々からなる、人口10万6千人の国家です。（首都のあるトンガタブ島はトンガ国土の半分を占めています）ポリネシア地区に属し、サモアの南、フィジーの東に位置します。気候区分（ケッペンAf）は熱帯雨林気候ですが、海洋性であるため、年間温度較差より、一日の格差の方が大きくなっています。5月から11月にかけては、貿易風の影響で過ごしやすい気候になります。

　　この国の産業は、農業、漁業、それに観光業と、出稼ぎ労働者からの送金が主なものです。

　　国旗は赤地にカントン部分は白にし、白地に赤十字となっています。

　　当初は国際赤十字旗と同じ様なデザインでしたが、旗地を赤にし、赤十字旗をカントン部分に納めて、現在の国旗となりました。赤は、キリストの十字架と聖なる血、白は平和と国民の素朴で純真な心を表しています。国土は750㎢（奄美大島712k㎢とほぼ同じ）。人口は、10万4千人。民族は、ポリネシア系（若干ミクロネシア系が混合）。宗教は、キリスト教（カトリック、モルモン教等）。リオ・オリンピック、参加選手団7名。

○クック諸島（1965年独立〈ニュージーランド〉/首都アバルア/不詳）

　　赤道の南、日付変更線の東に位置するクック諸島は、国旗の15の星が示すように、サンゴ礁からなる6島の北クック諸島と、火山島を含む9の島の南クック諸島の15島から構成されています。

　　5世紀ごろからマオリ人が定住、1888年に英国の保護領となり、1901年に当時の英国領ニュージーランドに移管されました。1965年

には外交・防衛を除く内政自治権を獲得、1973年に完全な主権国家となりました。主要産業は、農漁業、観光業、真珠の養殖。

国土は0.24千㎢（鹿児島県、徳之島とほぼ同じ）。人口は、18千人。民族は、ポリネシア系（クック諸島マオリ族）81％、混血ポリネシア系15.4％。宗教はキリスト教97.8％（クック諸島教会派69％、ローマ・カトリック15％等）。

国旗は青地で英国のユニオンフラッグをカントン部分に描き、主要15島を白抜きの星にみたて、環状に描いたものです。リオ・オリンピック、参加選手団9名。

○ニウエ（1974年独立〈ニュージーランド〉／首都アロフィ／不詳）

ニウエは1974に独立した。世界最大のサンゴ礁でできた楕円形の島国です。島の中心は石灰岩でできているため、山や湖はありません。主要産業はココナッツ、バニラなどの農業と、漁業や観光業ですが、経済基盤は脆弱でニュージーランドへの依存度が高い国です。国土は260㎢（徳之島よりやや広い）。人口は1,618人。民族は、ニウエ人（ポリネシア系）90％。宗教は、キリスト教90％。

ニウエはニュージーランドとの自由連合関係にあるため、国旗はカントン部分にユニオンフラッグが入っています。ただし、純粋のユニオンフラッグではなく、ユニオンフラッグの十字の部分に南十字星の4つ星を配し、中央の大きな星はニウエの自治を表しています。旗地の黄色は、太陽の光と暖かい精神を意味しています。日本は2015年に、国家として承認しました（大使館はニュージーランド大使館に委託し未設置）。2016年にはIOC未加盟でしたからリオ・オリンピック不参加でした。近隣国のツバルや、クック諸島も選手団を派遣していることを考えると、東京オリンピックに初めて参加するかもしれません。

コラム　パラオの慰霊団

　今はさわやかな南国の島にさび付いた戦車一台、ベリリューの戦いの語り部として残されています。日本軍の守備隊陸軍10,500名、米軍48,740名が激突し、日本軍は10,022名の戦死者（米軍2,336名）をだした玉砕戦でした。

　戦力比較では、圧倒的な戦力差で数百倍の火力に対抗した日本軍の死闘でした。この激戦はのちの硫黄島、サイパン島に引き継がれ、数多くの戦死者を出してしまいました。

　戦後70年の2015年4月に当時の天皇皇后両陛下がベリリュー島地域で玉砕した日米両軍の戦死者を慰霊するためパラオ共和国を訪問、ガラマヨン文化センターの晩餐会で、パラオ共和国・ミクロネシア連邦・マーシャル諸島3国の大統領ご夫妻の歓迎を受けました。

　多くの福祉団体や宗教団体が慰霊法要参拝団としてパラオ、サイパン、硫黄島、ガダルカナルなどで、国のために大切な命をかけ玉砕した英霊の法要が逐次行われています。

　私の菩提寺（東京谷中にある日蓮宗本山瑞輪寺〈井上瑞雄貫首猊下〉）でも慰霊参拝団を組みパラオ、サイパンに定期的に慰霊をしています。

第六章

北米大陸と中米

○国名（独立または、国旗制定年度／首都／一人当たりの GDP）

■ 1、概要

　アメリカ大陸を北米、中米、南米に三区分する場合、中米と南米との境が、パナマとコロンビアであることは明白ですが、メキシコは北米なのか中米なのか、と迷ってしまう方は多いと思います。

　地学的には、メキシコの南部ユカタン半島を含むテワンテペック地峡からパナマまでが中米ですが、プレートテクニクスでは、北米プレートにはユカタン半島より南のグアテマラ、ベリーズまで入ります。その他の中米5ヵ国（ホンジュラス・エルサルバドル・ニカラブア・コスタリカ・パナマ）はカリブプレート上にあり、火山・地震の頻発地区でもあります。しかし一般的（地図帳など）には中米は、グアテマラ、ベリーズ、エルサルバドル、ホンジュラス、ニカラグア、コスタリカ、パナマの7ヵ国で、メキシコは北米に区分されています。

　またコロンビアから独立したパナマと英国から独立したベリーズを除き、5ヵ国はいずれもスペインからの独立国です。

> ### コラム　GNI指標からみる、北米と中米カリブ
>
> 　経済がグローバル化する中で、最近はGDPではなく、海外投資収益を入れたGNIがより正確な実態経済を示す経済指標として使われるようになりました。
> 　地理的に北米の3ヵ国のGNIは、米国（20兆6,466億ドル）、カナダ（1兆6,676億ドル）の先進国と発展途上国のメキシコ（1兆1,590億ドル）のGNI（国民総所得）が占める割合が大きく、中米・カリブ諸国20ヵ国を合計してもGNIは5,020億ドルですから、上記3ヵ国とはかなりの差があります。

① アメリカ大陸と米国の歴史

　北米大陸に最初に到達した民族はアジア系モンゴロイドで、シベリアからベーリング海を渡ってアラスカを経由し、北米、中米、南米へと広がっていきました。次いで10世紀、ノルマン系ヴァイキングの航海士レイナ・エリクソンの船団が、ヨーロッパ人として初めて到来し、ニューイングランドからニューヨーク周辺までを「ヴィニランド」と名付け、しばし定住していたことが分かってきました。

　1492年、コロンブスによる新大陸発見以来、この地は「探検」から「植民地獲得競争」の舞台になっていきました。

　英国はヴァージニア州、カロライナ州、フランスはルイジアナ州、ニューヨーク州、オランダはニュージャージー州、スウェーデンはデラウェア州、スペインはフロリダ州と各国が入り乱れて植民地化をはかっていきました。

　1775年、フランス・スペインの支援のもと、イギリス本国とアメリカ東部沿岸のイギリス領13植民地との間で、アメリカ独立戦争がはじまり、米国が勝利して13州が完全に独立しました。さらに、ミシシッピー川以東の広大な英領ルイジアナ植民地も獲得しました。

　1861年、米国北部は産業革命により工業化が進みましたが、南部は綿花の輸出を優先すること

から関税撤廃を求め激しく対立、南北戦争に突入しました。

1865 年、南部連合はゲティスバーグの戦いに敗れて降伏し、米国は統一国家となりました。

■ 2、国旗の傾向と分類

北米 3 ヵ国の国旗は既にご存じの通りですが、中米 7 ヵ国の国旗は、5 ヵ国が旧中央アメリカ連邦の国旗に類似。

① 北米 3 ヵ国（知名度の高い 3 ヵ国）

カナダ　　　　　　　　　　米国　　　　　　　　　　メキシコ

（メイプルフラッグ）　　（スターズ&ストライプス）　　

注：米国国旗のスターズ＆ストライプス旗は、アフリカのリベリアや、中米・カリブ海諸国の国旗に影響を与えました。メキシコはイタリア縦 3 色旗（緑・白・赤）の中央にサボテンと、へび食い鷲の紋章。

② 中米 7 ヵ国（グアテマラ、エルサルバドル、ニカラグア・ホンジュラス、コスタリカ、パナマ、ベリーズ）

中央アメリカ 7 ヵ国の内、旧中央アメリカ連邦色（白とブルー）を取り入れている国旗が 5 ヵ国あります。5 ヵ国の国旗は類似国旗で基本的には三分割二色旗（青・白・青）＋国章ですが、その判別ポイントが分かれば簡単です。縦 3 分割旗はグアテマラだけで、中央の白には国章を配置し、月桂樹に囲まれた国鳥のケツァールが描かれています。コスタリカ国旗は、唯一赤いストライプが入っている横 5 分割（青 1/6・白 1/6・赤 2/6・白 1/6・青 1/6）三色旗で、中央の赤地のやや左寄りに国章が置かれています。横 3 分割 2 色旗の国旗が 3 ヵ国ありその区別は青の色と国章です。中央の白地にはシンプルなブルーの五つ星が描かれ、一つの星（ホンジュラス）を中心に、左に二つ（グアテマラとエルサルバドル）、右に二つ（ニカラグアとコスタリカ）の星の国旗がホンジュラスの国旗です。ニカラグアとエルサルバドルの国旗は同じ横 3 分割 2 色旗（青・白・青）ですが、ニカラグア国旗の青は薄い青で、エルサルバドルは濃紺です。

○旧中央アメリカ連邦色（白とブルー）5 ヵ国

グアテマラ　エルサルバドル(濃紺)　ニカラグア　ホンジュラス　コスタリカ

○米国国旗の三色と星で、現代絵画のような国旗

　パナマ

○青地に赤い縁取りと中央に大きな国章

人間を国章とした唯一の国旗　　　　　　

ベリーズ

■ 3、北・中米大陸諸国

① 北米3ヵ国（カナダ、米国、メキシコ）

○カナダ（1867年独立〈イギリス〉/首都オタワ/45,940ドル）

G7の諸国に記載（26ページ）

○米国（1776年独立〈イギリス〉首都ワシントンＤＣ/55,799ドル）

G7の諸国に記載（20ページ）

○メキシコ合衆国（1821年独立〈スペイン〉/首都メキシコシティ/9,807ドル）

メキシコは、北アメリカ大陸の南部に位置する高原国で、首都のメキシコシティー（2,149万人）も標高2,240メートルにあります。国土は1,960千㎢（日本の約5倍）。総人口1億2千619万人。民族は、欧州系（スペイン系等）と先住民の混血60%、先住民30%、欧州系スペイン系等9%。

　　　　　　3世紀からマヤ文明の流れがあり、現在のメキシコ市（テノチティトラン）を中心として、アステカ文明をつくりあげていました。1521年、スペインのエルテス・コルテスがアステカ王国を征服。1810年独立戦争がはじまり、1821年にスペインから独立、同年の新憲法によって、連邦制の合衆国が誕生します。1846～1848年まで、米国との領土問題で激しい戦争に突入し、戦いに敗れてテキサスからカリフォルニアなど国土の半分を失いました。今は米国領になっている、ニューメキシコ州、テキサス州、アリゾナ州、カルフォルニア州なども以前はメキシコでした。その名残として、ロサンゼルスやラスベガス、サンアントニオなどスペイン語の名前が今でも多く残っています。その後、一時1861年にはフランスのナポレオン3世に征服され、フランス政府の傀儡（かいらい）となる時代に入りましたが、1867年に再びメキシコ合衆国が復活し、現在に至るという、複雑な歴史があります。

　　経済は隣国である米国の景気に大きく左右されます。日本からも生産工場投資が急増したのですが、トランプ政権の「国境に壁を作る」「バイアメリカン政策」により、不透明な状況となっています。その原因には、メキシコが米国への麻薬密輸の最大の中継地であること、そして、メキシコの出稼ぎ労働者が本国に送金する金額の合計額が、メキシコの石油輸出額を上回る最大の収入源になっていることがあります。トランプ氏は、米国内の失業問題を「国境の壁」で解決しよ

うと考えたのでした。

　メキシコ国旗の原型は、フランスの3色旗を手本としたそうです。国章は、アステカ王国の伝説で「鷲がヘビをくわえてサボテンに止まっている地に都を築け」という神託に由来しています。

　リオ・オリンピック、61位（金0・銀3・銅2）参加選手団314名。

コラム　マヤ文明・アステカ文明・インカ文明

　古代文明と比較すると最盛期は紀元後となりますが、中米・南米にかけて3つの文明が存在していましたので、少し整理してみたいと思います。

名称	時期	体制	文字	中心地域
アステカ文明	2世紀〜12世紀	都市国家群	有り	メキシコ
マヤ文明	古期は紀元前8千年〜2千年、古典期が16世紀の植民地期まで続く。	周辺帝国	有り	中米グアテマラ・ベリーズ・ホンジュラス
インカ文明	インカ文明の前、考古学期のアンデス文明は紀元前7千年頃と言われる。最盛期13世紀〜16世紀	帝国	なし	ペルー・チリ・ボリビア

② 中米7ヵ国（グアテマラ、エルサルバドル、コスタリカ、ニカラグア、パナマ、ホンジュラス、ベリーズ）

コラム　旧中央アメリカ連邦国

　1823年〜1838年の15年間、スペインの管轄下にあった5ヵ国（グアテマラ・エルサルバドル・ホンジュラス・ニカラグア・コスタリカ）が1823年に中央アメリカ諸州連合として発足しました。本部は当初グアテマラに置きましたが、全地域を掌握する程の力はなく、保守派、自由派に分かれ内紛が相次ぎました。1821年にグアテマラ、エルサルバドルとコスタリカ、1838年にホンジュラスとエルサルバドルが離れ中央アメリカ連合は解消しました。

○グアテマラ共和国

（1821年独立〈スペイン〉/首都グアテマラシティー/4,619ドル）

　東はカリブ海、西を太平洋に面し、北西はメキシコ、南はエルサルバドル、東にベリーズ、南東はホンジュラスと国境を接しています。国土の3分の2は高原。火山国で、中米の最高峰タハルムコ山（4,220m）、イサバル湖、アテイトラン湖といった火山湖があります。国土は109千㎢（日本378千㎢の1/3弱）。人口1千791万人。

　民族構成の、マヤ系先住民族 39％の割合は、中米では最大。しかしスペイン系白人と先住民との混血によるメスティーソが人口の 60％を占めています。宗教は、キリスト教 99％。

　経済はコーヒー、砂糖、バナナの輸出を主とする農業国です。原油の埋蔵もありますが、観光及び繊維加工業に力を入れています。

　15 世紀まではマヤ文明が栄えていましたが、スペインに占領され、その後メキシコに併合、1821 年に独立宣言。1823 年には中央アメリカ連邦に加入しましたが、1838 年に単独独立国となりました。テロ、クーデターなどの混乱期が続き、現在は立憲共和制をとっています。

　国旗は中央アメリカ連邦時代に使用していた（青・白・青）の縦 3 分割 2 色旗で、中央の白に国章を配したもの。国章には、防衛の象徴としてライフル銃とサーベルをクロスさせ、その上に世界で最も美しい鳥といわれている国鳥ケツァールを自由のシンボルとして描き「1821 年 9 月 15 日自由」と書いた巻物を国鳥の下に置き、左右を丸く囲むように月桂樹を配した国旗です。リオ・オリンピック、参加選手団 21 名。

○ベリーズ（1981 年独立〈英国〉/首都ベルモパン/4,450 ドル）

　ユカタン半島の付け根に位置し、北西部をメキシコ、南西をグアテマラに挟まれ、カリブ海に面している、1981 年に誕生した比較的新しい国家です。国土の大半は熱帯雨林気候で、沿岸部にはマングローブの湿地帯とサンゴ礁があります。国土は 23 千㎢（本州 228 千㎢の 1/10）。人口は 40 万人。民族は、メスティーソ 48.7％、クレオール 24.9％、マヤ人 10.6％。宗教は、キリスト教（カトリック、プロテスタント、英国国教会等）等。

　この地はイギリス・グアテマラの双方が領有を主張し争っていましたが、問題の解決をみないままでしたが、1973 年、英領ホンジュラスからベリーズに改称。グアテマラと国境紛争の末、1981 年に、領有権を主張する隣国グアテマラも、独立を承認しました。英連邦加盟国。

　紺碧の空と世界で二番目に大きいサンゴ礁を持ち、サンゴ礁に囲まれた海に、ブルーホールと呼ばれる地下 470 ｍに鍾乳洞があります。ブルーホールは、多くのダイバーたちの憧れのポイントとなっています。

　国旗は、旧中央アメリカ連邦とは無関係で、青地の上下に赤い縁どりをした旗地です。国章は、中央の大きな白抜きの円の内側に月桂樹の葉 50 枚（独立運動が開始された 1950 年にちなんで）を円状に結び、中央に名産のマホガニーの樹、その左右には、アフリカ系と褐色人がノコギリや斧を担いでいる姿が絵画的に描かれています。ベリーズ国旗は、世界で唯一人間を描いている国旗で、二人の足元には、ラテン語で「繁栄は木陰にあり」という国家の標語が書いてあります。リオ・オリンピック、参加選手団 3 名。

○エルサルバドル共和国

（1821 年独立〈スペイン〉／首都サンサルバドル／4,676 ドル）

中央アメリカの中央部に位置し、太平洋に面していますが、カリブ海には面していません。西はグアテマラ、北東部はホンジュラスに接し、中央アメリカ諸国の中で最も小さい国家（2.1 万㎢・九州の半分の広さ）です。スペインからグアテマラの一部として独立しました。

人口 648 万人。民族は、メスティーソ 86.5%、白人 12.8%、先住民 0.7%。宗教はキリスト教です。

国旗は、中央アメリカ連邦時代の国旗から国章のみ変更しました。複雑な国章は、スペイン語で「中央アメリカのエルサルバドル」と書かれた金文字で囲まれ、その内側に月桂樹、さらにその上に「神・統一・自由」と書き、三角形の中には、太平洋と中央アメリカ連邦を意味する 5 個の火山と海、フランス革命のシンボル自由のフリジア帽と、1821 年 9 月 15 日の独立日という言葉が金文字で書かれています。

リオ・オリンピック、参加選手団 8 名。

○ホンジュラス共和国

（1838 年独立〈スペイン〉／首都テグシガルパ／2,350 ドル）

ホンジュラスは、西にグアテマラ、南はエルサルバドル、ニカラグア、北はカリブ海に面しています。1823 年に中央アメリカ連邦共和国に加盟しましたが、解体後 1838 年に独立しました。

国土は 112 千㎢（日本の 1/3 弱）。人口 990 万人。住民の 90% 弱は先住民と白人との混血メスティーソ。宗教はキリスト教。

ホンジュラスの気候は熱帯気候で、地形は 65% が山岳地帯、標高 990 メートルにある首都のテグシガルパの気温は温帯冬季少雨気候で、1 月が 20 度、7 月が 24 度と過ごしやすく、117 万人が生活してます。

300 年～ 900 年頃まではマヤ文明が繁栄し、1502 年のコロンブス到来以降はスペイン領となりました。その後メキシコに併合されましたが、中央アメリカ連邦に加わり、1838 年独立しました。政治体制は立憲民主体制です。

2016 年の対外債務が 61 億 2 千万ドルに至り、債務貧困国となっています。主要産品バナナ、コーヒー豆などの農産物。

国旗は中央アメリカ連邦時の（青・白・青）の横 3 分割 2 色旗をそのまま使用し、中央白の部分に連邦を表す青い星を一つ真ん中に（ホンジュラス）描き、その左側の二つ星はグアテマラ、エルサルバドルを、そして右側の星はニカラグア、コスタリカを意味して描いたものです。青は海と空と友愛、白は平和と国家統一を、青い星は近隣国との再統一の希望を象徴しているとのことです。リオ・オリンピック、参加選手団 26 名。

○ニカラグア共和国（1838 年独立〈スペイン〉／首都マナグア／2,350 ドル）

ニカラグアは中米の中央に位置し、北西はホンジュラス、 南は コスタリカと接し、カリブ海と太平洋に面しています。太平洋側に は 1,297 m のモモトンボ火山や火山湖ニカラグア湖、レオン市にあ る 2 つの世界遺産レオンビエホ遺跡群、レオン大聖堂など、多くの 観光スポットがあります。

国土は 130 千㎢（日本の 34％の広さ）。人口 662 万人。民族は、 メスティーソ 63％、白人 14％、アフリカ系 8％、先住民 5％。宗教は、キリスト教 81.7％。

国旗は中央アメリカ連邦旗の横 3 分割（濃紺・白・濃紺）の 2 色旗を使用、白の中央に描かれ ている三角形の国章は、中米 5 ヵ国の連帯を示す 5 つの火山。太陽光線と虹は 輝ける未来、フランス革命ゆかりのフリジア帽を入れ、自由、平等を象徴して います。その周りに金色で円状に書かれた文字は「中央アメリカ連邦」から、「中 央アメリカ・ニカラグア共和国」へ書き換えた国旗となっています。

リオ・オリンピック、参加選手団 5 名。

○コスタリカ共和国（1821 年独立〈スペイン〉／首都サンホセ／12,026 ドル）

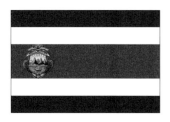

コスタリカは、南西に太平洋、北はニカラグア、東はカリブ海と パナマに接しています。最高峰はチリポ山の 3,819 メートルで、他 に 3,432 m の活火山イラス山があります。コスタリカは非戦宣言国 として、一部の反戦活動家から「理想国家」のように言われていま すが、交戦権も有事の際の徴兵制も残っています。公安警察は装甲車・ 追撃砲も装備し有事に備えています。

世界遺産も多く豊かな自然は動植物の宝庫。気候は熱帯でありながら山地のサンホセ（海抜 1,170 m：人口 34 万人）は大変住みやすいため、スペインからの移住者も多く、77％が白人の国。人口 509 万人。民族は、スペイン系白人 77％、メスティーソ 17％、ムラート 3％、アジア系 2％、先住 民 1％。宗教はキリスト教。国土は 51 千㎢（四国 18.3 千㎢＋九州 36.7 千㎢弱）。

コスタリカの意味は、スペイン語で、「豊かな海岸」を意味しています。国民の大半はスペイン 系の白人で、国民所得は上記のように中米の中で最も高く、隣国ニカラグアの 2,050 ドルと比較し ても、その豊かさが分かります。

コスタリカの国旗の色は、タイ王国の国旗の色の赤と青を入れ替えた国旗で、公式旗には複雑 な国章がはいります。横 5 分割 3 色旗で、上部から（青 1・白 1・赤 2・白 1・青 1）の割合で 構成されています。

上下の青はカリブ海の空と太平洋の空の青、中央には独立のために流された赤い血、白は平和を意味 しています。中央やや旗ざお寄りに、円で国章が入ります。国章には、上部から中 央アメリカ、その下にコスタリカ共和国、コスタリカ 7 州を意味する 7 の金星、カリ ブ海からの日の出と、バルバ、イラス、ボアスの 3 火山、太平洋に浮かぶ 1 隻の帆 船が描かれています。しかし国章は公式行事のみ使用することになっていますので、 一般時には 5 分割 3 色旗です。リオ・オリンピック、参加選手団 10 名。

○パナマ共和国（1903年独立／首都パナマシティー／15,831ドル）

パナマは、パナマ地峡部に位置し、東は南米コロンビア、西はコスタリカ、北はカリブ海、南は太平洋に接しています。太平洋と大西洋を結ぶパナマ運河の国として名高く、経済的価値は計り知れないものがあります。近年、運河完成のために伐採した熱帯雨林の森林を再生する、大規模な植林を始めています。観光的付加価値をさらに高める新しいパナマ造りが始まっています。

国土は75千km²（ほぼ北海道77.9千km²）。人口431万人。民族は、メスティーソ58.1％、ムラート（アフリカ系と白人の混血）14％、先住民6.7％、アジア系5.5％。宗教はキリスト教。

1999年、米国はパナマ運河を全面返還し、2016年には第3運河が完成、運河の観光的価値に加えて、商業的価値もいちだんと重要性を増しています。同年、パナマの首都パナマシティーの人口は400万人を超え、中南米では、ベスト10に入る勢いとなってきました。

パナマの経済の50％は観光収入によるものですが、登録船籍国としての収入も大きな収益を上げています。観光客の多くは米国人で米国経済をバックに、豊かな国の一つとなっています。しかし失業率は10％近くで、白人とアフリカ系との所得格差の問題を相変わらず抱えています。

国旗は、旗地を四分割し、旗ざお側上部が白地に青い星、下部は青色一色、右側上部は赤色一色で、下部は白地に赤い星のモダンな配色旗となっています。

赤は自由党、青は保守党、白は国民の融和を表し、両党が一致団結して平和な国土を築くことを目指しています。また、青い星は法の権威、赤い星は革命で流れた血、ブルーはカリブ海と太平洋、白は平和と国土を意味しています。

リオ・オリンピック、参加選手団10名。

コラム　登録船籍

船が一定の大きさ以上になると船籍の登録が義務付けられ、船籍登録のない船は国境移動ができません。我が国の保有船腹量はギリシャに次ぎ世界第2位なのですが、船籍の多くは日本ではなくパナマ船籍です。その理由として、①税金が安いこと②ペーパーカンパニーが事務所なしで登録できるなど手続きが簡単③パナマ船籍の海技免許などの船員雇用が緩やかなこと、（最近、国際船員協会より善処を要請されている）などがあげられています。

コラム　地峡

海峡は聞き慣れていますが、地峡も同じように大きな陸地と陸地の狭間を地峡とよびます「パナマとスエズ」が代表的な地峡で、そこには運河が造られました。

一口小話

　リゾート地として名高いカリブ海クルーズは欧米人だけではなく日本人にも人気のクルーズ観光があります。その時の一口小話です。

　豪華客船には、アメリカ人、カナダ人、ドイツ人、イタリア人、英国人、ブラジル人そして日本人が乗船していました。

　突然船長が「海で女性が溺れています。誰か助けに行ってください」と叫びました。

　するとイタリア人は、**溺れているのが女性なので**直ちに飛び込みました。船長は「紳士はすぐに助けに行きますよ」と大声を出すと、イギリス人が飛び込みました。続いて、「**軍の命令だ**」でドイツ人、「**アメリカ人は飛び込まないよ**」でカナダ人が飛び込みました。

　残ったのは、アメリカ人、ブラジル人、と日本人です。

　船長はつぶやきました「皆さん**保険に入っている**から大丈夫です…」でアメリカ人は飛び込んでいきました。船長はこんなに多くの人たちが飛び込むと混乱してしまうので「**もう飛び込むな！**」というとブラジル人が飛び込みました。

　船長は日本人だけ残ってもしょうがないと思い優しく「皆さん飛び込んでいますよ」というと、日本人も飛び込みました。

　この小話は、アメリカ人は保険が重要。カナダ人はアメリカ人がやらなければやる。ドイツ人は二度の世界大戦から軍の命令。イタリア人は女性であれば。英国は紳士。ブラジル人は命令とは逆。日本人はみんながやっていれば大丈夫という小話ですが、竜宮城に行くようなカリブ海の美しさなら皆さん飛び込むでしょうね。

スエズ運河とパナマ運河

　2021年3月23日スエズ運河で、日本の正栄汽船が保有し台湾の長栄海運が運航する大型コンテナ船が、砂嵐の強風により座礁し、29日まで船舶運航が停止するという事故が発生しました。ここでは世界の2大運河を比較してみたいと思います。

	スエズ運河	パナマ運河
構造	水平式	ロック式（閘門式）水位の異なる場合
開通時期	1869年	1914年
全長	約193km	約80km
許容最大船幅	77.5 m	32.3 m
場所	地中海と紅海	大西洋と太平洋

　スエズ運河は紅海と地中海の南北線上に存在する川と湖を結び拡張した大変長い運河です。通過可能サイズは喫水20 m、載貨重量トン24万トン、水面からの高さ68 m以下で通過時間は11時間から16時間といわれています。

　一方パナマ運河を高低差のある地峡に3組の水門と3つの人工湖からなり、通過可能な船のサイズは船幅32.3 m、長さ294.1 m、喫水12 mで、通過時間は約9時間といわれています。

第七章
南米大陸

〇国名（独立または、国旗制定年度／首都／一人当たりの GDP）

【ちょっと一息：類似国旗】

南米大陸の北部3ヵ国に共通する革命旗、「ミランダ旗」がベースとなった国旗。

新大陸発見者の名前、　　　　　スペイン語で赤道、　　　　　石油の産出国、です。

解説：左から、コロンビア国旗・エクアドル国旗（中央に紋章）・ベネズエラ国旗（均等横三分割旗で、中央に6つ星があり、旗ざお側上に紋章付き）です。

黄・青・赤の3色旗は、独立を指揮したミランダの名前を冠して、ミランダ旗（黄2/4・青1/4・赤1/4）と呼ばれています。エクアドルは紋章がないとコロンビア旗とまったく同じになります。

ベネズエラ国旗は横3分割3色旗（黄1/3・青1/3・赤1/3）の配分です。

南米諸国12ヵ国（コロンビア・エクアドル・ペルー・チリ・ベネズエラ・ガイアナ・スリナム・ブラジル・ウルグアイ・アルゼンチン・ボリビア・パラグアイ）

■ 1、南米諸国の概要

　「ラテンアメリカ」と一般にいわれている地域は、メキシコから以南の中央アメリカ、西インド諸島、そしてコロンビアから南に続く南米大陸までの地域です。南米諸国はラテンアメリカの一部で、南米大陸にある、12の諸国ということになります。

　ラテンアメリカ地域には、メキシコのアステカ文明、ユカタン半島に広がるマヤ文明、そして南米のペルー、ボリビア、エクアドルにつながるインカ文明など、高度な文明社会が形成されていました。

　15世紀末の南アメリカ大陸発見以来、この大陸の多くはスペインの植民地となり、その間、ヨーロッパのラテン文化が浸透しラテン系言語、キリスト教が定着し始めました。その言語と宗教は、不思議と今も南米大陸に定着し、12ヵ国どこに行っても意志が通じ合える大陸が生まれました。（ブラジルはポルトガル語、ガイアナの公用語は英語、スリナムはオランダ語ですが、スペイン・ポルトガル語も通じる地域です。）

　歴史は、スペインの圧政に耐え忍んできた1810年から1824年にかけて各地で独立気運が高まり、現在、南米大陸諸国には、約3世紀にかけて、それぞれ独立国としての道をフランスのギアナ県を除いて歩んでいきました。

　南米大陸の面積は、アジア、アフリカ、北アメリカ大陸に次いで第4番目ですが、古代には、アフリカ大陸、南アメリカ大陸、インド亜大陸、南極大陸、オーストラリア大陸、アラビア半島などを含んだ大きな旧大陸（ゴンドワナランド）の一部をなしていました。ゴンドワナランドは古代からの安定陸塊として、地震や火山のない広大な平原地帯でした。余談ですが、私が住んでいたサンパウロも安定陸塊でしたから地震の心配はありませんでした。しかし、銀行事務所が高層ビルの23階を借りていましたので、火災時の避難方法が心配でした。上階には、当時の日本興業銀行が入居していましたので、火災時の退去方法を相談、結論は「ハンマーで床を壊し、そこから避難すれば簡単。ブラジルのビルには、鉄筋は余り入っていないから」と、冗談とも本気ともつかない話で終わりました。しかしアンデス山脈西側地区は、日本と同様に隆起してできた新規造山帯のため、ベネズエラ、

コロンビア、ペルー、エクアドル、チリなどは頻繁に地震が発生する地域なのです。

ベネズエラのメリダ山脈からチリのフェゴ島までつながるアンデス山脈は世界最長山脈で、南米の屋根といわれています。最高峰アコンカグア山（アルゼンチン・6,962 m）をはじめ、アルゼンチンとチリの国境にある世界で一番高い火山オホス・デル・サラド山（6,893 m）、ペルーのワスカラン山（6,768 m）、ボリビアのサハマ山（6,542 m）、コロンビアのチンボラソ山（6,267 m）など、6千メートル級の山々が連なっています。

南米大陸の東側には、世界最大の流域を持つブラジルのアマゾン川（6,400km）が広大な森林地帯を創り上げ、アルゼンチンのラプラタ川（パラナ川）（4,880km）にも、上流水域にはパンパと呼ばれる放牧に適した草原地帯が広がっています。ブラジルとアルゼンチンの国境には、世界最大級の水量を誇る世界遺産イグアス大瀑布があります。ブラジルのマットグロッソ州には、自然界の動植物の生態をそのまま残しているパンタナールの湿原や、北部の密林が続いています。南緯40度にはチリとアルゼンチンにまたがる「パタゴニア地方」があり、強風とアンデス山脈から滑り落ちるペリト・モレノ氷河は世界遺産に登録されています。

尚、人種は混血が多様で、メスティーソは、白人と先住民との混血。ムラートは、白人とアフリカ系との混血。サンボ（カボクロ）は、アフリカ系と先住民との混血をいいます。

コラム　南米大陸の日系人

世界に於ける日系人の分布のベスト5を挙げると①ブラジル（140万人）②米国（100万人）③フィリピン④中国⑤ペルーとなり、以降⑦アルゼンチン⑩パラグアイ⑪ボリビア⑫チリ⑬コロンビア⑯ベネズエラ⑰ウルグアイ⑱エクアドルと南米12カ国のうち10ヵ国がベスト20に顔を出し、圧倒的に南米大陸諸国が多いことが分かります。

南米移民の始まりは明治25年（1899年）のペルー790人でしたが、南米大陸に拡大したのは理由があります。19世紀から20世紀初頭にかけて、北米の特に米国で、契約労働移民の禁止や排日が高まってきたことで、移民の受け入れ国として南米が浮かび上がってきました。受け入れ側の南米、特にブラジルでは、奴隷禁止により、コーヒー農園で働く新しい労働力を日本からの移民に置き換えることを考えていました。

1925年、日本政府は渡航費全額を支給する国策化をすすめ、第一回ブラジル移民781名が笠戸丸で、パナマ運河経由、サンパウロ州サントス港まで48日間の長旅でした。1928年〜1933年まで、毎年2万人を超える日本からの移民が大きな夢を抱いて入植して行きました。しかし、現実は「移民会社に騙されて、天国どころか地獄」であったと多くの資料に残されています。医者も薬もなくマラリヤにより多くの死者が出ました。農場から逃亡し日本に帰りたくても帰れない厳しい生活が続きました。日本の敗戦による日本人同士の殺し合いの対立もありました。

南米各地に渡っていた移民の人達も、一世から二世・三世に変わるなかで、「出稼ぎ」から「定住」に意識が変わり、荒れ地を耕し、米、野菜などの耕地面積を拡大して行きました。二世・三世には教育を受けさせる江戸時代の二宮金次郎精神を実践して行きました。現在では政治・経済・医学・芸術などあらゆる分野で活躍をしています。しかしながら、移民一世の方々の想像を絶する苦悩を決して忘れてはなりません。

■ 2、国旗の傾向と分類

　南米12ヵ国の国旗の特徴は、総じて横分割旗が7ヵ国（コロンンビア、エクアドル、ベネズエラ、アルゼンチン、ボリビア、パラグアイ、スリナム）あります。色分類（黄・青・赤）ではミランダ旗3ヵ国、図柄分類では五月の太陽旗2ヵ国。変わり種は紋章に表裏あるパラグアイ国旗があります。

コロンビア	エクアドル	ベネズエラ

アルゼンチン	ウルグアイ

ボリビア	パラグアイ	スリナム

チリ	ペルー

ガイアナ	ブラジル

南米国旗の特色

○ミランダ旗の国旗＝コロンビア、エクアドル、ベネズエラ。

○五月の太陽を持つ国旗＝アルゼンチン、ウルグアイ。

○横3割3色＋国章＝ボリビア（赤・黄・緑）、パラグアイ（赤・白・青）

○横5分割4色（2/10緑・1/10白・4/10赤・1/10白・2/10緑）＝スリナム。

○横2分割二色（白・赤）＋カントン（青地に白い星）の3色旗＝チリ。

○縦3分割二色（赤・白・赤）＋国章＝ペルー。

○旗ざおダブルデルタ旗付きを持つ国旗＝ガイアナ。

○独立時の天空を描いた国旗＝ブラジル。

■ 3、南米大陸諸国

① 太平洋沿いに北から南に 4 ヵ国
（コロンビア、エクアドル、ペルー・チリ）

○コロンビア（1810 年独立 / 〈スペイン〉/ 首都ボゴタ / 6,684 ドル）

首都ボゴタにあるエルドラド（El Dorado）空港は、名前の通り黄金郷の名残が感じられる空港名です。国土は 1,142 千㎢（日本の 3 倍）。人口 5 千 88 万人。民族は、混血 75％，ヨーロッパ系 20％，アフリカ系 4％，先住民 1%。宗教は、カトリック。

現在、コーヒー栽培はブラジルについで世界第 2 位の生産国。その他に石油、石炭、金、エメラルドなどを産出、輸出しています。反面、麻薬の原料となるコカの木を奥地で栽培する麻薬マフィアが暗躍、知られざる影の部分があります。

頭文字に C が付くラテン美人国（コロンビア、コスタリカ、チリ）の一つといわれ、特に、コロンビアは美人国の中でも最高だと言われています（しかし、ブラジルではブラジル女性が、アルゼンチンではアルゼンチン女性が一番だ、という自国ひいきの人ばかりですが）。コロンビアは、白人種とは異なる、程良い混血種の美人なのかもしれません。しかも彼女たちは、正統なスペイン語や英語も話し、教育レベルも高く、スペインカトリックの影響もあり、女性の教養まで審査されるミスコンでは常に上位を占める国となっています。

コロンビアは、有名な文化人、学者を輩出、南米初のノーベル文学賞作家ガブリエル・ガルシア・マルケスもその一人です。彼の書いた『百年の孤独』は日本語訳もありますからご存じの方も多いと思います（そんな名前の宮崎の焼酎もあります）。

日本人のブラジル移民は周知のことですが、コロンビアには福岡県出身者の移民が多く、ブラジル同様に語り尽くせない辛苦の末、今は各地で成功し、地域社会に多大な貢献をしています。コロンビアに行った方はお分かりでしょうが、親日家が多い国で、これも先人たち（コロンビアの二宮金次郎）のお陰かもしれません。

国旗は、横 3 分割 3 色旗（上部から黄色 2/4・青 1/4・赤 1/4）でミランダ旗と呼ばれています。ミランダ旗のいわれは、南米諸国独立の先駆者であるセバスチャン・フランシスコ・ミランダが使用した革命旗に由来します。独立革命に使われたこの旗色の組み合わせはエクアドル、ベネズエラ国旗にも使われています。

コロンビアの名前の由来は、アメリカ大陸発見者、クリストーバル・コロン（コロンブス）に由来します。

経済の規模は小さいですが、南米特有のインフレ等で悩むことはなく、安定した経済運営を行っています。リオ・オリンピック、22 位（金 3・銀 2・銅 3）。参加選手団 147 名。

○エクアドル共和国（1822 年/首都キト/6,120 ドル）

国土は日本の九州と本州を合わせた広さ（25 百 7 千㎢）、太平洋に浮かぶガラパゴス諸島もエクアドルの国土。国土は 257 千㎢（本州 228 千㎢よりやや広い）。人口 1 千 764 万人。

国名のエクアドル（Ecuador）とは、英語の赤道（equator）を意味します。首都キト（177 万人）も赤道直下の都市ですが、高地にあるため、過ごしやすい環境です。エクアドルの最大都市は、海岸沿いにある 253 万人都市のグアヤキルです。蒸し暑い港湾都市ですが、人間は、涼しいところより、仕事のある所に集まるようです。民族は、欧州系・先住民混血 72%，先住民 7%，アフリカ系・アフリカ系との混血 7%，欧州系 6%。宗教、国民の大多数はカトリック教徒。

歴史を振り返ると、紀元前 1 万年頃から、この地で人類の生存が確認されています。紀元 700 年からインカ帝国時代（キトはインカ時代、第 2 の都市でした）そしてスペイン植民地時代と続き、1822 年にエクアドルは独立致します。その後、隣国ペルーとの戦い、軍政と革命、第二次大戦後のバナナブームによる一時的経済発展、デフォルトなどの経済危機を経て、1920 年代に油田が開発され、1970 年に大きく成長した石油産業によって、経済は好転します。しかし、油田の多くは東部アマゾン低地であるため、奥地から港までの輸送コストや、地震によるパイプラインの破壊、それと国際相場により、経済は大きく左右されてきました。しかし、何といっても原油という天の恵みは大きく、一般の国民生活は、以前より格段に安定し、国の通貨が米ドルであることもあり、海外からの年金生活者にとって楽園となっているようです。

国旗は、ミランダ旗を基本とし、横 3 分割 3 色旗（上部から黄色 2/4〈太陽と小麦と天然資源〉・青 1/4〈空と海とスペインからの独立〉・赤 1/4〈愛国者の血と勇気〉）の中央に、羽を大きく広げたコンドル、チンボラソ山、5 月の太陽、蒸気船などがデザインされた国章が描かれています。リオ・オリンピック、参加選手団 38 名。

○ペルー共和国（1821 年独立/首都リマ/7,002 ドル）

ペルーは独立以降も戦いの連続でした。王政、隣国との戦い、軍政、ゲリラ戦、など目まぐるしい政権交代を繰り返し、1985 年に第一次ガルシア政権が誕生しました。しかし、貧困層救済に財政を集中させたことにより、国家破綻の危機に追い込まれてしまいました。その危機的状態を救ったのが、日系のフジモリ大統領でした。フジモリ氏は、センデロ・ルミノソのグスマンなど左翼ゲリラの最高責任者をつぎつぎに逮捕し、治安の回復に一応成功、経済発展と貧困層対策にバランスよく対応し、危機を乗り越えます。しかしながら、大統領職を降りると、第二次ガルシア政権から「在任中の市民虐殺事件や殺人罪など」の罪に問われ、25 年の禁固刑に処せられたことは周知の通りです。

ペルーの地形は沿岸部の砂漠が広がるコスタ（12%）とアンデス高地のシェラ（28%）、そしてアマゾン川流域のセルパ（60%）と 3 つに分類することができます。国民の半数以上が海岸線のコスタに居住しています。砂漠とはいえ、海に近く、アンデスからの流れ出る川も 50 近くあり、快適な住環境となっています。シェラ地区はコーヒー栽培に適し、リャマやアルパカの放牧も盛

んです。セルパ地区は、アンデスの裏側の標高 2,000 メートル地帯で、バナナ、豆、ゴム、そしてアマゾン川から砂金が産出されています。

　産業は、鉱物資源が豊かで、銅、鉛、銀、金が産出、銀は世界第二位の産出量を誇っています。また、寒流（ペルー海流）と暖流（フンボルト海流）の影響で水産資源も豊富、ペルーの重要な輸出品となっています。国土は 1,285 千㎢（日本の 3.4 倍）。人口は 3 千 297 万人。民族は、先住民 45％、混血 37％、欧州系 15％、その他 3％。宗教、国民の大多数はカトリック教徒。

　国旗は縦 3 分割 3 色旗（赤・白・赤）で、オーストリア国旗の横 3 分割を縦にした国旗です。独立当初は赤と白が対角線で分けられた二色旗でしたが、1825 年に現在の 3 等分した国旗に変更しました。中央の白い部分には、国章としてヤシの枝、月桂冠とその葉、ペルーを象徴する動物リャマ、植物のキナの木、インカ帝国の溢れ出る金貨などが描かれています。赤と白は開放者の色とも、インカ帝国の伝統色ともいわれています。

　リオ・オリンピック、参加選手団 29 名。

○チリ共和国（1810 年独立／首都サンティアゴ／15,087 ドル）

　チリという国は最も南北に細長い国で、4,200km にも及ぶ海岸線を持ち、北はアリカ市（人口 18.5 万人）から南端はプンタ・アレースまで 15 の州に分かれています。また、ガラパゴス島がエクアドル国土なら、モアイで有名なイースター島はチリの国土です。国土は 756 千㎢（日本の 2 倍）。人口 1 千 911 万人。民族は、スペイン系 75％、その他の欧州系 20％、先住民系 5％。宗教はカトリック 88％。

チリは 1810 年の独立後、幾多の政変を繰り返し、現在は女性のミシェル・バチェレ大統領が国民の支持を得て、一応安定した政権運営を行っています。

　コロンビアの項でも述べたように、チリも美人国の一つですが、コロンビアとは異なり、チリの女性は小柄で日本人的な性格なので、日系チリ人の次世代はチリの女性と結婚するケースも多いようです。ブラジルの日系男性は、日系女性と結婚するケースが多いのですが、その違いを研究すると、おもしろい課題になるかもしれません。

　一般的に、日系人は真面目で良く学び、良く働くことから、南米では信頼され、高い評価を得ています。

　「チリワイン」は、味が良く、しかも廉価なので、日本でも爆発的に広がりました。中でも、フランスの 5 大シャトーの一つシャトー・ラフィット・ロートシルトを抱えるバロン・フィリップ・ロートシルトが、彼の保有する企業ドメーヌ・バロン・ド・ロートシルト（DBR）社を通じ、チリのヴィーニャ社と共同で立ち上げた「アルマヴィーヴァ」は高級ワインとして海外でも知られるようになりました。チリは海岸線に広く面している所から海産物が豊富で、アワビ、エビ、魚介類が新鮮で安いため、チリ観光の楽しみ方の一つと成っているようです。

　チリの経済は輸出に頼り、漁業、農業、鉱業に加え、最近では観光業も成長産業として注目されています。

　鉱業では、世界一の埋蔵量と生産量を誇る銅に加え、世界産出量第 6 位の銀や、その他、金、亜鉛、鉄、鉛も産出されています。

　農産物では、オートムギ、ニンニク、タマネギ、桃、リンゴ、漁業ではサケが世界有数の輸出国となっています。チリはもはや発展途上国ではなく、南米では、ベネズエラ、ブラジル、アルゼンチンに次ぐ工業国になりつつあります。

　国旗は1817年に制定され、上部は青地のカントン部分に白抜きの星を描き、上部残りは白とし（青1/3・白2/3）、下部は全てを赤にした3色旗です。赤、白・青は米国旗の3色を参考にしたといわれています。上部の青は清らかな空を、白はアンデスの雪、赤は独立で流された血、白い五稜星は国家統一のシンボルを意味しています。リオ・オリンピック、参加選手団42名。

② カリブ海に面した国3ヵ国＋1
（ベネズエラ、ガイアナ、スリナム、仏の海外県ギアナ）

　カリブ海沿岸に面する内陸部はギアナ高地と呼ばれ、ベネズエラを除くと、かつてはオランダ、英国、フランス、占領区に分割されていました。また一時はブラジルが占領した時期や、隣国同士の争いもありました。ガイアナとスリナムが独立し、仏領ギアナは、フランスの海外県となり植民地ではなくなりました。それぞれの国柄は、南米諸国というよりも、むしろカリブの国々といえるのかも知れません。

○ベネズエラ・ボリバル共和国（1811年独立〈スペイン〉/カラカス/2,548ドル）

　ベネズエラという国名は、この地を訪れた探検者が、オリノコ川が流れ出る入り江の水上村落を見て「ちっぽけなベネチア」と呼んだことに由来するそうです。「ボリバル」はラテンアメリカの解放者シモン・ボリバルの名前を付け彼の功績を国名に残したものです。一般的には「ベネズエラ共和国」と呼んでいます。国土は930千km²（日本の2.46倍）。人口2千843万人。民族は、スペイン系75%、その他の欧州系20%、先住民系5%。宗教は、カトリック（全人口の88%）。

　紀元前から、アラワク人とカリブ人が住み、インカ人の支配地ではありませんでしたが、1498年、クリストファー・コロンブスの第三回航海で発見され、スペインの植民地となりました。1806年にフランシスコ・ミランダの独立運動により独立気運が高まり、1811年にシモン・ボリバルとミランダによる、ベネズエラ第一共和国が誕生しました。その後も近隣国のコロンビア、エクアドルとともにグランコロンビア共和国を樹立し、1821年にスペイン軍を撃破、1830年にグランコロンビアを解消しました。その後、チャベス政権がエネルギー資源を背景に多極的外交を展開し、反米政策体制が続きました。4選を果たしたチャベス大統領も2013年にガンで死亡、チャベス体制を引き継いだ反米左派のマドゥーロ大統領の一党独裁が続きました。経済成長率も大きく落ち込み、高インフレに不満を持つ民衆と親米派のグアイド国会議長が政権打倒を目指しましたが、市民クーデターは未遂に終わりました。しかし、米国による経済制裁と、英国中央銀行に外貨準備の15%を占める金を抑えられ、軍部の支持を得ているマドゥーロ政権も打つ手がありません。ベネズエラは石油輸出国家として、いち早く工業化したことは良かったものの、石油余剰状態の現在では、多くの問題を抱えています。

国旗はミランダ旗、横3分割旗（黄色、青、赤）で、上部黄色の旗ざお側には国章を描き、中央の青の真ん中には8個の白い星が弧を描いています。黄色は、黄金豊かな新大陸を、青は大西洋、赤は勇気を意味し、8個の星は独立当初の7つの州と、かつての領土であったガイアナのエセキボ地区を表しています。なお国章は、他国同様、官用のみに使用することになっています。リオ・オリンピック、65位（金0・銀1・銅2）。参加選手団87名。

○ガイアナ共和国（1966年独立／首都ジョージタウン／5,180ドル）

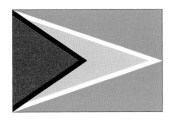

　以前は英領ギアナと呼ばれていましたが、独立時にスペイン語読みでガイアナとし、独自の社会主義国家を目指し、国名にCooperativeすなわち、協同の文字を入れました。しかしながら、労働組合と協同した経済は、上手くいかず重債務貧困国となったため、国名からも「協同」の二文字を外しガイアナ共和国となりました。
　近年、2008年以降は金融危機も乗り越え、農業、製造業に加え油田の発見と石油の生産により、大きく変わろうとしています。
　歴史は、他のカリブ沿岸諸国と同様に、コロンブス以前にはアラクワ、カリブ、ワオラ人などが住んでいましたが、1621年にオランダが占領、その後1831年にイギリス領となり、首都を当時の英国王ジョージ三世の名をとり、ジョージタウンと改めました。今でも英連邦構成国の一つで、南米唯一の英語を公用語とした国家です。しかし、イギリス（インド）系住民43%とアフリカ系住民30%の人種対立が、国の発展の大きな妨げになり、南米における最貧国の一つになっています。国土は215千km²（ほぼ本州228千km²と同じ）。人口78万人。民族は、インド系43.5%、アフリカ系30.2%、混血16.7%、先住民9.2%、中国系、ポルトガル人。宗教は、キリスト教57.3%、ヒンドゥー教28.4%、イスラム教7.2%。
　最近の経済の展望は、砂糖や米などの農業とエビなどの漁業、ボーキサイトの鉱業に加え、首都ジョージタウン沖200キロ、発見された油田80億バーレルの生産が始まりました。
　国旗はゴールデンアロー旗（黄金の矢じり）と呼ばれ、緑地に黒縁の赤いデルタ型、さらにその上に白縁の黄色い矢（ゴールデンアロー）が、緑の旗地を二分しています。二分された、緑地は熱帯樹林と農業を、ゴールデンアローは未来と鉱物資源を、赤は国民の活力と情熱を意味しています。白と黒の縁取りは、英国の紋章院が手直しして入れたものでした。
　リオ・オリンピック、参加選手団6名。

○スリナム共和国（1975年独立／首都パラマリボ／5,540ドル）

　国名のスリナムは、先住民の言葉で「岩場の多い川」（スリナム川）に由来します。英領からオランダ領となり、1975年に独立、国土は164千km²（北海道77.9千km²の2倍強）。人口58万人の小国。公用語はオランダ語と英語となっています。民族は、インド系27.4%、クレオール17.7%（ラテンアメリカ生まれのヨーロッパ系）、アフリカ系14.7%、ジャワ系14.6%、混血12.5%、先住民3.7%と複雑な民族

構成となっています。宗教はキリスト教40.7％、ヒンドゥー教19.9％、イスラム教13.5％、伝統信仰3.3％。

国旗制定時は、公募により選ばれた国旗を採用し、横5分割（上部から緑2/10・白1/10・赤4/10・白1/10・緑2/10）で、中央の赤い部分の真ん中に、黄色い星を描いた4色旗となっています。緑は国土と森林資源、白は正義と自由、赤は独立と情熱、黄色の五稜星（五つの角を持つ星）はヨーロッパ系の白人、アフリカ系、混血、中国系人種、インディオを表し、星は多民族国家の団結力による輝かしい未来を表しています。主要産業はボーキサイト、金、砂糖、米、バナナ。リオ・オリンピック、参加選手団6名。

△仏海外県ギアナ

南アメリカの北東部、カリブ海に沿って、西から、ベネズエラ、ガイアナ、スリナム、仏の海外県ギアナと並んでいます。独立国ではなく、1946年にフランスの植民地から海外県に変更しました。

歴史はコロンブス以前、カリブ族などの先住民が居住していましたが、フランス人が上陸、18世紀のフランス革命後は、政治犯の流刑地となっていました。沖合にある「デビルス島」は、名前の通り囚人たちの収容島でした。その後は、マロニ川沿いに金が発掘され、ゴールドラッシュが1900年まで続きました。

現在の経済は漁業が中心で、金、木材などもあります。しかし何よりもフランスにとって重要なことは、赤道に近く静止衛星打ち上げには最適の場所なので、フランス国立宇宙センターと打ち上げ基地があり、手放せない貴重な地域となっています。

③ 大西洋沿いの3ヵ国（ブラジル、ウルグアイ、アルゼンチン）

○ブラジル連邦共和国（1822年/首都ブラジリア/9,080ドル）

1996年のリオ・オリンピックでお馴染みになりましたブラジルですが、南米で唯一ポルトガルが支配した国家です。そのため、言語はスペイン語ではなく、南米唯一のポルトガル語。国土は8,516千㎢（日本の22.5倍）。人口2億1千256万人。民族は、白人53.7％、ムラート38.5％、アフリカ系6.2％、アジア系0.5％、先住民0.4％。宗教キリスト教89％、伝統信仰。

ブラジルはフットボール大国、緑に黄色はカナリヤ軍団のユニフォームの色として印象深いと思います。実はこの色はブラジル国旗の色から来ています。また国旗の真ん中の星座図は、現在の26州と一つの連邦区（首都としてゴイアス州から分離されたブラジリア市）を表しています。また、その天体図は独立時のリオデジャネイロから見た夜空ともいわれています。真ん中の白い帯には「秩序と進歩」とポルトガル語で書かれています。

ブラジルを一言でいうと「太陽と愛（エロス）とサッカーの国」。この言葉は伝説的サッカー選手である、ネルソン・ナッシメント・ペレの言葉です。もし付け加えるとすれば、「多様性と寛容性」を思い浮かべてしまいます。特に、日本人と比較すると、かなり間違っていても「良いね」がブ

ラジル人。少しの間違いでも「違います」が日本人でしょうか。また、ルールなき秩序がブラジル人で、規則を決めたがるのが日本人。そんな違いがあるかもしれません。

　とにかく、私のブラジル生活は、上司も大変寛容で心の広い人たちでしたから、愉快な思い出ばかりが残っています。ブラジルの内陸ミナスジェライス州に、ジュイス・デ・フォーラ（外国からの裁判官という意味）という比較的小さな田舎町があります。そこには、日本外務省のポルトガル語研修生を受け入れる、「グランベリー・スクール」という小学校から高校までの学校がありました。私はまず、ポルトガル語習得のため、その学校に入ることにしました。年齢差がかなりあるにもかかわらず、さすがにラテンの国、直ぐに友だちができ、家に招待され、食事、歌、が始まります。おかげで、ポルトガル語は、どうにか身に付き、次のステップに進むことができました。

　また、旅行中、飛行機に乗れば直ぐに隣から話しかけられ、友人となり、何とサンパウロの我が家に泊りに来るのがブラジルです。

　日本では新幹線に乗っても、隣とはまず話はしません。しかし、「何となく気になるな……」、でも降りる時に一言「失礼」だけ。アミーゴ社会のブラジルと「沈黙は金」の日本との違いでしょうかね。

　会議や趣味の集まりでも、「まず楽しむことがブラジル、アドリブだらけ」、日本は「形式を重んじて、予定時刻に終われば、よかった」。アドリブはむしろ不謹慎。

　ブラジルのリオデジャネイロでオリンピックが開催され、次はいよいよ東京開催です。私もボランティアとして永住ビザを持つフランス人ご夫妻と、新宿区で保護司の理事をしている友人と４人のグループを組み参加する予定にしています。「ブラジル・スピリット」で、「ボランティアを楽しみましょう」を合言葉にしています。共通語は日本語と英語、それに加えて、フランス語、韓国語、ポルトガル語、スペイン語の「最強チームだ」と、今から勝手に思いつつ、心待ちにしています。

　ブラジルという国名は何処からきたのでしょうか？　ブラジルの国名は「パウ・ブラジルの木」に由来があります。パウ・ブラジルの木から採れる赤い染料がヨーロッパに輸出され、ヨーロッパ人がそれを「ブラジル」と呼んだことからブラジルという国名が付けられたそうです。

　その後のブラジルの輸出産業の推移は、サトウキビ、オウロプレト等の金鉱脈、マナウスの天然ゴム、そしてコーヒーへと変化していきました。当初、労働力の中心はスペイン・ポルトガル人とアフリカからの奴隷たちでしたが、奴隷制度が廃止になると、アフリカからの奴隷に替わり、二宮金次郎の精神を持った日本からの勤勉な移民たちの努力によって、この国を世界一のコーヒー生産国に育て上げたのでした。野菜栽培を持ち込んだのも、日本からの移民の人たちでした。

　ブラジルには代表的な観光地として、コパカバーナの海岸、コルコバドの丘、リオのカーニバル、イグアスの滝、アマゾン川探検などがあります。

　しかし、私がブラジルの州都を訪問し、ブラジルの代表的都市を勝手にランキングするとすれば、

①リオデジャネイロ：650万人。コルコバドの丘、パンデアスーカルの奇岩、コパカバーナの海岸など、神様が手作りしたといわれる風光明媚な都市。ブラジル滞在期間中、十数回は訪問した素敵な街です。おそらく誰もがナンバーワンに押すでしょう。オリンピック開催都市です。

②サンパウロ：1,204万人。海抜800mにある南米随一の商業都市。世界中の代表的企業がサンパウロとリオデジャネイロに進出している。サンパウロ大学経済学部に通い、駐在員事務所を開設、イタウ銀行とも提携し、たくさんの友人ができた思い出深い街。

③マナウス：209万人。赤道直下、秘境アマゾン河口から1,400キロ奥地にあり、昔は天然ゴムで栄え、今も自由貿易地区として栄え、世界のブランド品が安く買える不思議な都市。マナウスの銀行で日本ではあり得ないできごとを経験しました。マナウスの銀行の窓口で、私の南米銀行サンパウロ・セナドールフェイジョ支店の小切手にサインをし、パスポートを提示しただけでしたが、対応したブラジルの男性は、サンパウロ支店に電話し、残高を確認することもなく、私の顔をみただけで、現金を渡してくれたのです。日本人を信用してくれたのでしょう、今でも信じられません。だから第3位にランクしました。

④ブラジリア：298万人。ブラジルの内陸に、突如作り上げた首都で、ニーマイヤーの設計によって造り上げた、機能を集約し合理的にした美しい都市。そのために無情緒的な都市でもあり、官僚たちは、週末にはリオやサンパウロに安らぎを求めて帰る人が多い。官庁が集中しているため、駐在員事務所開設許可をもらいに何度も訪れました。

⑤ポルトアレグレ：148万人。リオグランデドスール州の州都、都市名は愉快な港という意味。ドイツ人が多く住む街。ブラジル南部の3州はドイツ、イタリア、フランス、スイス、ポーランド人の開拓団が入植した地区で、白人が多く住むヨーロッパ的な街並み。リオに次ぐ、巨大なサッカースタジアムが印象的でした。

⑥ベロオリゾンテ：251万人。ミナスジェライス州の州都。都市名は美しい地平線という意味で、鉄鉱石の他、金銀、ダイヤ、宝石類、など100種類を超える鉱物資源が採掘されます。この町には不思議な坂があり、水を流すと水が坂を登ります、確かにゴルフボールを置くと坂道を登りだしました。鉄鉱石の磁力による説もありましたが実は錯覚なのです。

⑦サルバドール：294万人。バイア州の州都、ブラジル最初の首都。ブラジルの歴史を語る街でアフリカ系が多く、ブラジル料理（バイーヤ料理）の発祥地。都市の真ん中に大きな段差があり、上街と下街の交通手段としてエレベータがあります。昔、奴隷たちを収容していた建物を改築した高級レストランで、食べた海老（ラゴスタ）がびっくりするほど美味しかったことを思い出します。

⑧レシフェ：163万人。ペルナンブコ州の州都で、港湾都市。ブラジルのベネチアといわれていますが、ベネチアを知る人には余り似ていないように思えます。街の中央をカビバリベ川が蛇行して流れ、満ち潮の時は綺麗ですが、引き潮の時は川底にゴミが散乱しベネチアどころではありません。まさにブラジルの光と影で、豊かさと貧しさ、美しさと醜さの両面を持っている街。ＩＨＩ（石川島播磨）の研修生、和田進氏との出会いがありました

⑨ベレン：145万人。パラ州の州都、アマゾン河の河口にある都市。赤道直下ながら大西洋からの風がここちよく、対岸がみえない河口レストランでビールを飲んでいると、スコールが始まって、何本もの雷が音もなく真っ直ぐ海に落ちる不思議な光景を経験しました。

⑩アラカジュ：57万人。セルジッペ州の州都。まだまだ100万人都市がたくさんありますが、ブラジル人たちの忘れられない親切に触れた街として10番目にあげました。二人旅の友人が生ガキにあたり、死ぬ思いをしている時、ホテルの主人、街の人たち、病院のドクターの協

力で救われました。その時の医者の言葉、「お金はいらない。そのかわり、日本でブラジル人が困っていたら助けてあげて欲しい」といわれた街です。その友人は帰国後、日本の衆議院議員を 10 年務め、誰にでも公平、平等、決して偉ぶらず、驕らず、小生がブラジルで知り合った貴重な友人の一人となりました。

リオ・オリンピック、14 位（金 6・銀・6・銅 6）。参加選手団 465 名。

リオデジャネイロの街が何故美しいか

　天地創造によれば、「神は 6 日間で天地万物を造った」といわれていますが、ブラジル人は「そうではない、あとの一日を神は手づくりでリオの街を作ってくれた」といっています。

○ウルグアイ東方共和国（1828 年独立／首都モンテビデオ／16,190 ドル）

　ウルグアイは、似通った名前から、パラグアイと間違え易いのですが、パラグアイはスペインから独立した内陸国（首都アスンション）ですが、ウルグアイ（首都モンテビデオ）は大西洋に面した、ブラジルとアルゼンチンの間にある農業国です。

　ウルグアイの民族は、完全な白人国家で、スペイン、ポルトガル、イタリア、フランスなど、ヨーロッパ大陸からの移民や子孫で構成されています。国土は 174 千㎢（北海道 77.9 千㎢＋東北地方 66.8 千㎢＋関東地方 32.4 千㎢－神奈川県 2.4 千㎢）。人口は 347 万人。民族は、欧州系 90%、欧州系と先住民の混血 8%、アフリカ系 2%。宗教は、キリスト教 58.2%、ユダヤ教 0.3%、無宗教者が多い国です。

　首都のモンテビデオは「山が見える」という意味ですが、モンテビデオにはありません。リオデジャネイロを見つけたポルトガル人の船長が、川が無いのに「一月の川」と名付けた人とひょっとして同じ人物かもしれません。

　この国は、第一次、第二次大戦でいずれも中立国の立場をとり、参戦しませんでした。そのため、ヨーロッパが食料不足の時に、大量の食糧を輸出、巨額の富を獲得した時期がありました。また、南米のスイスとも呼ばれ、経済的にも、政治的にも理想郷のように思われたのもこの時期です。しかし、経済的基盤であった食肉や羊毛の国際価格が下落し始めた時から、高度な社会福祉制度が行き詰まり、中立主義が災いして、隣国アルゼンチンとブラジルの間で存在感のない草刈り場となったかもしれません。

　ウルグアイは、アルゼンチンの支援のもとにブラジルから独立した国家なので、国旗にもアルゼンチンの国旗に使われている「黄色の五月の太陽」がカントン部分に描かれています。そして白と青の九本の横分割模様は、独立時の九つの地方を意味しています。サッカーは、ブラジル、アルゼンチンと同様に強国で、ラグビーも盛んな国です。リオ・オリンピック、参加選手団 17 名。

5月の太陽

　国旗に描かれている五月の太陽は、インカ帝国の太陽神（インティ）からきていますが、アルゼンチン独立のきっかけになった5月革命に由来して、アルゼンチン国旗に使われている太陽を「5月の太陽」と呼んでいます。ウルグアイは、アルゼンチンの支援で独立したことから「5月の太陽」を使っています。

○アルゼンチン（1816年独立／首都ブエノスアイレス／10,006ドル）

　南米のパリといわれる首都ブエノスアイレス（306万人）は、他の南米の大都会とは異なり、「ヨーロッパの大人の街」の雰囲気が感じられます。外務省中南米局に出向していた神戸支店時代の後輩の話によると、南米の中でもアルゼンチンは白人の国であるが故に、「我々は他の南米人とは違う」との意識があるようです。

　たしかに、ブエノスアイレスの建物や服装などには、おしゃれが似合うパリを感じさせる落ち着いた雰囲気が少しあります。国土は2,796千㎢（日本の7.4倍）。人口4千519万人。民族は、白人86.4%、メスティーソ6.5%、先住民3.4%、アラブ系3.3%。宗教は、キリスト教79%、イスラム教1.5%、他はユダヤ教などです。

　私の推奨する魅力的な街、リオデジャネイロと比較すると、リオが南国を感じさせ、イパネマ、コパカバーナ海岸で遊ぶ活動的な若者の街だとすると、ブエノスアイレスは「物静かで、気取った大人の街」なのでしょうか。

　ブラジルがサンバ、ボサノバの国であれば、アルゼンチンといえば、タンゴの国です。アルゼンチンタンゴの名曲「ラ・クンパルシータ」（作詞・作曲はウルグアイのロドリゲスですが、アルゼンチンの作曲者が歌詞を変えて有名になりました）は、バンドワゴンの名曲ですが、ギターで弾かれた方もいるのではないでしょうか。ブエノスアイレスの街は、この曲が似合う大人の街なのです。

　しかし経済面では、ブラジルのGDP1兆9千億ドル、外貨準備3,569億ドルに対してアルゼンチンはGDP5,512億ドル、外貨準備452億ドルと経済力の差は大きく、さらに対外債務（2018年で2,779億ドル）が大問題で、デフォルトが発生してしまいました。今も欧米債権国との債務返済問題を抱えています。

　国旗は英国軍に立ち向かったブエノスアイレス義勇軍の帽子の色からとったといわれています。上下二本のブルーが中央の白帯を挟み、その真ん中にマンガチックな「五月の太陽」を入れ込んだ、爽やかな国旗となっています（「五月の太陽」は隣国のウルグアイ東方共和国の国旗にも使われています）。

　リオ・オリンピック、25位（金3・銀1・銅0）。参加選手団213名。

④ 内陸国2ヵ国（ボリビア、パラグアイ）

○ボリビア多民族国（1825年独立／首都ラパス／3,321ドル）

　　国名は、ベネズエラ・ボリバル同様に、独立の貢献者であったシモン・ボリバルの名前に由来します。南米中部の内陸国で首都のラパスは、富士山よりも高い標高4,050mにあり、6千メートル級の山々が10以上もある高地国家の一つです。4千メートル級の高地にあるラパス市の高級住宅街は、街を見下ろす高地ではなく、低地の方だと聞いてビックリ！　それぐらい、高低差が空気の濃淡に影響を与えています。

　国土面積は1,099千㎢（日本の3.3倍）。以前はさらに広大な国土でしたが、隣国との戦いに敗れ、アクレ県をブラジルに、リトラル県をチリに、チャコ地方もパラグアイに譲渡するなど、多くの国土を失ってしまいました。こうした経緯もあり、ボリビアは内陸国なのに今でも海軍（4千人位）があります。

　人口は1千167万人。民族は、先住民55％（内ケチュア29％・アイマラ24％）、メスティーソ30％、白人15％。宗教、国民の大多数（95％以上）はカトリック教徒。

　観光では、チチカカ湖、ウユニ塩湖が有名です。それに、ゲバラが逮捕された地でもあります。

　国旗は、1825年の独立当時は（赤・緑・赤）の横3分割2色に月桂樹でしたが、1888年に制定した国旗（赤・黄・緑）の横3分割3色旗に変えました。赤は勇気と動物資源、黄色は鉱物資源、緑は肥沃な国土と森林資源を意味しています。中央には国章として、国鳥のコンドル、アルパカ国旗と武器、ポトシ銀山（銀、錫などを産出しますが、労働環境が劣悪で名高い）や10個の星（9県と、チリに譲渡した沿岸部のリトラル県を意味している）が描かれています。

　ボリビア国旗の横3分割3色（赤・黄・緑）の国章付き国旗と、ガーナの国旗の横3分割3色旗＋黒い星旗は類似国旗になります。リオ・オリンピック、参加選手団12名。

○パラグアイ共和国（1811年独立／首都アスンシオン／5,510ドル）

　　南米大陸の内陸国として、パラグアイとボリビアの2ヵ国があります。国名はグアラニー語で大きな川を意味し、すなわちパラナ川に由来します。もともと、パラグアイはスペインから独立後、南米一の軍事力を持った国家に成長しました。しかしそのことが、海を求めて、隣国ウルグアイと争い、隣国のブラジル、アルゼンチンや、イギリスの不評をかい、イギリスの支援を受けた3国同盟軍と争うことになりました。この戦いは「南米における、最も悲惨な戦い」と語り継がれています。パラグアイは、この戦いに敗れ、兵士は全滅、領土の多くを失いました。

　経済は農牧畜業と電力が輸出の80％を占めています。特に農産物における日系移民の活躍は顕著で、大豆の輸出量は世界第4位、牛肉も世界第8位となっています。国土は407千㎢（日本の1.07倍）。人口713万人。民族は、メスティーソ85.6％、白人9.3％、先住民1.8％。宗教は、主にカトリック。

　私ごとですが、日本からやってきた母が、イグアスの滝を見物した帰りに、アスンシオンに行ってみたいと言い出しました。母はパラグアイのビザを持っていませんでしたが、タクシーの運転手から、「日本人なら問題ない」といわれ、全く無審査で入国することができました。道路はアスンシオンまで一直線、左右には綺麗に開拓された農地が牧歌的雰囲気をかもしだしていました。そして驚いたことにそれぞれの農地に立て看板があり、私たち日本人に分かるように、「農地の広さと名前と出身地」が、なんと日本語で大きく書かれていたのです。この国も日系移民（二宮金次郎精神を持つ）のお陰で大変な親日国なのだ、と感じたことを思い出します。

　パラグアイ民族は、日本と同じモンゴロイドのグアラニー人、の他スペイン人との混血も数多くいます。移民としては、ドイツ、イタリア、日本、中国、アラブなど、ブラジル移民と同じ傾向があります。同じような国名のウルグアイは白人種が多く、国名は似ていますが、全く違う民族なのです。

　パラグアイ国旗は、フランスの「トリコロール」の影響を受けたといわれていますが。横分割なので、オランダ国旗の横3分割（赤・白・青）の3色旗と同じです。違うところは紋章があることです。その紋章には、なんと表と裏があり、それぞれ違った紋章を使用しているという、世界で唯一の不思議な国旗なのです。

　表側は、独立した1994年5月14日を記念する「5月の星」を中央に置き、それを、勝利を意味するオリーブの葉とヤシの葉で囲み、さらに赤い円と黒い線で丸く囲っています。赤い円には、スペイン語で黄色くパラグアイ共和国と書かれています。

　裏側の丸い記章は、フランス革命の象徴といわれるライオンとフリギア帽子、上部の赤い帯には黄色で「Paz Y JUSTICIA」（「平和と正義」）とスペイン語で書かれた国庫証印を使用しています。2013年にライオンの向きが、左向きから右向きに変わりました。

　リオ・オリンピック、参加選手団11名。

コラム　フリジア帽

　古代ローマに起源を持つ。当時、自由身分になり解放された奴隷のみが被ることが許された帽子。フランス革命では、革命精神を伝えるため、「赤いフリジア帽と、3色旗」や7月革命で「フリジア帽を被せた杖を持つ自由の女神」が使われ、それが、「革命のシンボル」といわれるようになりました。

第八章
カリブ海諸国

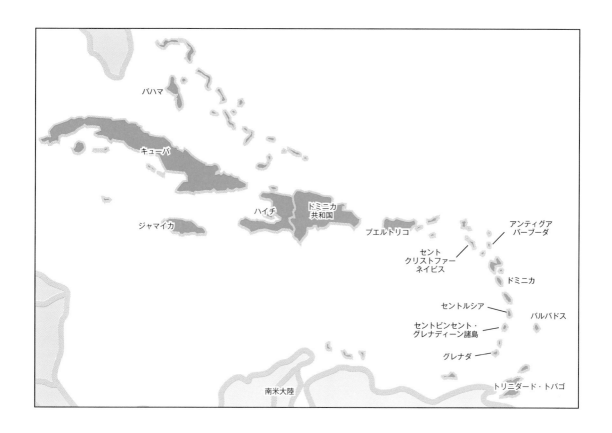

〇国名（独立または、国旗制定年度／首都／一人当たりの GDP）

【ちょっと一息：類似国旗】

中央アメリカの国とカリブ海の国です。並べて見ると「どちらが」と迷う時があります。

解説：四分割旗で、同じ配色です。左側は、中央アメリカのパナマ共和国の国旗（中心点を運河に見たてる）、右側は、カリブ海諸国のドミニカ共和国の国旗（キリスト教の十字）です。カリブ海には、ドミニカ国という別の国もあります。

■ 1、概要

　カリブ海諸国といっても、厳密にいえば、バハマ諸島、西インド諸島とジャマイカになります。ラテンアメリカという表現も間違いで、ラテンとは（正確にいうとラテン語直系の言語（ロマンス諸語）を話す地域、「ラテン語」が公用語なのはヴァチカン市国だけ）、ラテン語を話す地域で、ジャマイカや、旧英領地区などは入りません。本書では、大アンティル諸島（キューバ島・ジャマイカ島・イスパニョーラ島・プエルトリコ島など）と、小アンティル諸島（ドミニカ島・セントルシア島・セントビンセント島・トリニダード島など）にある13ヵ国の独立国を、カリブ諸国としています。

　産業は、農業、漁業、観光業が主なもので、米国はじめ西側諸国との関係が深い地域です。

　カリブ海上の島々（島・岩礁・サンゴ礁）が700以上あり、フランス・イギリス・米国・オランダなどの植民地・自治領が存在しています。

大アンティル諸島にある国（5ヵ国）

　バハマ諸島の国＝①バハマ（バハマ諸島）②キューバ共和国（キューバ島）③ジャマイカ（ジャマイカ島）④ハイチ共和国 ⑤ドミニカ共和国（イスパニョーラ島）

　プエルトリコ（米国領自治領）は大アンティル諸島の東端にあります。

小アンティル諸島にある国（8ヵ国）

　小アンティル諸島は東は大西洋ですが、カリブ海諸国に含まれます。北から南へ、①セントクリストファー・ネービス　②アンティグア・バーブーダ　③ドミニカ国　④セントルシア　⑤バルバドス　⑥セントビンセント・グレナディーン諸島　⑦グレナダ　⑧トリニダード・トバゴ共和国の8ヵ国です。

その他に、この地域には下記の植民地と自治領があります。

　米国領：ヴァージン諸島。

　英国領：ヴァージン諸島、アンギラ、モントセラト、ケイマン諸島、タークス・カイコス諸島。

　仏　領：サンマルタン、サンバルテルミー、グアドループ、マルチニーク。

　オランダ領：シント・ユースタティウス島とサバ、アルバ、キュラソー、ボネール。

■■ 2、国旗の傾向と分類

　カリブ13ヵ国は、一部の国を除いて国名も場所も日本ではポピュラーでなく、さらに国旗もヨーロッパ程統一性に欠けることから、個々のデザインで覚えることが必要です。（国別欄で詳しく説明致します）。

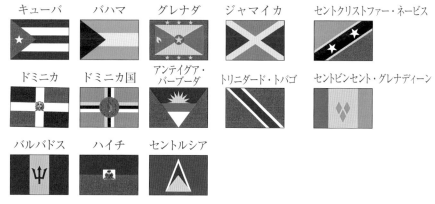

○デルタ型国旗（2ヵ国）

　キューバ：デルタ型横5分割（青・白・青・白・青）に赤いデルタに白い星：バハマ：デルタ型横3分割（ブルー・黄・ブルー）に黒いデルタ。

○額付き国旗

　グレナダ：赤い額の中をX字型（パーサルタイアー型 per saltire）に四分割、上下を黄色、左右を緑にし、中央に赤い円を描いてその中に黄色い星を配し、左側の緑に一つのナツメグを置いた国旗。

　額付き国旗は、グレナダの他に、ヨーロッパのモンテネグロ（金縁）、アジアのモルディブ（赤縁）スリランカ（黄縁）の国旗がある。

○X十字旗（サルタイアー）・十字旗の国旗（3ヵ国）

　ジャマイカ国旗は陸上短距離のウサイン・ボルト選手で知られるように成りました。グレナダ国旗と同じパーサルタイアー（per saltire）型。

　ドミニカ共和国はイスパニョーラ島の東2/3を占める。旧宗主国フランスと米国国旗の三色を使用。ドミニカ国は英国から独立した国で、旗の中央を三本の十字（アフリカ（黒）・原住民（黄）・白人（白））で仕切り、その中央に国鳥のミカドボウシインコを描きました。

○太陽を描いた国旗（1ヵ国）

　観光産業が主体の国なので、写実的に白い砂浜と青い海、昇る黄色い太陽をイラストで上手く描いた国旗です。国名が複雑ですが、二つの島の名前を国名にしました。

○タスキ分割国旗（2ヵ国）

　トリニダード・トバゴの左上から右下への対角線（タスキ）はトリニダード・トバゴだけ。タスキに星があるのはセントクリストファー・ネービスだけです。

○縦３分割の中央に紋章がある国旗（２ヵ国）

セントビンセント・グレナディーン

バルバドス

セントビンセント・グレナディーンの黄色地に緑のひし形で描くＶ字はアンティルの宝石と呼ばれる、バルバドス国旗に描かれている槍は「トライデント（ネプチューンが持つ槍）」といわれ、イタリアの名車マセラティのマークでもある。

○中央に紋章のある国旗（２ヵ国）

ハイチ

セントルシア

ハイチの青と赤の二分割旗は、当初、リヒテンシュタイン国旗と同じ横分割２色旗（青・赤）でした。全く同じ国旗であったので、ハイチは中央に国章を入れ、リヒテンシュタインは青地の左端に王冠を入れて解決しました。

ブルー地にワンポイントの国旗は、セントルシアの国旗です。セントルシアは世界遺産の双子型活火山のイラストが入っています。

■ 3、カリブ海諸国 13ヵ国

① 大アンティル諸島にある５ヵ国＋１

○バハマ国（1973 年独立〈英国〉／首都ナッソー／31,780 ドル）

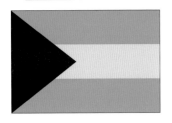

フロリダ半島の南東80kmにある約700の島や岩礁からなり、そのうち約30の島が居住島。最大の島はアンドロス島ですが　首都のナッソーはニュープロビデンス島にあります。スペイン領を経て1783年に英国の植民地になりましたが、1973年に独立しました。気候が温暖でサンゴ礁が美しいことから、世界的なリゾート地として多くの観光客が訪れています。国土は14千k㎡（岩手県15千k㎡よりやや小さい）。人口39万人。民族は、アフリカ系（90.6％）、欧州系白人（4.7％）、混血（2.1％）、その他。宗教は、キリスト教（プロテスタント、英国国教会、カトリック等）等。

2019年、バハマにハリケーン・ドリアンが直撃し、過去に経験したことがない壊滅的被害を受けました。ハリケーンや台風の被害は他人事ではなく、我が国でも台風15号が関東地方を通過、特に千葉県が大きな被害を受けた年でした。地球温暖化の影響で海水温度の上昇が続けば、ハリケーン、台風、サイクロンによる被害は、恐ろしいほど拡大していく傾向にあります。

政治体制は立憲君主制をとっています。

経済は米国経済の影響により、カリブ諸国の中では最も豊かで安定しています。観光収入（26億ドル）と、バハマ船籍の優遇制度、金融サービスなどが収入源となっています。

国旗は、ダルタ型横三分割２色(マリンブルー・黄色・マリンブルー)＋黒いデルタの３色旗。ブルーはカリブ海と大西洋を、黄色は黄金の砂浜と豊かな太陽光線を、旗ざおから黒い三角は、海の資源と国民の意欲と革新的な気質を表すもの、と言われています。

リオ・オリンピック、50位（陸上女子400ｍで金メダル）。参加選手団28名。

○キューバ共和国（1902年独立〈スペイン〉/首都ハバナ/8,433ドル）

　　　　　西インド諸島最大の島キューバ島とフベントゥ島や、1,500の小島からなる社会主義国家。国土は110千㎢（本州228千㎢の約半分）。人口1千133万人。民族はスペイン系白人65.1%、ムラート26.6%、アフリカ系9.3%。宗教はキリスト教と、キリスト教とアフリカ系宗教が合体した宗教。

　　　　　キューバ島の南東部（グアンタナモ）に米軍基地があることは日本ではあまり知られていません。しかし米国がオバマ大統領からトランプ大統領に変わり、米国との関係が再度悪化してきました。

　「国旗はデルタ型の星条旗モデルで青3本、白2本のストライプと旗ざお側から赤いデルタ旗に白抜きの一つ星」。

　キューバの国旗で目に付くものは、米国の星条旗と似て「星とストライプ」が使われていることです。しかし、政治体制は「資本主義」と「社会主義」でいがみ合ってきたのに、国旗が似ているのは何故なのでしょう？

　1776年当時のキューバは、独立運動家のナルシソ・ロペスが、英国から独立した米国を称えていましたので、スペインからの独立の革命旗として星条旗に似た旗を使っていました。独立後も米国と真逆の体制が続いているにもかかわらず、「ラ・エストレーラ（星）・ソリタリア（単）」を国旗として使い続けています。

　デザインは3本の青いストライプ（東部、中部、西部の軍管地区を表す）と2本の白いストライプ（独立の純粋性と高い理想）で、旗ざおからの赤い三角形はフリーメーソンのシンボルコンパスで作る三角で（自由・平等・博愛）を、赤は革命で流した血と同胞愛を意味し、白い一つ星は主権国家を意味しています。

　キューバは西インド諸島最大の島で、今後、美しい海と音楽、ラム酒、カストロも愛用していたコヒバの葉巻等で観光資源国家としては勿論、コバルト等の鉱物資源についても開発が期待されています。

　リオ・オリンピック、18位キューバ（金5・銀2・銅4）。参加選手団120名。

○ジャマイカ（1962年独立〈英国〉/首都キングストン/5,250ドル）

　　　　　キューバの南方145㎞に位置する島国。島の中央にはブルーマウンテン（2,256m）がそびえ、世界で最もおいしいとされるコーヒーが山岳上部で育ちます。その中腹部で作られたコーヒーはハイマウンテンと呼ばれ、さらにその裾野周辺で育つ豆はジャマイカという一般的なコーヒー豆として売られています。国土は11千㎢（ほぼ秋田県11.6千㎢と同じ）。人口296万人。

　民族は、アフリカ系91.6%、混血6.2%、インド系0.9%。宗教は、キリスト教。

　国旗は黄色いサルタイアーX十字の上下に黄緑、左右に黒の国旗で、英国スコットランドのセントアンドリュー旗にならったものです。

　当初、公募で選んだ国旗が他国との差別化が曖昧なことから、X十字にし、色彩だけを採用し

たもの。Ｘ十字の黄色は、太陽の輝きと天然資源を、左右の黒は、アフリカ系と過去の苦難を、上下の黄緑は、農業と希望を意味しています。なおアフリカのブルンジもＸ十字ですが、中央に丸があるため、完全なＸ十字の国旗はジャマイカだけなのです。（ウサイン・ボルトを抱える陸上競技短距離強国の国旗です）。

　リオ・オリンピック、15位（金6・銀3・銅2）。参加選手団68名。

○ハイチ共和国（1804年独立〈フランス〉／首都ポルトープランス／790ドル）

　ハイチはカリブ海に浮かぶイスパニョーラ島の西3分の1を占める国で、東側はドミニカ共和国と接しています。海峡を隔てて西はキューバ、南西にジャマイカがあります。女子テニスプレーヤー大坂なおみ選手の父親の国として知られるようになりました。

　ハイチ人の90％はアフリカ系。1,804年の独立国はアメリカ大陸では米国に次ぐ早さで、世界初のアフリカ系による共和制国家でした。しかし、地震などの大規模災害と復興の遅れと混乱により、アメリカ大陸の中で一人当たりのＧＤＰが最も低く、国民の80％は貧困状態に置かれています。国土は28千㎢（ほぼ四国＋兵庫県の広さ）。人口1千140万人。民族は、アフリカ系95％、ムラート5％。宗教は、キリスト教。

　国旗には、旧宗主国フランスと同じく（青・白・赤）の3色旗が用いられています。上部が青（アフリカ系を表す）、下部が赤（白人とアフリカ系の混血ムラートを表す）横2分割旗に中央を白抜きにして国章を加えたものです。国章には緑の大地の中央に大王ヤシ、ヤシの上部にはニカラグアやエルサルバドルの国章にも使われるフランス革命ゆかりのフリジア帽が乗り、緑の大地の左右には黄金の大砲、三本の軍旗と銃剣、ラッパと斧、錨などがシンメトリーで描かれています。

　リオ・オリンピック、54位（テニス女子シングルスで金メダル）。参加選手団10名。

○ドミニカ共和国（1844年独立〈スペイン〉／首都サントドミンゴ／8,282ドル）

　カリブ海のイスパニョーラ島の東3分の2を占め　隣国のハイチとは異なりＧＤＰも高い国です。そのため、在留邦人は771人と、隣国ハイチの32人と比べてかなり多くなっています。

　島の歴史は複雑で、1679年にイスパニョーラ島の西側がフランス領（現在のハイチ）となりましたが、東側がスペイン領（現在のドミニカ共和国）でした。

　1844年ドミニカはスペインから独立しますが、1861年スペインに再び併合され1865年に再び独立します。1916年〜1924年までは米国の占領地となりましたが、内戦などを経て現在のドミニカ共和国となりました。カリブの小アンティル諸島にあるドミニカ国と区別するため、Republica Dominicana と国名に共和国をつけています。国土は49千㎢（関東地方32.4千㎢＋新潟県12.58千㎢＋山梨県4.4千㎢の広さ）。人口1千84万人。民族は、ムラート72.9％、白人16.1％、アフリカ系10.9％。宗教は、カトリック。

　ドミニカとは、キリスト教の聖なる安息日を意味し、スペイン語で日曜日

を「ドミンゴ」と言います。

　国旗は中央の白い十字架で4等分され、旗ざお側上部を青色、下部を赤色とし、右側の上部は赤、下は青の点対称のデザインとなっています。白十字の中央には、国旗と十字架、聖書を組み合わせた国章が描かれています。

　リオ・オリンピック、78位銅メダル1個。参加選手団29名。

【参考】

○プエルトリコ（米国自由自治州）

　西インド諸島、プエルトリコ島の米国自由自治州で、オリンピックにも選手団を送って来ます。人口341万人。米国の51番目の州を目指しています。プエルトリコとは、スペイン語で、美しい港を意味し、コスタリカの豊かな海岸と同じようにスペイン語です。

　リオ五輪での金メダルは、テニス女子シングルスで、当時世界2位のケルバー選手（ドイツ）を破ったモニカ・プイグ選手（世界34位）が勝ち取ったものでした。（男子シングルスでは日本の錦織選手が、銅メダルを獲得しました）。

　旗はキューバ国旗と全く同じ形で、赤と青の色を逆にしただけの国旗となっています。赤白のストライプに旗ざお側から青いデルタ旗が伸びその中に白い五稜星が付いています。

　リオ・オリンピック、参加選手団42名。

② 小アンティル諸島の8ヵ国

○セントクリストファー・ネービス

（1983年独立〈英国〉／首都バセテール／18,340ドル）

　小アンティル諸島のうちリーワード諸島北部に位置し、セントクリストファー島とネービス島からなる、南北アメリカでもっとも面積の小さな国家です。クリストファーは、発見者クリストファー（短縮形ではキッツなので、公式文書でもセントキッツ・ネービスでも登録されています）・コロンブスの名前からとり、ネービはスペイン・ポルトガル語で雪を意味しますが、山の頂上の雲を雪と間違えて命名したとも言われています。

　国土は0.26千㎢（鹿児島県徳之島0.25千㎢）。人口は53千人です。産業は、観光、農漁業、軽工業となっています。民族は、アフリカ系90.4%、ムラート5%、インド・パキスタン系3%、白人1%。宗教は、キリスト教（英国国教会，プロテスタント，カトリック等）等。

　黒いタスキ部分に柄があるのは、唯一セントクリストファー・ネービス連邦の国旗だけです。デザインは国内公募の258点の中から選ばれました。タスキで二分された上部の逆三角形（緑）は、豊かな国土と大地を表し、下部の三角形（赤）は解放闘争を表しています。たすきの黒はアフリカ系を、黄色は太陽の光と富を、二つの白い星は、2島と希望と自由を意味しています。リオ・オリンピック、参加選手団7名。

○アンティグア・バーブーダ（1981年独立〈英国〉／首都セントジョンズ／15,890ドル）

　カリブ海東部のリーワード諸島に位置し、西にセントクリストファー・ネービス、南にフランス領のグアドループがあります。アンテグア島、バーブーダ島、レドンド島の三つの島からなる、人口98千人の立憲民主国家です。国土は0.44千k㎡（種子島0.44千k㎡と同じ）。民族は、アフリカ系91%、混血4.4%、白人1.7%となっています。経済の主体は観光業で、そのほかには農漁業と軽工業。公用語は英語です。宗教は、キリスト教。

　国旗は3個の三角形で構成されています。（左右は赤い直角三角形、中央は逆二等辺三角形で、下から白・青・黒と、太陽のデザイン）

　国旗は、国旗コンテスト600の中から選ばれたものだけに、非常に独創的で印象的な国旗となっています。国旗を三角形で三等分した左右の部分は、赤色の直角三角形ですが　中央の逆三角形には下から白い砂浜の白、次に海の青、その上にバックとして黒を置き、黒の真ん中を、黄色の太陽光線を放つ日の出の太陽が昇るデザインとなっています。色の意味としては、黒は住民の大半を占めるアフリカ系を、白は白人と希望、青はカリブ海、赤は未来に向けた活力、黄色い太陽は自由と新しい時代を意味しています。リオ・オリンピック、参加選手団9名。

○ドミニカ国（1978年独立〈英国〉／首都ロゾー／7,090ドル）

　小アンティル諸島のウインドワード諸島の北端に位置する人口72千人の国家。ドミニカ共和国はスペインから独立しましたが、ドミニカ国はイギリスから独立しました。

　国土は0.75千k㎡（奄美大島0.71千k㎡とほぼ同じ）。民族は、アフリカ系86.8%、混血8.9%、先住民2.9%、白人0.8%。宗教は、キリスト教。

　カリブ海に浮かぶ自然豊かな島国で、多種多様な植物が自生することから「カリブ海の植物園」と呼ばれています。この国は今でも、数少なくなったカリブ族が2.9%近く住んでいることと、ヨーロッパの植民地政策に最後まで抵抗したことでも知られています。

　国旗は、豊かな森林の活力を意味する緑色を下地とし、それを三色（黄・黒・白）の十字クロスで中央から四分し、さらに、その中央に赤い日の丸を描き、その中に10の行政府を表す黄色で縁取りした緑の星を円状に散りばめ、中央には国鳥である「ミカドボウシインコ」を描いたものです。国鳥のミカドボウシインコは全長45センチで、インコ科では最大の鳥で、ドミニカ国にしか生息していません。三色十字の黄色は先住民インデオ、黒はアフリカ系、白はヨーロッパ系白人を表しています。リオ・オリンピック、参加選手団2名。

○セントルシア（1979年独立〈英国〉／首都カストリーズ／9,560ドル）

　東カリブ海の小アンティル諸島のうち、ウインドワード諸島に属する人口184千人の、火山島国。世界遺産である、双子の山（プチピトン山とグロピトン山）があります。民族は、アフリカ系82.5%、混血11.9%、インド系2.4%。宗教は、キリスト教90.8%。国土は0.54千k㎡（淡路島0.59とほぼ同じ）。

国名のセントルシアは、コロンブスが発見した日が1502年12月13日の聖ルチアの日であったことに由来。（イタリアのナポリ民謡サンタ・ルチアで有名）。

国旗はライトブルー地の中央に、底辺を同じにした黄色い三角形と白く縁取りした黒い三角形です。

セントルシアの国旗は、2002年に修正を加えて美しい国旗となりました。この国にはピトンという「双子型の活火山」がそびえています。それをデザインしたものです。ライトブルーはカリブ海と大西洋、そして忠誠心を表し、黄金は太陽の光と富を、黒はアフリカ系、縁取りの白は白人を表し、その協調によって国を発展することを表しています。リオ・オリンピック、参加選手団5名。

○セントビンセント及びグレナディーン諸島

（1979年独立〈英国〉/首都キングスタウン/7,460ドル）

小アンティル諸島のうちウインドワード諸島に位置するセントビンセント島と、グレナディーン諸島からなる人口11万人の共和制国家。国土は0.39千㎢（種子島0.44千㎢より少し狭い）。民族は、アフリカ系66%、ムラート19%、インド系6%、ヨーロッパ系4%、先住民2%。宗教は、キリスト教55.8%、ヒンドゥー教3.4%、イスラム教1.5%。

1498年コロンブスにより発見されました。国名は、発見した日が「聖ビンセント」の日（1月22日）であったことに由来。1783年から英国領となり1979年に独立した立憲君主制国家です。

国旗は「縦分割で青1・黄2・緑1の3色旗の中央にシンプルな国章」。

旗地を縦に3分割し、旗ざお側から4分の1をカリブの海と空をブルー、中央の4分の2を太陽と砂浜を表す黄色、残りの4分の1を黄緑で豊かな農作物と民衆を表しています。黄色地の中央は、1979年に制定した「平和と正義」をあらわすパンの葉に描かれた複雑な国章でしたが、不評であったため、3つの緑の菱形をVの字に配置しました。VはVincentのVと、三つの島を意味しています。リオ・オリンピック、参加選手団4名。

○バルバドス（1966年独立〈英国〉/首都ブリッジタウン/15,410ドル）

セントビンセント島の東約170kmに位置し、西にグレナダ、南西にトリニダード・トバゴ共和国があります。国土は0.43千㎢（種子島0.44千㎢とほぼ同じ）。人口は28万人の立憲民主制の、サンゴ礁で出来ている国家です。国名バルバドスの語源は、ポルトガル語で、バルバは顎髭（あごひげ）を意味し、島に生えていた木々の根っこが、顎鬚のように見えたことに由来したといわれています。（ちなみに、床屋さんのことは、バルベイラといい、隠語で下手な運転手を「オー！バルベイラ」といいます）。民族はアフリカ系87.1%、混血6%、白人5.5%、インド・パキスタン系1%。宗教は、キリスト教。

縦3分割2色旗のシンプルな国旗、左右が青（ウルトラマリン）で1/3ずつ、中央を黄色1/3とし、その中央にはギリシャ神話のポセイドンの鉾（ほこ）を黒で描いています。ポセイドンの鉾のマークは、イタリアの名車マセラティのフロントグリルに使用されていますので、車好きの方にはわかりやすいと思います。左右のウルトラマリンは大西洋とカリブ海、黄色は二つの大海に挟まれたバル

バドス島の黄金色の砂浜を意味しています。中央の黒い３つに分かれた鉾は「国民の、国民による、国民のための政府」という民主主義の理念を意味しているそうです。

リオ・オリンピック、参加選手団12名。

○グレナダ（1974年独立〈英国〉／首都セントジョージズ／9,980ドル）

ウインドワード諸島のグレナダ島と若干の小島からなる、人口11.3万人の国家。北東にはバルバドス、南東にはトリニダード・トバゴ共和国があります。この小さな国家でも、1974年、英連邦からの独立以来、２度の社会主義クーデターがありましたが、米軍と中米６ヵ国が侵攻し、クーデター政権を倒しました。国土は0.35千㎢（五島列島の福江島0.326千㎢とほぼ同じ）。民族は、アフリカ系52％、ムラート40％、インド系４％、白人１％。宗教は、キリスト教。

現在は、米国、英国との関係が緊密で、東カリブ諸国機構に加盟しています。産業は、肉料理のスパイスに使用する特産品のナツメグや、バナナ・カカオ豆の農産品と、観光業に依存しています。

グレナダ国旗は大変ユニークなもので、まるで額縁の中にあるような国旗です。額縁の中に、X字型で４分割し、左右を緑、上下を黄色にし、絵画技法でいうバニシングポイントには、赤い円の中に黄色い星が描かれています。さらに国旗の周りの赤い額縁の上下に黄色い星を３つずつ置いています。左側緑の部分に色むらの様なものがありますが、それは色むらではなく、グレナダの特産品、ナツメグ（香辛料の実）を小さく一つ描いているのです。

リオ・オリンピック、69位（銀メダル１個）。参加選手団６名。

○トリニダード・トバゴ共和国
（1962年独立〈英国〉／首都ポート・オブ・スペイン／16,890ドル）

トリニダード島とトバゴ島からなる人口140万人の立憲民主制国家で、カリブ海の西インド諸島南端に位置し、ベネズエラのオリノコ川の河口に近くに位置します。国土は5.13千㎢（千葉県5.16千㎢とほぼ同じ）。民族は、インド系（35.4％）、アフリカ系（34.2％）、混血（23％）、その他（7.5％）。宗教は、キリスト教（カトリック、英国国教会等）、ヒンドゥー教、イスラム教等。

英国から独立したカリブ海諸国中、最大の産油国。外交は英米重視の一方で、中国、北朝鮮、韓国、キューバとも外交関係を保っています。

国旗は赤を旗地にした「白い縁取りした黒のたすき」を、旗ざお側左上部から斜めに右下部に掛けたデザインです。たすき掛けのデザインは新興国でよく見られますが、ブルネイを除くほとんどの国が旗ざお側左下から、いわゆる右肩上がりのデザインを採用しています。トリニダード・トバゴとブルネイだけが右肩下がりで、さらに色も黒と白で共通しています。

色には色々な意味がありますが、赤・黒・白は、「現在・過去・未来」や「火・土・水」などの三要素と、国民のエネルギー活力や人種の平等性、国土の豊かさ、トリニダード島とトバゴ島の協力関係などを、表しているそうです。リオ・オリンピック、78位（銅メダル１個）。参加選手団32名。

第九章
国旗プロトコル
（国際儀礼）

protocol

■ 1、国旗のプロトコル（国際儀礼）

この項目では、国旗の国際儀礼について簡単に説明します。

「国旗」には、海外の国賓や閣僚などのVIPを迎える際に、礼を失することの無いように定められた一定の取扱ルールがあります。民間企業でも海外から顧客を迎える場合、その国の国旗をエントランスや会議室のテーブルに飾ることがあり、国際儀礼にしたがって配置しなければなりません。

外務省が編集している小冊子に「国旗の取扱いは、十分気をつけるとともに、正しい知識を身につけること」「国旗を間違えないこと」等と国旗プロトコルのイロハが記載されている手引書があります。さらに、革命が起きたり、国家元首が変わったりすると国旗も変わることが良くあるため、「現在の国旗であることを必ず確認し、取り扱いなさい」と書かれています。もし、万が一にでも間違ってしまうと、相手国に大変失礼にあたるばかりではなく、国際親善や友好のチャンスも台無しとなってしまうこと等、注意深く記載されています。

コラム　国旗変更に注意

国旗は、政治体制の変化があると、変わることがあります。例えば、エジプト国旗の横分割3色旗（赤・白・黒）の中央の国章は黄色いクライシュ族の鷹から、1984年に同じく黄色のサラディンの鷲に変わりました。チョット分かりにくい変化でしたので、国内でも混乱したそうです。

以下では、国際間の儀礼上のプロトコル、基本ルールを少し記載致しました。
○国旗は国家国民を象徴するシンボルですから、汚れたり、破損したりしたものを使ってはいけない。
○国旗を旗ざおに掲揚する場合は、常に旗ざおの最上部に接して掲げること。三脚などを使用する場合は、国旗を地面に付けてはならない。
○自国の国旗と外国国旗を同時に掲げる場合は、国旗の大きさや高さも同一でなければならない。
○自国の国旗を掲げることなく、外国国旗のみを掲げてはいけない。
○一つの旗ざおには、一つの国旗を掲げること。大会旗等を同じ旗ざおに掲げてはならない。

その他、雨の時の取扱、夜間の取扱、国連旗や大会等で複数の国旗を掲げる際の順序、弔旗の上げ方などの決まりもあります。

中でも、オリンピック旗や国連旗を同時に掲げる時は、旗の大きさは、国連旗（縦2・横3）の大きさに全て合わせることが決まりとなっています。

オリンピック憲章65条には「優勝者の国の国旗は中央の旗ざおに掲げて、第二位と第三位の国旗はこれに隣接した旗ざおに掲げて、その栄光を祝福する」という規則を設けています。旗の順番は、向かって左側が上位なので、二位が左、三位が右側となっています。

国、地域、民族、氏族などの象徴である旗、紋章、家紋などを体系的に整理し、研究する旗章学という学問があります。

1967 年に、旗章学協会国際連盟が設立され、日本でも 2000 年に公益社団法人日本旗章学協会が設立されています。

　旗章学では、国旗図形を一応 10 パターン（長方形に縦、横、斜めの線を引き、面を分割した旗。三分割旗、二分割旗、十字やカントンによる分割旗）に分類していました。しかし、第二次大戦時 51 ヵ国であった国が、1945 年以降著しく増加、現在では 193 ヵ国＋オブザーバーの台湾、非加盟国のバチカン、コソボ、クック諸島、ニウエをくわえると 200 近くの国になり、既存のパターンでは収まらなくなってきました。

■ 2、国旗の承認と旗章学用語

　「国旗が新しくできる」ことは、必ずそこに新しい国ができることを意味します。また、革命等により新しい体制に生まれ変わる場合に旧国旗を一新する場合も多々あります。

　国旗の基本的ルールとして、「国旗は、国旗を定めている法律に従って、国民に公布する。そして国連等の国際的団体に通知をすること」が最低限の決まりとされています。

　しかしながら、その国が決めれば何でも良いのではなく、「他の国とデザインが同一にならないことを考慮する」というルールも一方ではあります。

　旗章学用語についてはＰ 8 に記載しました。

■ 3、国旗に係る国際紛争

　今は、ユーゴスラビアが崩壊し、八つの独立国（アルバニア、クロアチア、コソボ、スロベニア、セルビア、ボスニア・ヘルツェゴビナ、北マケドニア、モンテネグロ）が戦乱の末に誕生し、それぞれの国旗が制定されました。

　その中で、コソボとマケドニアの国旗について起きた問題を説明いたします。

　ヨーロッパの火薬庫と呼ばれるバルカン半島でのコソボ紛争は、底の見えない泥沼と化し、1999 年国連の統治下におかれました。2008 年、コソボ自治州議会が独立を採択、セルビアの同意のないまま独立を宣言しました。その後も長期にわたる内戦が続いています。

　しかし平和の祭典オリンピックでは、コソボ女子柔道の優勝を称えるため、リオ・オリンピックのセンターポールにコソボ国旗が初めて掲揚され、世界中に感動を与えたのでした。2020 年、9 月に米国の仲介により、経済の正常化が進みつつあります。

　次の話も、ユーゴスラビアの崩壊後に復活し、マケドニア共和国を名乗った国の話です。マケドニア王国は「古代ヴェルギナの星」を国旗とし、紀元前 4 世紀に今のギリシャを含むバルカン半島から、ペルシャ・インド方面まで支配し、ヨーロッパで最も尊敬されている英雄アレクサンドロス大王が作りあげた、偉大な国家です。そのため、新マケドニアの国名に対し、ギリシャから「マケドニアを継承しているのは我が国で、マケドニアの国名は許さない」との反論が持ち上がりました。そのため、国名は「マケドニア」ではなく、「マケドニア・旧ユーゴスラビア」という長い国名で妥協しました。国旗も当初予定した「ヴェルギナの太陽」が「ヴェルギナの星」に似ていることから否決され、日本の旭日旗に類似した、赤地に黄色の日輪を描き、そこから八本の光線が広がるデザインとなりました。2019 年になり、国名については「北マケドニア共和国」とすることで最終的に解決となりました。

その他にも、1936年のベルリンオリンピックの時に、中米ハイチの国旗とリヒテンシュタイン国旗が、横分割2色の青と赤で類似していることから問題となりました。現在のリヒテンシュタイン国旗は、公爵位を示す金色の王冠を旗ざお側上部に付け、ハイチは、中央に国章を付けることで解決しました。

しかしながら、話合いでも相容れないケースもあります。インドネシアがオランダから独立した時、新たに制定した国旗はモナコ公国の国旗と同じ、横2分割赤と白で全く同じでした。モナコは1339年からその原型を使い、現在使用している旗は1881年から使用していると主張。それに対してインドネシア側は、1293年から1478年にかけてインドネシアを治めていたマジャパヒト王国のシンボルカラーであったと譲らず、未だにそのままの状態が続いています。

おそらくインドネシアは、オランダ領であった関係から、オランダの承認のもとに独立する必要があった事情もあり、オランダ国旗（赤・白・青の横3分割旗）の2色（赤・白の横分割二色旗）を使用したというのが真相ではないかと思われます。制定した時期はモナコが早かった訳ですが、お互いに隣国でもなく、経済にも影響がないことから、現状のままで推移しています。

> **コラム**　　**国際連合（1945年・本部はニューヨークのマンハッタン）**
>
>
>
> 　第二次世界大戦の反省を踏まえて設立された国際機関の中で、最も広範で強力な権限を持つ普遍性を有する組織。事務総長はポルトガルのアントニオ・グテーレス、加盟国は193ヵ国。
>
> 　下部組織に、総会、安全保障理事会、事務局、国際司法裁判所、経済社会理事会、信託統治理事会などがあります。
>
> 　国連旗は、地色をライトブルーとし世界地図を平和の象徴であるオリーブの枝で囲んだデザインを白抜きにしました。国際プロトコルでは、国連旗掲揚の際は諸国旗よりも最優先にする習わしになっています。国連旗の縦2横3の割合は国際プロトコルの基本となっており、国際大会では、各国の国旗は旗地の大きさを合わせることが義務づけられています。

国旗編終わりに思うこと

　東京オリンピックで世界から集まってくる選手それぞれの国旗や国情を知っていれば、迎える私たちとして「素晴らしいホスピタリティーになる」との思いで、未知の国旗紹介を重点的にすすめてきました。アフリカの54ヵ国、中央アジアの5カ国、メコン5カ国などに力が入りすぎたのも、そのような思いがあったからです。我が国や大国である米国、中国あたりは、もう少しスペースを割いても良かったかもしれません。

　米国は50州からなる合衆国で、それぞれに州の旗があり、カリフォルニア州はグリズリー（クロクマ）、アリゾナ州は（旭日旗に近い）、南部に行けば昔の南軍旗がはためいていました。最近はミシシッピー州旗から南軍をイメージするデザインが無くなりましたが、ハワイ州の州旗には、今でも英国のユニオンフラッグが入っているのには驚かされます。

　中国の国土は、ヨーロッパ全体の国土とほぼ同じ広さで、4直轄都市、22省5自治区（新疆ウイグル、内モンゴル、チベット、広西チワン族自治区、寧夏回族）2特別行政区（香港、マカオ）に分けられた広大な国家です。中国の旗の歴史も、三国志など覇権争いの時代にはそれぞれの国の旗がはためいていました。それを一つの国旗のもとにまとめることは大変なことかも知れません。

　我が国の戦国時代における旗印も同様ですが、人間の本性として集団になると、それを示す何らかのシンボルが必要になってくるのでしょうか。時の為政者が国をつくり、そのシンボルとして国旗がつくられ、現在の国家、国旗に引き継がれていることがわかります。

　本書は、政治的問題について、極力避けてきましたが、いうまでもなく政治・軍事・経済はそれぞれ密接な関係があり、実は避けて通れない問題です。近年、米国と中国との間で覇権争いの様相を呈しているといわれていますが、我が国は、輸出、輸入とも、この両国に大きく依存した経済体制をとっています。

　また、多くの新興国も、政治、経済ともに大国依存が極めて高くなっていることが分かります。大国になればなるほど、その責任は重く大きいものです。大国の軍事力と経済力は広い意味で「人類の幸せのために行使」して欲しいと願うばかりです。

　それでも、国旗の変遷を考察していくと、人類の歴史が争いの歴史そのものであることも事実です。我が国も太平洋戦争という暗い歴史がありましたが、そのことから多くの教訓を学ぶことができたと思います。特に軍事・経済力は、他国との「パワーバランス」の重要性を考え、外交政策を踏まえて自国を自力で守っていかなければなりません。防衛問題は「日本人のタブー」であってはならないのです。「日の丸」は戦いのシンボルではなく、私たちひとりひとりに姓名があるように、「私たち日本国の表札」として、日本国を構成する平和を愛する日本人としての誇るべき国旗なのです。

　一方、いまだ世界には、自国内での民族間の衝突や異なる考え方の対立による紛争、弾圧等が起きていることは大変憂慮すべきことです。

　どのような状況下でも、私たちは世界の平和と日本の平和を守ることを念頭に、驕ることなく、

現状に満足することなく、将来の人財育成に努め、常に新たな成長分野にチャレンジし、より公平・公正で、より幸福な国家を目指し、それぞれの責任と義務を認識し行動する私たち日本人の表札として「日の丸」が「昇る太陽」であり続けることを改めて願ってやみません。

| コラム | 国連安全保障理事会 |

　安全保障理事会は世界の平和と安全の維持を目的とし、国際連合の主要機関のなかで最も大きな権限を持ち、事実上の最高意思決定機関です。

　本来の目的を機能させるためには、自国の利害を超越した信頼される機関でなければなりません。構成は5つの常任理事国（米国、英国、フランス、ロシア、中国）と非常任理事国10か国（アフリカ地域3・東欧地域1・アジア地域2・西欧その他2・中南米2）で、任期2年として国連総会の選挙で選出されます。

　1945年の国連発足時は51ヵ国であった加盟国が、2020年には193ヵ国と発足当時と構成が大きく変わってきています。例えば、世界総人口約77億人の半分以上を占めるアジア太平洋地区と西欧その他地区の安全保障理事会メンバーのアンバランスや、常任理事国の強力な権限である拒否権の存在があります。特に拒否権は自国側の利益を優先し、本来の「世界平和と安全維持」が機能しない状況が生まれてきました。

第十章
オリンピック

■ 1、オリンピックの歴史

① オリンピックの歴史

　今から2800年前の古代ギリシャでは、神殿に捧げる祭典として、古代ギリシャ歴で4年を単位とし、「オリンピアード競技」が開催されていました。当時は都市国家同士の戦いが絶えませんでしたが、4年に一度は、全ての戦いを休戦して、ギリシャのオリンピアで行われるオリンピアード競技会に参加しなければなりませんでした。その精神に感心した若きフランスの男爵、クーベルタンは、31歳の若さで各国にオリンピックの復興を提唱、1896年、ギリシャのアテネにおいて第一回近代オリンピックゲームを開催するまでにこぎつけました。第一回アテネ大会の参加国は14ヵ国の241人でした。前回のリオデジャネイロオリンピックでは、206地域、11,237人の参加になり、スポーツの祭典として、最大にして最高のイベントへと、成長を続けていきました。さらに建築・音楽・絵画・彫刻・文学の5部門が芸術文化プログラムとして加わり、平和へのメッセージを全世界に送り続けています。すなわち、メダル争いよりも「平和の祭典として、選手・大会関係者、全世界の人たちが参加することに大きな意義がある大会」へと進化していきました。

　また，1908年のロンドン大会で、セントポール寺院に集まった選手たちを前に主教が述べた「オリンピックで重要なことは勝負を競うことではなく、参加すること、またオリンピックの理想は人格を作ること、世界各国の人間とふれあい知ること、そして世界平和の意味を理解すること」という言葉に感動したクーベルタン氏、英国主催の晩さん会でその言葉を引用し、それが今日でも有名な「参加することに意義がある」という言葉となって残っているのだそうです。

　東京オリンピックにおいて、私たち、ほとんどの人は、参加選手ではありません。「参加することに意義がある」を広義に捉えれば、応援するという形での参加、ボランティアとしての参加、海外からのお客様に対する「おもてなし」での参加など、あらゆる形での参加があります。世界各国の国旗、歴史、状況を理解し、オリンピック精神にしたがって、分けへだてなく対応することが、東京2020大会を、コロナに打ち勝った歴史に残る大会にするものと期待してやみません。

② 近代オリンピックと日本の参加

　今回、東京2020オリンピック・パラリンピックが、コロナの影響で一年近く延びることにより、翌年には北京で冬季オリンピックが開催される予定です。この機会に、日本選手団の過去を振り返ってみたいと思います。

　1896年、第一回近代オリンピックがギリシャのアテネで復活致しました。前述のピエール・ド・クーベルタン男爵の功績によるもので、彼はIOC会長を30年の長きに渡り務めました。第一回の優勝者に与えられたメダルは、金メダルではなく、銀メダルだったそうです。

　日本が初めて参加したのは1912年、第5回のストックホルム大会でした。費用はすべて個人持ち、短距離とマラソンの二種目に、それぞれ2名が参加しました。それは、NHK大河ドラマでご存じの、金栗四三選手と三島弥彦選手でした。マラソン競技では、ポルトガルのラザロ選手が競技中に倒れ、死亡するという事件も起きました。第7回のアントワープ大会では15名の選手が参加し、テニスで熊谷一弥選手が日本における第一号のメダリスト（銀メダル）となりました。

初めての金メダリストは、第9回のアムステルダム大会の三段跳びで優勝した、織田幹雄選手です。1936年、第11回ベルリン大会では、200メートル女子平泳ぎで、「前畑がんばれ」、の前畑秀子選手が日本人女子初の金メダルを獲得しました。そして1964年、アジアで初めてのオリンピック競技が第18回東京大会です。東洋の魔女といわれた「女子バレーボールチーム」が、宿敵ソ連チームを圧倒した金メダル。体操競技も大健闘し、合計10個のメダルを獲得しました。特に、遠藤幸雄選手が3個の金メダルを獲得し、日本中を沸かせました。その他にも、重量挙げの三宅義信選手、ボクシングの桜井孝雄選手が金メダルを獲得し、日本勢は合計で29個のメダルを獲得、国民に大きな感動を与えました。その後、19回メキシコシティー、20回ミュンヘン、21回モントリオール、22回モスクワ（日本を含めた西側諸国が不参加）、23回ロサンゼルス、24回ソウル、25回バルセロナ、26回アトランタ、27回シドニー、28回アテネ、29回北京、30回ロンドン、31回リオデジャネイロと続き、2020東京大会に続きます。その東京大会も、新型コロナウイルスの世界的パンデミックにより一年延期され2021年（名称は2020東京オリンピックのまま）に予定されています。

　冬季オリンピックは、1924年にフランスのシャモニーで初めて開催され、1956年のコルチナ・ダンペッツォ大会の回転競技で猪谷千春選手が初めてのメダリスト（銀）に輝き、日本中にスキーブームが起きました。優勝は、ドイツのトニー・ザイラー選手でした。1972年の第11回札幌大会では、70メートル級ジャンプで、笠谷幸生選手が金メダル、金野昭次選手が銀メダル、青地清二選手が銅メダルと表彰台を独占し、「日の丸飛行隊」の活躍として大偉業を成し遂げたのでした。

　第16回のフランス・アルベールビル大会では、橋本聖子選手の活躍が光ります。彼女は1964年10月5日、東京オリンピックの5日前に誕生したこともあり、「オリンピックの申し子」といわれていました。橋本聖子さんの著書「聖火に恋して」によれば、「日本中が興奮した東京オリンピックで聖火の素晴らしさに感動して付けてくれた名前が、私の聖子」と書いています。その彼女が、フランスのアルベールビル冬季オリンピック大会スピードスケート1,500メートルで、日本人女子として初めてのメダリストとなる偉業を成し遂げ、日本中が歓喜で盛り上がりました。その、橋本聖子さんが東京五輪・パラリンピック組織委員会会長となっていることは、なんとも不思議なめぐり合わせで、宿命的なものを感じます。アルベールビル大会では、スキー・ノルディック複合団体で、三ケ田礼一、河野孝典、萩原健司選手がヨーロッパの強豪を抑え優勝したレースも日本中に感動を与えました。もちろん、男子500mスピードスケートの黒岩選手の銀メダル、伊藤みどり選手のフィギュアスケート銀メダルもありました。

　その後、第18回長野大会では、スキージャンプ個人で船木和喜選手、団体では岡部孝信、斎藤浩哉、原田雅彦、船木和喜選手が優勝し「日の丸飛行隊」の伝統を引き継いでいきました。スケート種目では、清水宏保選手が500mで金メダル、1000mで銀メダル、岡崎朋美選手が500mで銅メダル、植松仁選手が500mショートトラックで銅メダルを獲得しました。この大会では、スキー・フリースタイル（女子モーグル）で、里谷多英選手が、ヨーロッパの有力選手が次々と脱落し、はじめは「里谷選手の銅メダルが確定しました」と冷静に解説していたテレビ解説者も、「え！ 多英！ 銀メダルだ」、最終滑降者も失敗すると、「多英！すごい金メダルだ！ 凄い」と、解説者の興奮した実況が印象的でした。

　2010年のバンクーバーオリンピックでは、スピードスケート500mで長島圭一郎選手が銀メダル。女子パシュートの小平奈緒、田畑真紀、穂積雅子選手や、フィギュアの浅田選手も銀メダルに名を連ねました。

　2014年ソチオリンピックは、男子フィギュアで羽生弓弦選手が圧巻の滑りで金メダルを獲得し、2018年平昌オリンピックでもみごとに優勝、二連覇を成し遂げました。

　冬季オリンピックの予定は、2022年の北京、2026年のミラノ迄は決定し、2030年の26回大会に札幌市が名乗りを上げています。

　近代オリンピック憲章には、「いかなる差別をも伴うこともなく、友情、連帯、フェアプレイの精神を持って相互に理解しあうことで、より良い世界の実現に貢献する」とあり、人類共通の理想社会実現に向かう誓いをたてています。1920年、アントワープ大会で、理想社会のシンボルとして5大陸の結束を意味するオリンピックの旗が作成されました。

　1960年に第一回のパラリンピックがローマで開催されました。第二回が1964年の東京大会で、21ヵ国400人の選手が集い、初めて「パラリンピック」という言葉が誕生しました。第一回のローマ大会では、車いす選手によるアーチェリー・卓球・バスケットボール・フェンシング・陸上競技そして水泳が競技種目でしたが、東京大会では、パワーリフティングが新たに加わりました。東京はパラリンピック開催都市としては二度目の大会となります。東京2020パラリンピックでは、バドミントン、テコンドーが新たな競技種目になり、障がい状況に合わせた多くの競技種目が行われることになります。

　パラリンピックの生みの親は、英国の医師ルードヴィッヒ・グッドマン博士で、「失われたものを数えるな、残されたものを最大限生かせ」という理念を、後世に伝えています。その教えをイギリスから日本に持ち込み、推奨、実施した日本の貢献者は、中村裕（ゆたか）医師でしたから、オリンピックでは嘉納治五郎、パラリンピックでは中村裕ということになります。

　オリンピックのオリンピックマークに対して2019年以降のパラリンピックでは、人間の最も大切な3つの構成要素である、「心（スピリッツ）・肉体（ボディ）・魂（マインド）」を意味する赤・青・緑の曲線（スリーアギトス）をシンボルマークとして制定しました。

　パラリンピックの価値は、「勇気（マイナスの感情に向き合い、乗り越えようと思う精神力）」・「強い意志（困難があっても、あきらめず限界を突破しようとする力）」「インスピレーション（人の心をゆさぶり、駆り立てる力）」、それと「公平・平等（多様性を認め、創意工夫により、同じ立ち位置だと思う力）」などの、志をもって道を拓く基本的コンセプトにあります。

　東京2020パラリンピック大会の成功とは、日本中の方々が、パラリンピックを観戦し、応援し、パラリンピアンと同じ気持ちになれること、迎える私たちが、「多様性と調和」（私たち一人ひとりがお互いを認め合い、尊重しあう社会）を一つひとつの行動で世界に発信し、世界中の人たちに「日本人は親切で、平和を愛する民族」というメッセージを発信することだろうと思います。私も、やっとパラリンピック陸上競技のA席チケットが当選しましたので、参加する全ての選手にエールを送りたいと思っています。

　「フェアプレイ精神を持って、相互に理解しあう……」好事例を一つ紹介いたします。

　リオ・オリンピック男子体操個人総合で内村航平選手と競い、わずかの差で2位になったウクライナのオレグ・ベルニャエフ選手の話は、「オリンピック精神の原点」を感じさせてくれました。

　外国の報道記者から内村選手に対して「貴方は、審判から好意的に見られているのでは？」という質問がとびました。つまり「本当は、内村さん、貴方が2位だったのでは」と感じられるような意地悪い質問でした。それを隣で聞いていた2位のベルニャエフ選手が突然記者の質問をさえぎり、「今の質問は無駄な質問だ。航平は体操界ではカリスマ的人物。彼が一番ということは、

体操選手なら誰でも知っていることだ」と不快の念を示し、内村選手に代わって答えたのでした。

　ここで、ベルニャエフ選手が育った、ウクライナの国旗について解説したいと思います。

　ご存じの通り、ウクライナは、ソビエト連邦解体後の1992年に復活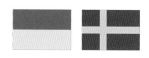
した国です。国旗は横2分割の2色旗で、表向きは上部がスカイブルー
で、文字通りウクライナの澄み切った空の色、下部の黄色は穀倉地帯と
しての、小麦の色から採ったといわれています。しかしながらウクライナの旗にはもう一つの意
味があります。スカンジナビア北方戦争で、当時のロシア（現在のフィンランド）と戦ったスウェー
デン国旗の色と全く同じ色を意識的に使うことで、ロシアの独裁主義に反対し、自由で民主的な
国家を目指した旗にしたとの見方もあります。

③ 東京オリンピックの新種目と綱引き競技

　東京オリンピックの新種目として、男子は野球・女子はソフトボールが新たに採用され、その他に空
手、スケートボード、スポーツクライミング、サーフィンと合計5競技18種目が加わりました。これは、
東京の大会組織委員会の提案をIOCが受け入れた朗報でもありました。5競技とは、新しい世代の競
技として、「スケートボード」「スポーツクライミング」「サーフィン」日本伝統の「空手」と日本で以
前から盛んな「野球・ソフトボール」です。野球・ソフトボールと空手についてはご存じの方も多いで
しょうから「スケートボード」「スポーツクライミング」「サーフィン」について説明を致します。

○スケートボード競技では、「ストリート」（街で見かけるベンチや、坂道・縁石などの構造物
　を空間競技会場に作る）、「パーク」（平らな床面と湾曲した斜面を組み合わせ、公園のような
　会場を作る）で男女別の競技が予定され、「トリック」と呼ばれるジャンプ・空中動作・回転
　などの技の難易度や高さ、そしてスピードを競う競技です。起源は1940年代の米国西海岸と
　いわれています。やはり強豪は米国選手が圧倒的ですが、ヨーロッパ、ブラジル、オースト
　ラリアの選手も力をつけてきています。日本の若手選手は10代後半から20代が中心、複数
　の世界大会で入賞している選手も出てきています。

○スポーツクライミングは、「ボルダリング・リード・スピード」の三種目で、岩場に模した人工
　的な壁を、突起物（ホールド）を手掛かりに、スパイダーマンのごとく登る競技です。「ボルダ
　リング」種目は課題達成度（登り切った回数）、「リード」種目は達成した高さ、「スピード」種
　目は文字通りその速さを競い、一人の選手が三種目合計の総合点で争う競技です。日本選手は
　「スピード」を除いて、いずれもトップレベルの選手が多く、期待されている競技ですが、スピー
　ド競技は高さ15m、95度に前傾した壁に2名の選手が隣り合って登る勝ち抜き競技です。

　　予選と準決勝迄は「5分間の競技」と「5分間の休憩」を繰り返します。決勝は一つの課
　題に対して「4分間の競技」を繰り返し、また、次の課題に移る「ワールドカップ決勝方式」
　がとられることが予想されます。いずれにしても、どんな課題が出されるかは、当日まで分
　からないため、エキサイティングな競技となっています。

○サーフィンの歴史は、板を使って波に乗る古代ポリネシア人のボードサーフィンが起源とい
　われています。競技サーフィンは、「長さ9フィート以上（274cm）の「ロングサーフィン」
　と長さ6フィート前後（183cm）で先が尖っている「ショートサーフィン」の2種類があります。
　東京2020大会では、細かいターンとダイナミックな技を競う「ショートサーフィン」によっ

て行われます。種目は男女の２種目で、強豪はなんといっても米国です。会場は千葉県一宮の釣ケ崎海岸で行われ、自然相手の競技なので、その時の波の状況によっては結果は大きく変わるのかもしれません。期待したいと思います。

【参考】綱引き競技の提案

　以上の新種目は若年層に人気のあるスポーツですが、さらに加えるとすれば、古代ローマ時代のオリンピックにあった古い競技で、富める国もそうでない国も参加できる競技を加えることは良い提案の一つではないでしょうか。しかし、新種目が承認される条件として、多くの人、多くの国で行われている競技で、観客にとっても面白い競技であることが大前提だそうです。

　その点「綱引き」は、古代オリンピックの競技には必ずありました。また、近代オリンピックでも、1900年の第２回パリ大会、1904年の第３回セントルイス大会、1908年の第４回ロンドン大会、1912年の第５回ストックホルム大会、1920年の第７回アントワープ大会まではオリンピックの重要な競技として行われていました。しかしこの競技も、ヨーロッパ諸国がメダルを独占し、世界各国への広がりに欠けたことから、オリンピック競技から外れてしまったようです。

　今回、東京2020オリンピックは、新型コロナのパンデミックにより一年延期されることになりました。誠に残念なことですが、オリンピック精神をふまえると、致し方ないことかもしれません。そこで提案ですが、東京オリンピックの閉会式で、「新型コロナ克服記念大会」として綱引きをイベントにすることを提案したいと思います。

　現在の綱引き競技は、人数は１チーム８名とか、体重は男子560キロ・600キロ・640キロ・680キロ、女子500キロ・540キロ、男女混合580キロが国際基準であります。新たに綱引き選手のヒーローを生み出すために、一対一の個人競技も必要かもしれません。国民体育大会では、郷土の代表として力士の参加は興味ある種目となると思います。公益財団法人日本相撲協会の協力を仰ぎ、郷土の英雄、力士による出身県別、あるいは地域別チームの参加を想像するだけで、楽しくなります。

　オリンピックの閉会式でのアトラクションでは、横綱を含む日本相撲協会の力士が化粧まわしを付けて東西に分かれ、綱引きをするのも、興味をひくのではないでしょうか。外国人観光客から、一番人気がある日本のスポーツ選手は「すもうレスラー」だといわれています。行司もきらびやかな衣装を着けて「はっけよい、残った」とレフリー役を務めます。

　2020年２月、「世界インドア綱引き選手権」、アイスランドのレタケニーで開かれました。日本の代表チームは京都消防ロブスターだけの参加でしたが、一瞬の勝負で敗れてしまったそうです。現在は、台湾チームが強く、オランダ、スコットランドが続きます。もともと、英国のイングランド・スコットランド・アイルランドあたりで盛んであったことを考えると、いずれオリンピック競技に復活するのではないでしょうか

　日本にも、公益社団法人「日本綱引連盟」という立派な団体があります。

■ ２、リオデジャネイロオリンピック

① リオデジャネイロオリンピックの全参加選手団と参加した７自治領の旗

　2016年８月５日、ブラジルのリオデジャネイロで第31回オリンピックが開催されました。206

の国と地域から 10,916 名が参加し、たがいに最善をつくしたスポーツの祭典が行われました。一般に夏のオリンピックといわれていますが、リオデジャネイロの 8 月は冬でした。正確に言えば、夏のオリンピックが、南半球の冬におこなわれたのは初めてのことです。オーストラリアで行われた、メルボルンとシドニーオリンピックは南半球での開催でしたが、11 月 22 日〜 12 月 8 日の夏開催と、9 月 15 日〜 10 月 1 日の春開催でした。

オリンピックに対して冬季オリンピック（スキー、スケート競技）という言葉がありますが、今後は、冬期オリンピックではなく、オリンピック・スキー・スケート競技大会と呼ぶのが、適当かもしれません。

リオデジャネイロ五輪の参加選手団を大陸別に分けると

○アジア大陸から 49 地域（2,209 名）

アフガニスタン（3 名）、アルメニア（33 名）、アゼルバイジャン（56 名）、バーレーン（35 名）、バングラデシュ（7）、ブータン（2 名）、ブルネイ（3 名）、カンボジア（6 名）、中国（413 名）、キプロス（16 名）、ジョージア（39 名）、香港（38 名）、インド（124 名）、インドネシア（28 名）、イラン（64 名）、イラク（23 名）、イスラエル（48 名）、日本（333 名）。

ヨルダン（8 名）、カザフスタン（104 名）、キルギス（19 名）、ラオス（6 名）、レバノン（9 名）、マレーシア（32 名）、モルディブ（4 名）、モンゴル（43 名）、ミャンマー（7 名）、ネパール（7 名）、北朝鮮（35 名）、オマーン（4 名）、パキスタン（7 名）、パレスチナ（6 名）、フィリピン（13 名）、カタール（38 名）、サウジアラビア（12 名）、シンガポール（25 名）、韓国（205 名）、スリランカ（9 名）、シリア（7 名）、台湾（60 名）、タジキスタン（7 名）、タイ（46 名）、東ティモール（3 名）、トルコ（103 名）、トルクメニスタン（9 名）、ベトナム（23 名）、アラブ首長国連邦（13 名）、ウズベキスタン（70 名）、イエメン（4 名）。

○ヨーロッパ大陸から 44 地域（4,805 名）

アルバニア（6 名）、アンドラ（5 名）、オーストリア（71 名）、ベラルーシ（121 名）、ベルギー（108 名）、ボスニア・ヘルツェゴビナ（11 名）、ブルガリア（51 名）、クロアチア（87 名）、チェコ（105 名）、デンマーク（122 名）、エストニア（45 名）、フィンランド（56 名）、フランス（395 名）、ドイツ（425 名）、イギリス（366 名）、ギリシャ（95 名）、ハンガリー（160 名）、アイスランド（8 名）、アイルランド（77 名）、イタリア（309 名）、コソボ（8 名）、ラトビア（34 名）、リヒテンシュタイン（3 名）、リトアニア（67 名）、ルクセンブルク（10 名）、北マケドニア（6 名）、マルタ（7 名）、モルドバ（23 名）、モナコ（3 名）、モンテネグロ（34 名）、オランダ（242 名）、ノルウェー（62 名）、ポーランド（243 名）、ポルトガル（92 名）、ルーマニア（97 名）、ロシア（265 名）、サンマリノ（5 名）、セルビア（104 名）、スロバキア（51 名）、スロベニア（61 名）、スペイン（306 名）、スウェーデン（152 名）、スイス（104 名）、ウクライナ（203 名）。

○アフリカ大陸から 52 地域（1,039 名)

アルジェリア（67 名）、アンゴラ（25 名）、ベナン（6 名）、ボツワナ（12 名）、ブルキナファソ（5 名、）ブルンジ（9 名）、カメルーン（24 名）、カーボベルデ（5 名）、中央アフリカ（6 名）、チャド（2 名）、コモロ（4 名）、コンゴ共和国（10 名）、コンゴ民主共和国（10 名）、ジブチ（7 名）、エジプト（120 名）、赤道ギニア（2 名）、エリトリア（45 名）、エチオピア（34 名）、ガボン（6 名）、ガンビア（4 名）、ガーナ（14 名）、ギニア（5 名）、ギニアビサウ（5 名）、コートジボアール（12 名）、ケニア（89 名）、レソト（8 名）、リベリア（2 名）、リビア（7 名）、マダガスカル（6 名、）マラウイ（5 名）、マリ（6 名）、

モーリタニア（2名，）モーリシャス（12名）、モロッコ（51名）、モザンビーク（6名）、ナミビア（10名）、ニジェール（6名）。

ナイジェリア（75名）、ルワンダ（8名）、サントメプリンシペ（3）、セネガル（22名）、ソマリア（2名）、南アフリカ（137名）、南スーダン（3名）、スーダン（6名）、エスワティニ（2名）、タンザニア（7名）、トーゴ（5名）、チュニジア（61名）、ウガンダ（21名）、ザンビア（7名）、ジンバブエ（31名）。

○オセアニアから 19 地域（714 名）

米国領サモア（4名）、オーストラリア（421名）、クック諸島（9名）。

ミクロネシア連邦（5名）、フィジー（5名）、グアム（5名）、キリバス（3名）、マーシャル諸島（5名）、ナウル（10名）、ニュージーランド（199名）、パラオ（5名）、パプアニューギニア（8名）、サモア（8名）、セーシェル（10名）、シェラレオネ（2名）、ソロモン諸島（3名）、トンガ（7名）、ツバル（1名）、バヌアツ（4名）。

○南米大陸から 12 地域（1,073 名）

アルゼンチン（213名）、ボリビア（12名）、ブラジル（465名）、チリ（42名）、コロンビア（147名）、エクアドル（38名，）ガイアナ（6名）、パラグアイ（11名）、ペルー（29名）、スリナム（6名）、ウルグアイ（17名）、ベネズエラ（87名）。

○北・中央アメリカから 10 地域（1,076 名）

ベリーズ（3名）、カナダ（314名）、コスタリカ（10名）、エルサルバドル（8名）、グアテマラ（21名）、ホンジュラス（26名）、メキシコ（125名）、ニカラグア（5名）、パナマ（10名）、アメリカ合衆国（554名）。

○カリブ諸国から 18 地域（405 名）

アンティグア・バーブーダ（9名）、アルバ（オランダ自治領、7名）、バハマ（28名）、バルバドス（12名）、バミューダ諸島（8名）、英国領ヴァージン諸島（4名）、ケイマン諸島（5名）、キューバ（120名）、ドミニカ国（2名）、ドミニカ共和国（29名）、グレナダ（6）、ハイチ（10名）、ジャマイカ（68名）、プエルトリコ（42名）、セントクリストファー・ネイビス（7名）、セントルシア（5名）、セントビンセント・グレナディーン（4名）、トリニダード・トバゴ（32名）、米国領ヴァージン諸島（7名）。

となり、大きな国から小さな国まで参加している世界最大のスポーツ大会であることが分かります。そのなかで、国旗に載せていない自治領の旗が7つあるので、下記します。

○米領サモア（4 名）　　　○オランダ領アルバ（7 名）　○米領グアム（5 名）

○米領ヴァージン諸島（7 名）○英領ヴァージン諸島（4 名）○英領バミューダ（8 名）

○英国・海外県ケイマン諸島（5 名）

東京オリンピックの入場行進時でも、上記の旗が行進するかもしれません。

② リオデジャネイロオリンピック日本選手の活躍。

リオデジャネイロオリンピックでは、金メダルの国は58ヵ国、銀、銅メダリストの国を含めると86ヵ国の国旗がセンターポールにはためきました。

ここで、リオデジャネイロオリンピックでの、日本選手の活躍を振り返ってみたいと思います。日本選手団は合計41個（金メダル12個・銀メダル8個・銅メダル21個）と、過去最多のメダルを獲得いたしました。特に柔道は、過去最多の12個のメダルを獲得（男子柔道は全階級でメダルを獲得）、バドミントン女子複合でも高橋・松友ペアが日本人初のオリンピック金メダルを獲得しました。また女子レスリングフリースタイルで、伊調馨選手が前人未踏のオリンピク四連覇を達成し、四連覇達成ならなかった吉田沙保里選手の涙の銀メダルも印象深いシーンでした。オリンピックで、三連覇は8年間、四連覇は12年間トップの座を守り続けた二人の選手には「本当にありがとう」の言葉しかありません。

同様に体操の内村航平選手の、前回に続く金メダルも素晴らしいことでした。男子体操団体でも、前回は2位でしたが、今回は金メダルを獲得しました。メンバーは、内村、加藤、田中、山室、白井選手たちです。また前回は3位で今回金メダルの選手は競泳の萩野公介選手。前回敗者復活戦で敗れて7位で今回金メダルだったのは、女子柔道70K級の田知本遥選手と、競泳女子200m平泳ぎの金藤理絵選手です。4年間のたゆまぬ努力の結果、見事にトップの座を勝ち得たのでした。初出場組では、柔道・大野将平選手、ベイカー選手、レスリング女子の登坂絵莉選手、土性沙羅選手、川井梨沙子選手が金メダル、競泳バタフライの坂井聖人選手が、後半の追い上げで銀メダルを獲得しました。

オリンピック競技は基本的に4年に一度行われますが、過去に大戦によって中止になったことが2度ありました。また、日本の敗戦後、1948年の第14回ロンドンオリンピックは、ドイツと日本の参加が非承認になり、既に世界記録を次々と塗り替えていた「フジヤマのトビウオ」と呼ばれた古橋廣之進選手の金メダルが幻となった時もありました。今回の延期は、「目に見えないウイルスと全人類との戦い」によるものです。東京オリンピック開催時には、世界が「ウイルスに打ち勝った証」として、人類が一つにまとまった大会にしたいものです。

そのような環境の中で、世界各国からやってくる選手や観光客をお迎えする心構えも、万全でなければなりません。その基本は「コミュニケーション＆ホスピタリィー」「ダイバーシティー＆インクルージョン」です。明るい笑顔と、「気が付く力」「行動力」「対話力」だと思います。

③ リオデジャネイロパラリンピック

パラリンピックの初回は1960年のローマ大会、第二回が1964年の東京大会でした。当時の日本は金メダル1・銀5・銅4でしたが、第15回リオデジャネイロパラリンピック大会では、金0・銀10・銅14、計24個となりました。第一回から、種目、障がい別も大幅に増えましたが、金メダル・ゼロの残念な結果に終わりました。

第15回のベストスリー：1位米国　金46・銀37・銅38　合計121個

2位英国　金27・銀23・銅17　合計67個

3位中国　金26・銀18・銅26　合計70個

上記の結果から、残念ながら日本のパラスポーツに対する理解度が良く分かります。

パラリンピックの成績は、その国の選手育成方針と国民一人ひとりの理解度の違いに現れてきます。

私は、健康維持のために、早稲田にある某ホテルのスポーツクラブに20年近く通っています。そこで最近、非常に残念な話を聞いてしまいました。会員が少ないこともあり、概ねメンバーはおたがい分かるのですが、その日は見慣れない二人がプール脇のジャグジーに入っていました。このクラブのプールは25mが5コースあり、一人が、独占的に一つのコースを使うことになっています。この時は不幸なことに、たまたま5コースが5人でいっぱいでしたので、その二人は30分程度待たされていました。私の隣のコースが、やっと空いて見慣れない人が泳ぎはじめました。非常に速く、今どきの平泳ぎ泳法で、胸が水面から大きく出るのには驚きました。もう一人の人は、彼を見ているだけです。私も泳ぎ終えたので、プール脇にいる若いガッチリ体型の人に挨拶をしました。彼は、日本アスリートサポート協会の理事で、パラアスリートの専属トレーナーをボランティアでしている中里賢一氏であることがわかりました。泳いでいる人は、ロンドンパラリンピック知的障がいクラス・100m平泳ぎで金メダルを獲得した田中康大選手であることも分かりました。リオでは、惜しくも4位だったそうです。コーチは続けて「練習する場所が何処にもないのです。公営プールでも知的障がいクラスのパラリンピアンはダメなのです」「そのため、ある人にお願いして、ときどきここで泳がしていただいています」と謙虚に話してくれました。私は、その言葉を聞いてパラリンピアンでも練習場所がないことに唖然といたしました。ただ「頑張って下さい。冬季パラリンピックの村岡桃佳選手の例もありますから」と励ますのが精いっぱいでした。するとコーチからは「知的障がいクラスには、まったくスポンサーが付きません」と話がかえってきました。パラリンピアンの表舞台しか知らない私は、恥ずかしさが込み上げてきました。

いずれにしろ、東京2020のパラリンピックでは、日本中がワンチームとなって、リオ・オリンピック以上の盛り上がりを期待したいと思います。そして日本全体が、オリンピックと同じように、障がい者スポーツを心から応援、支援する環境ができることを期待したいと思います。応援できる選手が身近にいるだけでも心が豊かになるものです。

■ 3、平昌オリンピック

① センターポールに上がった国旗

平昌オリンピックで一番多くのメダルを獲得した国は、ノルウェーの39個でした（金14・銀14・銅11）。ノルウェーと言えばノルディックの本場ですから当然なのでしょうが、しかし夏のリオ・オリンピックで活躍し、米国に次ぐ67個（金27・銀23・銅17）のメダルを獲得した英国が、平昌冬季オリンピックではわずか3個（金1・銅3）に終わったことに、私は不思議に感じました。

1924年に、第一回の冬季オリンピックがフランスのシャモニーモンブランで開催され、平昌が23回目となります。しかしその間、英国開催は一度もないのです。開催国の内訳は、米国が4回で一番多く、フランス3回、日本、イタリア、ノルウェー、カナダ、オーストリア、スイス、各2回、ユーゴスラビア、ドイツ、ロシア、韓国が各1回です。

普通オリンピックの開催国は、開催するための経済力のある国が立候補し選ばれるのですが、あの英国が一度も開催国になっていないのは何故だろうと思いました。

1. 英国では、ラグビー・サッカーに人気がありますが、ノルディックもアルペンも、ウインタースポーツそのものが盛んでないこと。
2. 英国の地形を考えると、スコットランドの北にあるベンネヴィス山（1,344ｍ）の標高が一番高く、次はウェールズのスノードン山（1,085ｍ）です。スキー場があまりないため、英国のアルペン選考競技自体、自国ではなく、オーストリアで開催されること。
3. 気候は、メキシコ湾流の暖流が流れていることもあり、あまり雪が降らないこと。
そもそも、冬季オリンピックの提唱者はイギリス人で、本国では開催が不可能なため、冬季オリンピックに立候補していないことが分かりました。

② 平昌オリンピックのメダル獲得国

メダル獲得数を金メダル、銀メダル、銅メダル数の多い順で列挙しますと、
ノルウェーが①（金14・銀14・銅11）で、②ドイツ（金14・銀10・銅7）③カナダ（金11・銀8・銅10）④米国（金9・銀8・銅6）⑤オランダ（金8・銀6・銅6）⑥スウェーデン（金7・銀6・銅6）⑦韓国（金5・銀8・銅4）⑧スイス（金5・銀6・銅4）⑨フランス（金5・銀4・銅6）⑩オーストリア（金5・銀3・銅6）⑪日本（金4・銀5・銅4）の順で、続いて、⑫イタリア（金3・銀2・銅5）⑬ロシア個人参加（金2・銀6・銅9）⑭チェコ（金2・銀2・銅3）⑮ベラルーシ（金2・銀1・銅0）⑯中国（金1・銀6・銅2）⑰スロバキア（金1・銀2・銅0）⑱フィンランド（金1・銀1・銅4）⑲英国（金1・銀0・銅4）⑳ポーランド（金1・銀0・銅1）㉑ハンガリー（金1）㉒のウクライナ（金1）迄が金メダルを獲得した国々です。北半球の国々、特にヨーロッパが目立ちますが、そんな中にアジアでは、東アジアの韓国、日本、中国の3国が入っていることが印象的です。

③ 日本選手の活躍

2018年2月に平昌オリンピックが開催され、日本中が感動の渦に巻き込まれました。何といっても男子フィギュアで、羽生結弦選手と宇野昌磨選手の金銀獲得は期待以上で、私たちに、大きな感動と大きな喜びを与えてくれました。さらに日本女子スケート陣の活躍。スピードスケート500メートルで小平選手が金メダルをとり、ライバル韓国の李選手を慰め、褒め称える姿は、オリンピック精神そのものでした。ソチオリンピックの代表にもなれなかった高木美帆選手の金、銀、銅メダル獲得の偉業。妹の陰にいた姉の高木菜那選手が、団体パシュートだけではなく女子マススタートで頭脳的レースの末、二つ目の金メダルをとり「美帆だけじゃなく、菜那もいるんだぞ」と満面の笑顔で語った場面。その他、前回オリンピックから、優勝候補と騒がれながらメダルが全く取れていなかった高梨選手の銅メダルが決まった瞬間、同僚の伊藤選手が駆け寄って祝福していた映像も微笑ましく印象的でした。

新種目、男子ハーフパイプで惜しくもジョーンホワイト選手に敗れ、二大会連続の銀メダルとなった平野歩夢選手の、現代っ子らしい淡々とした表情と低音でインタビューに答える様子も目に浮かびます。男子モーグルでこの種目日本人初めてのメダリストとなった原選手の嬉しさ溢れる笑顔。スキー・ノルディック複合ノーマルヒルで、渡部暁斗選手の死闘による銀メダル。最後は、女子カーリング5人組（LS北見チーム）が成し遂げた劇的な銅メダル、流行語「そだねー」と「もぐもぐタイム」を生み、そのチャーミングな姿は、日本のみならず韓国にも多くのファンを生んだと報道されていました。

平昌オリンピックでは、4種目で金メダルを獲得しました。《フィギュア男子・羽生弓弦、スケー

ト 500 m・小平奈緒、女子スケート団体パシュート・菊池、佐藤、高木（菜那）、高木（美帆）、スケート女子マススタート・高木（菜那）》

　銀メダルも 5 種目で獲得しました。ノルディック複合の渡部選手、スノーボードの平野選手、男子フィギュアの宇野選手、スピードスケートの、小平選手と高木（美帆）選手。銅メダルは 4 種目で、女子ノーマルヒル・高梨選手、フリースタイルスキーの原選手、女子 1000 mスケートの高木（美帆）選手と、もぐもぐタイムで有名になった、カーリング女子・藤澤、吉田（知）、鈴木、吉田（夕）本橋選手でした。

　東京オリンピックの延期に伴い、その翌年には冬季北京オリンピックが開催予定となってまいりました。はためく国旗も大きく変わります。ヨーロッパ勢に挑む米国および東アジアの国々がどのように健闘するか目が離せません。

④ 平昌・パラリンピック　日本選手の活躍

　続いて行われたパラリンピックでは、日本は 10 個のメダル（金 3・銀 4・銅 3）を獲得、オランダ、スイス、イタリア、ノルウェーなどのアルペン・ノルディック強豪国を抜き去り、国として 8 番目のメダル獲得国となりました。金メダリストに村岡桃佳選手、新田佳浩選手、成田緑夢(ぐりむ)選手、銀メダリストには森井大輝選手の 4 名で合計 10 個のメダルを獲得しました。その主役の一人が女子大学生の村岡桃佳選手でした。彼女は、4 年前のソチオリンピックでメダルがゼロに終わったことに奮起し、早稲田大学のコーチに指導を懇願、コーチも大学受験に合格することを条件にコーチすることを約束していたそうです。見事合格し、大学側もアスリート障がい者を受け入れるために設備を見直し、全面改装をしました。彼女は期待に応え、金メダルを含む出場 5 種目（座位）全部（アルペン女子大回転・滑降・回転・スーパー大回転・スーパー複合）で、メダル獲得という偉業を成し遂げました。村岡選手はまた、2020 東京・パラオリンピックでも、陸上短距離にエントリーするために練習に励み、みごとに代表選手に選ばれました。

　他のパラリンピアンの活躍も、私たちに大きな感動を与えてくれました。圧巻は、アルペン回転、視覚障がい者部門の競技種目です。オリンピックのアルペン回転競技場は、氷壁のような急斜面を、先導者の声だけを頼りに、ポールの間を滑り降りる競技です。（風の音、観客の声が邪魔をすると、競技は出来なくなります。心の中の応援です。）私たちは、目をつぶって歩くだけでも恐怖を感じるのに、それを競技として楽しんでいるパラリンピアン。優勝は、フランスのマリー選手でした。日本の本堂杏実選手は 13 位でしたが、私の心中では「本当に良くやった」と、涙が溢(あふ)れるぐらい感動しました。

コラム　日本にスキーはいつ頃伝来したのか？

　日本に競技スキーが伝来したのは、1911 年（明治 44 年）1 月 12 日、オーストリア・ハンガリー帝国陸軍のテオドール・エドレル・フォン・レルヒ少佐が、今の新潟県上越市で日本陸軍将校たちにスキー技術を教えたことが始まりだといわれています。

おわりに

　本稿は、三戸岡道夫先生が主宰する同人雑誌（日本の同人雑誌の会では、最も長い歴史を持つ会）「まんじ」第142号に「世界の国旗から学ぶ」というタイトルで投稿したのが始まりでした。「まんじ」は年に4回学士会館を「合評会場」に、小説・漢詩、短歌、伝記、専門書などを執筆している先生方が集まり、昼食をとり、その後意見を交わす大変楽しい会です。

　主宰の三戸岡先生から「経験を活かし、国際的観点で何かを書きなさい」と入会を勧められ、「世界の国旗から学ぶ」とのタイトルで、年に4回出稿していました。4年後の「東京オリンピック」で、ボランテイアをやることを決めていましたので、世界の国旗を全て覚えて見ようと決意し、早速、早稲田大学中央図書館の参考資料にお世話になり、元ポルトガル大使の四宮信隆氏や、元国会議員の吉田泉氏のお知恵をお借りして、やっとのことで原稿を書き上げ、合評会に参加したことが思い浮かんできます。とりわけ、三戸岡先生には最後まで細やかなご指導をいただき、大変感謝いたしております。

　出版にあたって貴重なアドバイスを、松浦正人公益社団法人日本綱引き連盟会長（前全国市長会会長）、晋遊舎の武田会長、株式会社ライフスタイルの渡辺社長、からいただきました。

　文中の細かい内容に至るまで、グループダイナミクス研究所の柳平彬氏、兄の米村嘉耿（元富士生命保険取締役社長）・初代ご夫妻、学生時代の親友武藤恒雄氏（元日本自動車販売協会連合会理事）には共同執筆者に近いご指導までいただいたことは何よりも心の支えになりました。文章校正面では、菊地医院の菊地陽子氏、ご長男の菊地和弘氏に尽力していただき、修正を重ねたことも心から謝意を申し上げます。さらに、大手出版社の編集長をなさっていた名田屋昭二氏や銀行時代の友人宇野正雄氏から善意溢れるご助力をいただき、文中の真偽を確かめ、確固たる原稿が出来上がって参りました。もちろん、後期高齢者の筆者を応援する妻の遵子、息子の直記、娘の晶子、孫たちの温かい応援も常に力に感じていました。

　印刷にあたり、ヘルスクラブの友人、株式会社メイクの吉満社長との出会いがなかったら、この本を世に出そうとは思わなかった訳で、その過程でお力添え頂いたメイク社の田部長様と、拙文を快くご理解頂き、出版にあたり最終の校閲と校正まで丁寧に誠意溢れる対応をして頂いた鳥影社の百瀬社長には心より感謝申し上げます。最後になりますが、兄弟とはいえ、はじめから出版に至るまで、力を尽くしていただいた兄には頭が下がる思いでいます。

　拙文であった不完全な原稿が、多くの方々のご助力とご指導によって出来上がっていったプロセスを思い返すと、「皆様方との絆によって出来た一冊」に至上の喜びを感じています。

　　令和3年3月吉日記

　　　　　　　　　　　　　　　　　　　　　　　　　　　　　　米村典紘

参考文献

今回の執筆にあたり、下記文献を参考にさせていただきました。

『世界の国旗大百科』	苅安　望	人文社
『世界の国旗全図鑑』		小学館
『世界の国旗図鑑』		偕成社
『世界の国旗』	辻原　康夫	新星出版社
『世界の国旗』	板倉　聖宣	仮説社
『世界の国旗・国家総覧』	藤沢　優	岩崎書店
『西洋紋章大図鑑』	ヴアルター・レオンハート	美術出版社
『世界の国旗と国章大図鑑』		平凡社
『世界「地方旗」図鑑』	苅安　望	えにし書房
『2019 データブック・オブ・ザワールド』		二宮書店
『2020 データブック・オブ・ザワールド』		二宮書店
『2021 データブック・オブ・ザワールド』		二宮書店
『ヨーロッパ上巻：西ヨーロッパ』	フローラ・ルイス（訳 友田　錫）	河出書房
『ノルウェーと第二次世界大戦』	オーラヴ・リスト（訳 池上佳助）	東海大出版会
『スウェーデンを知るための 60 章』	村井　誠人	明石書店
『東欧ヨーロッパ』	百瀬　宏	自由国民社
『中央アジア経済図説』	下社　学	東洋書店
『フィンランドを知るための 44 章』	百瀬宏・石野裕子	明石書店
『バルト諸国の歴史と現在	小森宏美・橋本伸也	東洋書店
『イスラエルを知るための 60 章』	立川良司・他	明石書店
『西洋諸国の中核としての中東』	余部福三	第三書館
『中東諸国の社会問題』	酒井啓子	アジア経済研究所
『オスマン帝国は何故崩壊したか』	新井政美	青土社
『ペルシャ帝国』	ピエール・ブリアン	創元社
『知っておきたい中東ⅠⅡ』	歴史教育者協議会	青木書店
『イラクの歴史』	チャールズ・トリップ	明石書店
『サウジアラビアを知るための 63 章』	中村　覚	明石書店
『中央アジアを知るための 60 章』	宇山　智彦	明石書店
『中近東 100 のキーワード』	薮内　宏	慈学社
『アルメニアを知るための 65 章』	メラニア・バブダサリヤン（訳 中島偉晴）	明石書店
『世界の国情観』		リブロ社
『やさしい国際儀礼』		世界の動き社

『国際儀礼に関する 12 章　―プロトコール早わかり―』　外務省外務大臣官房広報課編　世界の動き社

『詳解現代地図 2019・2020』　　　　　　　　　　二宮書店編集部　　　　　二宮書店

『現代アフリカの悲劇』　　　　　　　　　　　　　　　片山　正人　　　　　　叢文社

『アフリカ大陸史を読み直す』　　　　　　　　　　　木村　愛三　　　　　社会評論社

『古代アフリカ王国』　　　　　マーガレット・シニー（訳 東京大学インクルレコ）　　　理論社

『アフリカ比較研究』　　　　　　　　　　　　　　平野　克己　　　アジア経済研『究所

『アフリカを知るための 10 章』　　　　　　　　　　那須　国男　　　　　　第『三書館

『ｖアフリカを知るための基礎知識』　　ジョン・ムウエテ・ルアカ山田恵三　　　　『明石書店

『ヨーロッパ上巻　西ヨーロッパ』　　　　フローラ・ルイス（訳 友田　錫）　　河出書房新社

『ノルウェーと第二次世界大戦』　　　　オーラヴ・リスト（訳 池上佳助）　東海大学出版会

『スウェーデンを知るための 60 章』　　　　　　　　村井　誠人　　　　　　明石書店

『ミクロネシアを知るための 58 章』　　　　　　　　印東　道子　　　　　　明石書店

『ドミニカ共和国を知るための 60 章』　　　　　　　国本伊代　　　　　　　明石書店

『パナマを知るための 70 章』　　　　　　　　　　　国本伊代　　　　　　　明石書店

『カリブ海を知るための 70 章』　　　　　　　　　　国本伊代　　　　　　　明石書店

『オーストラリアを知るための 58 章』　　　　　　　越智　道雄　　　　　　明石書店

『ニュージーランドを知るための 63 章』　　　　　　青柳まちこ　　　　　　明石書店

『コロンビアを知るための 60 章』　　　　　　　　　二村　久則　　　　　　明石書店

『チリを知るための 60 章』　　　　　　　細野昭雄・工藤章・桑山幹夫　　　明石書店

『ブラジルを知るための 56 章』　　　　　　　　アンジェロ・イシ　　　　　明石書店

『アルゼンチンを知るための 54 章』　　　　　　アルベルト松本　　　　　　明石書店

『ボリビアを知るための 73 章』　　　　　　　　　　真鍋　周三　　　　　　明石書店

『イギリスの歴史を知るための 50 章　―英国旗ができるまで―』　森井　祐一　　　明石書店

『ユニオン・ジャック物語』　　　　　　　　　　　　森　護　　　　　　　中公新書

『イタリアの歴史を知るための 50 章』　　　　高橋進・村上義和　　　　　　明石書店

『ＡＳＥＡＮを知るための 50 章』　　　　　　　　黒柳　米司　　　　　　　明石書店

『北欧を知るための 43 章』　　　　　　　　　　　　武田　龍夫　　　　　　明石書店

『パリ・フランスを知るための 44 章』　　梅本洋一・大里俊晴・木下長宏　　明石書店

『ポルトガル諸国への世界への 50 のとびら』　　　　　　　　　　　　上智大学出版

『バルト諸国の歴史と現在』　　　　　　　　　小森宏美・橋本伸也　　　　　東洋書店

『豪州解体新書』　　　　　　　　　　　　　　　　田中　豊裕　　　　　大学教育出版

『地図で見るアフリカハンドブック』　　ジェロー・マグラン他（訳 鳥取絹子）　　　原書房

『キューバ現代史』　　　　　　　　　　　　　　　後藤　政子　　　　　　明石書店

『現代モンゴルを知るための 60 章』　　　　　小長谷有紀・前川愛　　　　　明石書店

『City Cast HANDBOOK』　　　　　　東京オリンピック・パラリンピック組織委員会

　　　　　　　　　　　　　　　　　　　東京都オリンピック・パラリンピック準備局

『二宮金次郎の一生』 三戸岡　道夫 栄光出版

『基本・人づくり（ＡＩＡのすすめ)』 柳平　彬 田畑書店

『世界史Ｂ一問一答』 斎藤　整 東進ブックス

『センター試験地理Ｂ』 瀬川　聡 KADAKAWA

『大学センター試験過去問題集・地理Ｂ』 駿台予備校

『マーク式基礎問題集地理Ｂ』 脇坂　義和 河合出版

『ＢＥ　ＷＨＯＬＥ』 ロバート・コンクリン Clifftop　publishing

『Reach for the Sun』 ロバート・コンクリン (訳　柳平　彬) 発心社

『ガダルカナル戦記』（全 4 巻） 亀井　宏 講談社文庫

『指揮官の決断・満州とアッツの将軍　樋口季一郎』 早坂　隆 文芸春秋

『アメリカ大統領選』 久保文明・金成隆 岩波新書

『移民史〈I〉南米編』 今野敏彦・藤崎康夫 新泉社

『IMF World Economic Outlook』 IMF

索 引